KB076558

셜록 홈스
과학수사 클럽

셜록 홈스 과학수사 클럽

초판 1쇄 인쇄 2018년 7월 10일
초판 3쇄 발행 2019년 12월 10일

지은이 | 유제설, 정명섭

발행인 | 유영준
편집팀 | 오향림
디자인 | 비닐하우스
인쇄 | 두성P&L
발행처 | 와이즈맵
출판신고 | 제2017-000130호(2017년 1월 11일)
주소 | 서울 강남구 봉은사로16길 14, 나우빌딩 4층 쉐어원오피스(우편번호 06124)
전화 | (02)554-2948
팩스 | (02)554-2949
홈페이지 | www.wisemap.co.kr

ISBN 979-11-89328-00-9(03300)

* 와이즈맵은 독자 여러분의 소중한 원고와 출판 아이디어를 기다립니다.
출판을 희망하시는 분은 book@wisemap.co.kr로 원고 또는 아이디어를 보내주시기 바랍니다.
* 파손된 책은 구입하신 곳에서 교환해 드리며 책값은 뒤표지에 있습니다.

이 도서의 국립중앙도서관 출판예정도서목록(CIP)은 서지정보유통지원시스템 홈페이지(seoji.nl.go.kr)와 국가자료 공동목록시스템(www.nl.go.kr/kolisnet)에서 이용하실 수 있습니다. (CIP제어번호 : CIP2018018807)

FORENSIC SCIENCE CLUB

와이즈맵

PROLOGUE

셜록 홈스식 추리를 바라보는 법과학자의 시각

과학수사란 무엇인가?

'과학수사'라는 단어는 '과학science'과 '수사investigation'를 합친 말이다. 경찰이 처음으로 사용했던 이 용어는 과학적 방법들을 사용하는 수사를 특별히 지칭하는 용어로 사용되어왔다. 그런데 단순히 과학을 수사에 활용한다고 해서 과학수사라고 부를 수 있는 걸까? 과학수사의 역사를 보면 우리의 생각이 조금 바뀔 수도 있을 것이다. 오스트리아의 판사 구스타프 한스 그로스Hans Gustav Adolf Gross는 범죄수사와 증거를 통한 사실의 증명, 법의 적용 등의 일련의 과정을 '법과학Forensic Science'이라는 용어를 사용해 정의한 바 있다. 과학수사는 범죄수사에 적용되는 과학기술 또는 법 적용에 활용되는 과학기술이라고 정의하기에는 부족함이 있다. 과학수사의 의미는 과학기술에만 국한되는 것이 아니라 범죄수사와 법 집행이라는 큰 틀에서 이해되는 한스 그로스의 법과학과 동일한 의미로 받아들여지는 것이 바람직하지 않을까?

구스타프 한스 그로스

법과학은 여러 학문 분야로 이뤄진 집합체가 아니다. 법과학 그 자체로 하나의 몸을 이루고 있는 독립된 학문이다. 의학의 경우처럼 다양한 분야로 구분되기는 하지만 결국 하나의 현상을 중심으로 서로에게 유기적인 영향을 끼친다는 점이 법과학의 특징 중 하나이다. 예를 들어 의상이나 신발을 따로 놓고 보면 괜찮은데 한꺼번에 착용하면 전혀 어울리지 않을 때가 있다. 가장 중요한 순간을 코디네이션이 망친 것이다. 사실 훌륭한 코디네이터는 이런 실수를 거의 저지르지 않는다. 현장의 법과학자는 훌륭한 코디네이터로 비유될 수 있다.

법의학으로 사건을 해석하려는 법의학자, 곤충으로 사건을 해석하려는 법곤충학자, 혈흔으로 사건을 해석하려는 혈흔형태분석 전문가들은 각각 자신이 가지고 있는 지식과 알고 있는 영역 안에서 사건을 해결하려고 한다. 법과학은 법화학, 법의학, 법생물학, 지문, 족적, 혈흔, 유전자, 미세증거 등으로 다양하게 세분화되어 있지만 결국 '범죄'라고 하는 하나의 현상을 두고 모든 분야들이 동일한 맥락 아래에서 유기적으로 연결되야 한다. 만일 두 개 이상의 분야에서 한 사건에 대해 각기 다른 방향으로 해석했다면 이 사건은 두 개 이상의 맥락으로 해석되는 것이기 때문에 둘 중 하나, 혹은 두 맥락 모두 어긋난 것이 된다. 범죄수사는 최종적으로 하나의 맥락을 향해야만 한다. '모든 가능성이 실패로 돌아갔을 때 유일하게 남는 것이 아무리 불가능해 보이더라도 진실이다'라는 셜록 홈스의 말처럼 말이다.

법과학자는 누구인가?

법과학자는 이런 질문을 자주 받는다. '이상적인 법과학자의 역량은 무엇인가?' 이 질문을 다르게 말하면 '현장은 몇 가지 학문으로 이루어져 있는가?'가 될 것이다. 범죄현장에는 수많은 학문과 기술이 투입되어야 한다. 시체, 혈액, 정액, 담배꽁초, 지문, 흉기, 족적, 섬유, 독극물 등 사건에 따라서 더 복잡하기도, 더 단순하기도 하지만 복수의 분야들이 개입할 수밖에 없다. 필자는 이렇게 말한다. 법과학은 하나의 몸을 이루고 있다고 해도 몸에 무엇을 더 껴입을지는 그때그때 상황에 맞게 결정하는 것이라고 말이다.

왓슨이 셜록 홈스에 대해 묘사하고 있는 것을 보면 이미 코난 도일은 이상적인 법과학자의 모습에 대해 충분히 인지하고 있었던 듯하다. 정작 지구가 태양의 주위를 돈다는 사실도 모르는 셜록 홈스지만 법과학에 대한 지식은 매우 넓고 풍부한 것으로 묘사되고 있다.

> "셜록 홈스는 문학, 철학, 천문학에 대해서는 지식이 전무하다. 실용적인 원예 지식은 없지만 독성을 가진 식물에 대해서는 해

박한 지식을 갖고 있다. 흙의 조성에 대한 지식은 한눈에 어느 지역의 흙인지 알아볼 정도로 정확하지만 한계가 뚜렷하다. 화학에 대해서는 해박한 지식을 갖고 있고 해부학 지식은 정확하지만 체계가 없다. 범죄 관련 문헌에 관한 지식은 놀라 자빠질 정도로, 금세기에 저질러진 중범죄에 대해서는 모르는 것이 없는 듯하다. 바이올린 연주는 수준급이고 목검술, 펜싱, 권투 실력은 프로급이다. 영국의 법률에 대해서도 실용적인 지식을 풍부하게 갖고 있다."

-《주홍색 연구A Study in Scarlet, 1887년 발표》 중에서

코난 도일이 셜록 홈스를 매우 다양한 분야의 전문 지식을 갖춘 인물로 그려낸 점은 상당히 매력적으로 다가온다. 하지만 소설이기 때문이었을까, 실제로 탐정 활동을 했던 코난 도일이라면 하지 않았을 추리 방식을 따르고 있는 셜록 홈스의 모습은 작품 속에서 자주 등장한다. 그 추리들은 왓슨의 말처럼 '듣고 나면 아무것도 아닌' 것들이지만 너무 쉽게 많은 것을 맞춰낸다. 셜록 홈스는 왓슨을 처음 만난 날, 그가 군의관 출신으로 어느 전장에 참가했었다는 것까지 정확하게 맞춰낸다. 셜록 홈스가 왓슨을 보고 찾아낸 특징들은 더운 지역에서 군의관 생활을 한 사람에게서 나타날 수

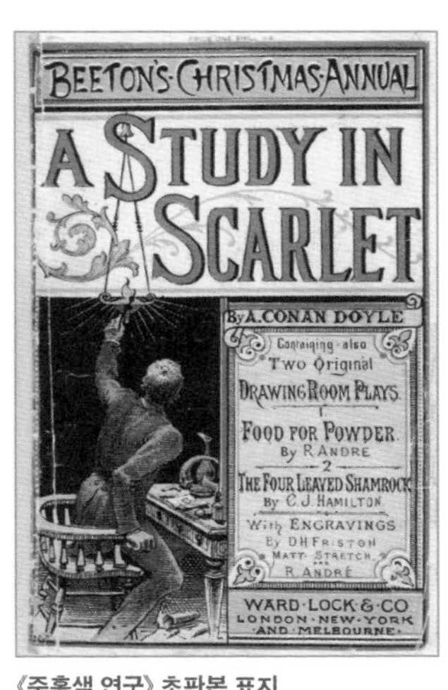

《주홍색 연구》 초판본 표지

있는 특징들이긴 하지만 그런 특징을 가진 사람들이 모두 더운 지역에서 군의관 생활을 한 것은 아니라는 사실을 우리 모두가 알고 있다. 결국 홈스의 추리 방식은 예외적인 경우가 존재하지 않는다는 사실을 확인하면서 다른 가능성을 하나씩 배제한 후에 최종적으로 내리는 결론이 아니라 '이 정도 조건을 한 번에 갖고 있는 사람이라면 그런 사람일 것이다.'라는 사고과정에서 내려지는 귀납적 추리인 것이다. 굉장히 합리적이긴 하지만 항상 지나치게 단정적이다. 물론 소설이기 때문에 극적인 효과를 주기 위한 장치일 수도 있다. 하지만 치밀함으로 포장된 홈스의 넘겨짚기는 소설의 많은 부분에 있어 과정의 오류 속에서도 정답을 맞춰가는 억지를 드러낸다.

셜록 홈스를 흉내내는 시대

요즘 TV 프로그램 중에는 법과학, 과학수사, 미제사건수사 등을 소재로 하는 시사 다큐멘터리가 인기가 높다. 또한 연쇄살인, 프로파일링 등을 소재로 한 드라마와 영화들도 하나의 장르를 이루며 끊임없이 제작되고 있다. 2000년도 미국에서 드라마 〈CSI Crime Scene Investigation〉가 처음 방영을 시작했을 때, 많은 학자들이 우려했던 지점이 있었다. 재판 과정에서 배심원들과 판사들이 경찰들의 모습을 드라마 〈CSI〉에 등장하는 경찰들과 동일하다고 기대할 거라는 점이다. 실제와는 확연히 다른 내용을 담고 있음에도 이런 매체에 이미 익숙해진 사람들은 현실과의 괴리로 인해 현실 속 CSI 요원들을 신뢰할 수 없을 것이며 그런 영향이 커질수록 법 집행은 더욱 어려워질 거라는 예측이었다.

실제로 이런 매체의 힘은 매우 강력해 대중들은 그들이 다루는 내용에 쉽게 설득될 가능성이 높다. 하지만 시사 다큐멘터리에 전문가들이 출연해 증거에 대한 충분한 검토 없이 의심스러운 점을 언급하는 과정에서 특정인이 범인일 가능성이 높다고 하거나, 방송이 지목하고 있는 특정인을 범인임에 틀림없다는 뉘앙스로 인터뷰를 하는 것은 셜록 홈스 흉내 내기 그 이상도 이하도 아니다.

한 사건에서 중요 용의자의 사건 당일 알리바이가 30분 정도 설명이 되지 않는다고 가정해 보자. 그리고 이 지점에 대해 범죄 전문가들이 방송에 출연해 "그 정도의 시간이라면 범행을 저지르기에 충분하다."라고 말하는 상황을 떠올려보자. 그걸 본 대중들은 어떤 생각을 하게 될까? 대중들에게 잘 알려진 저명한 전문가이기 때문에 그들의 사소한 한 마디조차 그 파급력은 클 수밖에 없다. 알리바이가 설명이 안 되는 경우는 그 시간 동안 실제 범행을 저질렀기 때문일 수도 있지만 다른 이유로 인해 설명을 못할 수도 있다. 따라서 그 전문가의 설명이 대중들로 하여금 '저 사람에게는 범행을 저지를 충분한 시간이 있었다.'라고 해석돼서는 안 된다.

여기서 문제가 되는 것은 추리의 순서가 뒤바뀌었다는 점이다. 범인은 '때문에'로 지목하는 것이지 '가능해서'라는 조건 하에 지목해서는 안 된다. 이미 이러한 내용의 조언은 방송이 몰고 가려는 한 인물을 범인이라고 단정하고, 그가 범행을 저지르는 데 있어 가능한 조건들을 확인하는 방식을 택한 것이다. 마치 셜록 홈스가 주인의 회중시계 또는 구두의 상태만 보고도 그 사람의 행적에 대해 추측하는 것과 비슷해 보인다. 하지만 사실 이러한 방식은 매우 잘못된 추리 방식이다. 답을 미리 내놓은 상태에서 가설을 끼워 맞췄기 때문이다. 이것을 '역방향 추론Backwards Reasoning'이라고 하는데 우리가 인식하지도 못하는 사이에 흔하게 저지르게 되는 오류이기도 하다. 필자도 일상에서 이런 실수를 한 적이 있다.

나는 셜록 홈스가 아니다

필자의 한 지인이 항상 소매가 해진 셔츠를 입고 다니는 걸 보고는 '이혼을 하셨나? 아니면 기러기 아빠신가?'라고 생각하면서 하지 않아도 될 말조심을 한 적이 있었다. '집에 옷을 챙겨주는 사람이 없다면 소매나 목 부분이 세탁이 덜 되거나 해질 가능성이 높고, 미혼이라고 하기에는 나이도 많으며, 책상에 아이들 사진도 있으니 미혼은 아닐 것이다'라는 나름의 사고과정을 거친 판단이었다. 하지만 그것은 그저 잘못된 판단이었다. 앞선 추측에는 몇 가지 오류가 있다. 첫째, 나는 그분을 매일 만나지 않는다. 생각해보니 한 달에 한 번 정도 만났을 뿐이었다. 확률적으로 매일 정장 셔츠를 입는다고 했을 때, 내가 그의 모습을 본 것은 30번 중에서 한 번인 것이다. 둘째, 그 분은 실제 매우 검소한 분이거나 그 셔츠를 너무 아껴서 해지고 닳도록 입고 다녔을 수도 있다. 법과학자인 필자도 이런 사소한 오류들을 하루에도 몇 차례씩 저지른다. 그때마다 다짐한다. '나는 셜록 홈스가 아니다.'

사건을 바라보는 전문가들의 의견은 주로 '범인은 어떤 사람인가' 하는 것이다. 범인이 어떤 사람인지 파악하는 것은 사건의 해결에 있어 매우 중요하다. 그러나 전문가들에게는 이미 어떤 용의자가 가장 유력한지에 대한 정보가 전달된다. 그리고 그들은 그 용의자를 둘러싼 정황 증거들이 어떤 의미를 갖고 있는지에 대한 의견을 말한다. 집중해야 할 하나의 목표가 생기면 다른 정보를 인식하는 것에 약해지는 '터널 비전'에 빠지게 된다. 다른 사람들도 갖고 있는 특성이 용의자에게서 나타나면 그것을 강력한 증거로 해석하는 문제가 생긴다.

1995년에 발생했던 '치과의사 모녀 살인사건*'에서 형사들이 남편을 유력한 용의자로 확신하게 된 이유 중에는 비디오테이프가 있었다. 〈위험한 독신녀〉라는 제목의 영화였는데 그 영화의 내용 중에는 물이 담긴 욕조와 관련된 살인 장면이 등장한다. 그런데 사건의 피해자 모녀는 물이 담긴 욕조에서 발견됐다. 흔치않은 범행 방법이 나오는 영화를! 하필이면 범행 직전에! 유력한 용의자인 남편이 빌려 본 것이다. 이 글을 읽고 있을 독자들도 그 우연의 일치에 '헉!' 할지도 모른다. 하지만 그 영화는 수많은 사람들이 봤고, 그렇다고 그들 모두가 유사한 살인을 저지른 것은 아니지 않은가.

---

* 1995년 6월 12일 서울특별시 은평구 불광동에 위치한 모 아파트에서 모녀가 물이 담긴 욕조에서 죽은 채로 발견되었다. 사건의 용의자로는 죽은 치과의사의 남편이 지목된 채 수사가 진행됐다. 하지만 유일한 용의자였던 그의 혐의는 수차례의 법정 공방 끝에 마지막 재판에서 무죄로 판결났다. 이 사건은 사건 초기 법의학적인 증거 수집과 초동 수사의 실패로 인해 미제로 남은 사건으로 알려져 있다.

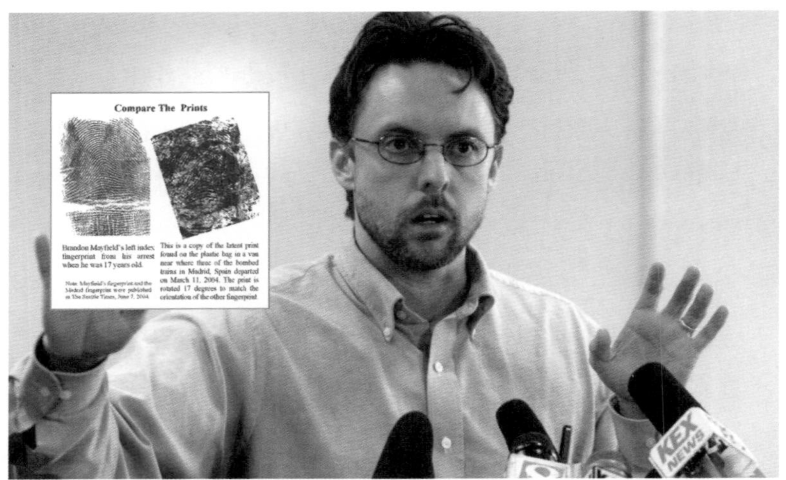

스페인 열차 테러 사건의 용의자로 지목된 브랜든 메이필드

사건이 해결되기 위해서는 많은 단서가 모여서 유력한 증거가 만들어지고 그 증거들이 모여 범인을 지목할 수 있어야만 한다. 범인을 지목한 후에 거기에 맞는 증거들을 수집하는 것은 추론의 순서가 잘못된 것이다. 이런 오류는 정황 증거에서만 일어나는 것이 아니다. 뚜렷한 물적 증거에서도 종종 일어난다. 2004년도에 발생한 '브랜든 메이필드 Brandon Mayfield 사건*'을 보면 당시 FBI의 가장 숙련된 지문검사

* 2004년 3월에 11일에 발생한 마드리드 폭탄테러에서 FBI는 폭탄을 운반한 것으로 추정되는 배낭에서 발견된 지문을 가지고 미국인 변호사 브랜든 메이필드를 용의자로 구속했다. 배낭에서 발견된 지문과 특징점이 유사한 지문을 가진 용의자가 20명이 있었지만, 이집트 여성과 결혼 후 이슬람으로 개종한 것과 탈레반에게 훈련을 받으러 가다가 체포된 사람들을 변호해 주었다는 사실이 메이필드를 용의자로 지목한 FBI의 주장을 뒷받침해주었다. 하지만 스페인 당국에 의해 지문의 주인이 한 알제리 남성으로 밝혀졌고, 브랜든 메이필드는 석방되었다. 이 사건은 지문수사의 양면성을 보여준 것으로 이 사건을 통해 지문 반대론자들이 힘을 얻기도 했다.

관 4명은 스페인 열차 테러 현장에서 발견된 지문의 주인이 변호사였던 브랜든 메이필드라고 주장했지만 이는 사실이 아니었다. 이미 브랜든 메이필드는 테러와 관련해 유력한 용의자로 지목될 수 있는 위치에 있었고, 4명의 검사관은 그 정보에 노출되어 있었다. 그 사건 이전까지 지문에서 발생하는 오류는 훈련 부족, 경험 부족, 검사관의 부주의 때문이라고 주장하던 FBI도 결국은 사람은 자기가 원하는 것만 보려는 경향이 있다는 사실을 인정하게 된다.

유력한 용의자를 찾아내고 그들을 조사하는 과정에서 나도 모르게 '저 사람이 범인이 아닌가'라는 선입견과 기대감을 가지는 것은 사건 해결에 심각한 방해 요소가 된다. 따라서 프로파일러나 범죄심리학 전문가들이 특정 용의자를 범인이라고 지목하려면 충분한 근거를 제시해야 한다. 또한 그 근거는 객관적이고 타당해야만 한다. 우리는 시신을 은닉하거나 피해자의 얼굴을 뭔가로 감싸는 행위가 '범인이 피살자와 면식범임을 말해주는 것'이라고 주장하는 전문가들을 이따금 보게 된다. 하지만 그렇게 단정하기 위해서는 시신의 얼굴이 감싸인 채 발견된 살인사건, 시신이 은닉된 살인사건들 중에서 얼마나 많은 건수가 면식범에 의한 사건인지부터 정확하게 측정되어야 한다. 또한 얼굴을 감싸지도 않고, 은닉되지도 않은 시신이 있는 살인사건 중에서 비면식범의 비율은 어느 정도였는지도 측정되어야 한다. 담배가 폐암을 유발할 수 있다는 사실은 이미 알려진 사실이다. 하지만 이 사실이 담배를 피우면 모두가 폐암으로 죽는다는 사실을 말해주는 것은 아니다. 흡연자들 모두가 폐암에 걸리는 것은 아니며 비흡연자 모두가 폐암에 걸

살인사건으로 재판 진행 중인 OJ 심슨

리지 않는 것도 아니기 때문이다.

피고인의 폭력적 성향에 대한 전문가의 보고서가 증거로 받아들여졌다는 기사를 본 적이 있다. 미식축구 선수 출신의 배우 OJ 심슨도 부인과 한 남성에 대한 살인사건*의 피의자로 재판을 받으면서 검찰의 이런 주장을 받은 적이 있다. 심슨은 부인을 심하게 폭행해 경찰에 신고된 적이 있던 것이다. 이 주장에 심슨 측 변호인은 이렇게 말했다.

"부인을 때리는 모든 남편이 부인을 죽이지는 않는다."

어리석은 검찰의 헛발질에 OJ 심슨 측의 변호인단이 현명하게 대처한 것이다.

---

* 1994년 6월 12일 여배우 니콜 브라운 심슨과 그녀의 친구인 로널드 골드먼이 로스앤젤레스에 위치한 고급주택지 브렌트우드 저택에서 피투성이 시체로 발견되었다. 이어 경찰의 수사를 통해 미식축구 선수 출신이자 니콜 브라운 심슨의 남편인 흑인 배우 OJ 심슨이 살인사건의 유력한 용의자로 지목됐던 사건이다.

범죄수사물이나 범죄를 다룬 시사물들이 대중의 인기를 얻게 되면서 오히려 수사와 재판은 과학으로부터 멀어지는 듯한 느낌을 받는다. 범죄심리 또는 프로파일링이 과학에 다가가기 위해서는 과학이 갖추어야 할 타당성과 신뢰성을 갖춰야 한다. 타당성은 정확성이라는 단어로 바꿔 부를 수 있다. 그래서 외적으로 알려져 있듯 그 분야들이 '일반적인 수사방법으로는 해결하지 못하는 사건을 해결하는 첨단 수사기법'이라고 주장하려면 범인 검거 후에 그들의 분석이 얼마나 사실과 일치했는지를 통계적으로 밝혀야만 한다. FBI에서 공개한 프로파일링의 타당도가 대략 60% 정도이다. 얼핏 보면 높아 보일 수 있지만 이 정도 확률로 누군가를 범인으로 몰아가는 것은 대단히 어려운 일이다. 왜냐하면 현대의 수사에 있어 증거는 '99%' 이상을 요구하는 시대이기 때문이다. 그마저도 인간이 저지를 수 있는 오류와 오염의 가능성 때문에 매우 신중하게 적용되는 중이다.

신뢰도라는 것은 체중계와 같다. 체중계에 올라설 때마다 몸무게가 다르게 나온다면 그 체중계는 믿을 수 없다. 어떤 기법이 신뢰성을 가지려면 동일한 조건의 경우 언제 수행해도 같은 결론에 도달해야 하며, 누가 수행해도 같은 결론에 도달해야 한다. 같은 범죄를 두고 한 전문가는 면식범일 것 같다고 말하고 다른 전문가는 비면식범일 것 같다고 말했다면 신뢰성을 인정받기 어려워진다. 양측이 모두 면식범이라는 결론에 도달했더라도 한 전문가는 원한관계에 의한 살인이라고 하고 다른 전문가는 충동적으로 살인을 저지르고 미안한 마음에 얼굴을 가린 것이라고 주장할 수도 있다. 이렇게 결론에 이르게 된 과정이 상반된다면 두 주장은 신뢰성을 갖고 있다고 보기 어렵다. 발자국만 보고 범인의 체중을 맞추고, 회중시계로 주인의 성향을 파악하는 셜록 홈스의 시대는 100년 전에 끝났다. 하지만 아직도 셜록 홈스를 자처하며 자신만의 판단을 신중한 추론의 결과처럼 내놓는 전문가들이 많다. 필자는 우리사회가 과학과 사이비과학을 구분할 수 있는 시각을 가졌으면 하는 바람을 갖고 있다.

법과학은 범죄를 해결하는 만능열쇠인가?

물론 현재 가장 신뢰받고 있는 법과학 자체도 완벽하지 않으며 아직 갈 길이 멀다. 법과학의 각 분야는 수백 년 동안 이어져 온 다른 과학 분야와는 달리 범죄라는 문제를 해결하기 위해 비교적 짧은 역사를 두고 폭발적으로 발전해온 것이다 보니 항상 전통 과학계의 도전에 직면해왔다. 과학계는 '법과학계'에 정확한 표준을 제시할 것과 그 결과가 잘못될 확률을 정확히 수량화할 것을 요구해왔다. 그러나 아직도 법과학계는 사람의 영향을 완전히 배제한 법과학적 기술만의 오류율을 측정하는 데 많은 어려움을 겪고 있다. 그렇다면 과학자들이 요구하는 숫자는 항상 옳을까?

1999년 영국에서는 한 가정에서 두 명의 아이가 연달아 영아돌연사증후군으로 사망한 사건이 발생했다. 이 사건은 살인사건으로 다루어졌고 범인으로 두 아이의 엄마이자 변호사였던 샐리 클락Sally Clark

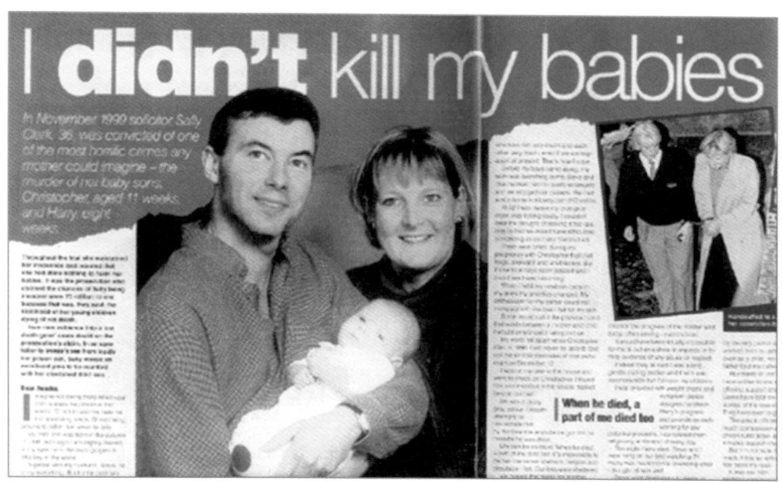

I didn't kill my babies

In November 1999 solicitor Sally Clark, 36, was convicted of one of the most horrific crimes any mother could imagine – the murder of her baby sons, Christopher, aged 11 weeks, and Harry, eight weeks.

When he died, a part of me died too

샐리 클락 사건을 다룬 기사

이 지목되었다. 왜 영아돌연사증후군으로 인한 사망사건이 갑자기 살인사건으로 전환된 걸까? 답은 숫자에 있었다. 그녀의 두 번째 아들이 사망하자 수사당국은 이런 의심을 가졌다. '한 집에서 두 아이가 연달아 영아돌연사증후군으로 사망하는 게 흔한 일은 아닐 것이다.' 그렇다. 이런 경우는 흔하지 않다. 그래서 그들은 확률을 계산했다. 영국에서 영아돌연사증후군으로 아이가 사망할 확률은 8,543가구 중 한 가구 꼴로 일어난다고 한다. 그렇다면 한 집에서 두 번의 영아돌연사증후군이 발생할 확률은 1/8,543×1/8,543에 해당한다. 바꿔 말하면 그 아이들이 죽은 것이 우연일 확률은 약 7,300만분의 1이란 것을 의미하는 것이고 이는 곧 두 아이의 죽음이 우연이 아닌 고의적인 살인이라는 것을 의미하게 된다는 것이다.

이들의 계산은 맞았을까? 틀렸다. 영아돌연사증후군의 경우 그것이

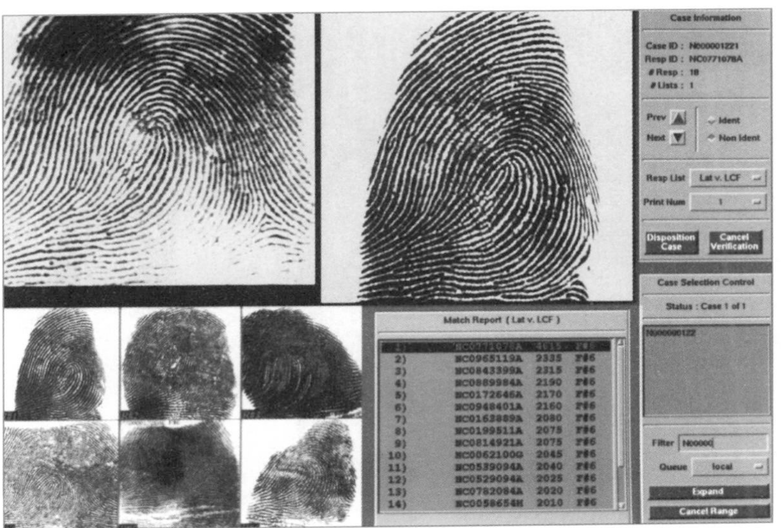

지문자동식별시스템 AFIS

발현되는 일정한 환경요인이 존재한다. 이는 두 아이가 동일한 환경요인에 노출됐을 가능성이 높다는 것을 의미한다. 따라서 영아돌연사증후군이 일어난 확률을 단순히 '곱하는 것double counting'으로 이 사건이 살인사건일 확률을 계산하는 것은 매우 심각한 오류에 해당한다. 여러 조건이 동시에 일어날 확률을 계산할 때, 이들을 단순히 곱하여 그 값을 얻으려면 그 요인들은 서로 독립적이어야 하는 것은 매우 당연하다. 결국 샐리 클락은 두 아이를 잃은 가엾은 엄마에서 두 아이를 살해한 살인마가 돼 유죄 선고를 받아야 했다. 이후 판결이 번복되기는 했지만 그녀는 심각한 충격을 이겨내지 못한 채 몇 년 후 알코올 중독으로 사망하고 말았다. 참으로 안타까운 죽음이 아닐 수 없다.

범죄수사에는 언제나 다양한 오류의 가능성이 존재한다. 추리의 과정에서 사람의 경험과 인식은 사실관계에 많은 왜곡을 더할 수 있다. 수사의 과정에서는 사건이 완전히 분석된 후에 용의자를 떠올리고 그들이 범인이 아닐 가능성에 대해서 검토하면서 배제 또는 채택하는 과정이 순조롭지 않을 수도 있기 때문에 어느 정도 선에서 역방향의 추론을 허용할 수 있다. 하지만 이것은 어디까지나 다양한 가능성을 보고 용의자들을 조사하는 데 사용하라는 것이지 이것이 확정적으로 범인을 지목하거나 유죄의 증거로 사용되어도 좋다는 의미는 아니다.

범죄수사에서와 마찬가지로 법과학도 완벽하지는 않다. 과학은 본질적으로 정확하고 믿을 수 있는 것이지만 법과학은 분석의 결과를 해석하여 법에 적용하는 분야이기 때문에 결국 사람의 판정이 가장 중요한 영향을 미치게 된다. 현장에 남겨지는 지문과 AFIS지문자동식별시스템, Automated Fingerprint Identification System*에 있는 지문이 완전히 똑같을 순 없으며 그 지문도 범행 당시 남겨진 것이 아닐 수도 있다. DNA도 사건과 무관하게 남겨진 것일 수도 있고 수집과 이동, 보관, 검사 과정에서 오염된 결과일 수도 있다. 미국의 법과학자인 폴 커크 교수가 말한 '물적 증거는 항상 존재하고 위증하지 않는다. 다만 그것을 사람이 찾지 못하고 이해하지 못할 뿐이다.'라는 명언을 잊지 말아야 하는 이유도 여기에 있다.

---

* 전 국민의 지문을 데이터베이스에 저장하고 현장에서 수집된 지문과 저장된 지문을 비교하여 신원을 확인하는 시스템을 말한다.

CONTENTS

PROLOGUE

CHAPTER 1

범죄의 흔적 _ **현장감식**

CHAPTER 2

영원한 범죄의 증거 _ **지문**

CHAPTER 3

범인을 향하는 발자국 _ **족적**

CHAPTER 4

종이 위의 추리 _ **필적**

CHAPTER 5

범인을 찾는 마법사 _ **혈흔**

CHAPTER 6

모든 접촉은 흔적을 남긴다 _ **미세증거**

CHAPTER 7

범죄자를 쫓는 사냥꾼 _ **형사**

CHAPTER 8

지옥을 빠져나온 악마들 _ **살인동기**

CHAPTER 9

살인자의 시그니처 _ **살인도구**

CHAPTER 10

소리 없는 살인자 _ **독살**

EPILOGUE

3
4

CHAPTER 1

범죄의 흔적
현장감식

"발자국으로 사건 현장을 어지럽히면 안 되니까
자네는 구석에 가만히 서 있게. 그럼 시작해볼까?
우선, 살인자들은 어디로 들어와서 어디로 나갔을까?
방문은 어젯밤부터 잠겨 있었으니까 창문을 살펴볼까?"
홈스는 혼잣말로 중얼거리면서 등잔불을 들고 창가로 걸어갔다.

- 《네 사람의 서명》 중에서 -

The Sign of Fours, 1890. 02

첫 번째 사건을 함께 겪은 후 셜록 홈스와 어느 정도 사이가 가까워진 왓슨은 마약을 가까이하는 셜록을 점잖게 타이른다. 그러자 셜록 홈스는 자신이 마약에 손대는 이유는 무료함 때문이라며 자신을 자극할만한 사건이 있었으면 좋겠다고 말한다. 그 얘기가 끝나기가 무섭게 베이커가의 하숙집에 메리 모스턴이라는 아름다운 여인이 찾아온다. 그녀는 셜록 홈스가 예전에 해결한 사건의 의뢰인으로부터 추천을 받아 찾아왔다면서 자신이 겪은 이상한 일을 털어놓는다.

메리 모스턴은 10년 전, 자신이 어릴 적 인도로 갔던 아버지가 런던으로 돌아왔다는 연락을 받았다. 기쁜 마음에 그녀는 약속을 잡고 아버지를 만나기 위해 약속 장소로 갔다. 하지만 끝내 아버지는 나타나지 않았고 그것이 사건의 시작이었다. 아버지와 만나지 못한 채 가정교사로 일하며 살아가던 어느 날, 신문에서 그녀의 주소를 알려달라는 광고가 실린 것을 보게 된다. 주저하던 그녀는 광고를 낸 인물에게 주소를 알려주었고 그때부터 익명의 누군가에게서 매년 값비싼 진주 한 알씩이 배달되어왔다. 그런데 그렇게 몇 년 동안 진주를 보내오던 익명의 인물이 오늘 만나자는 편지를 보내왔다. 편지를 받은 메리 모스턴은 어찌해야 할까 고민하다가 셜록 홈스를 찾게 된 것이다.

셜록 홈스와 왓슨은 메리 모스턴의 요청에 따라 그녀와 함께 약속 장소로 가서 편지를 보낸 인물을 만난다. 그는 다름 아닌 메리의 아버지 아서 모스턴의 친구였던 존 숄토의 아들 시디어스 숄토였다. 그는 자신의 아버지가 아서 모스턴과 함께 인도에서 장교로 복무하던 중 우연찮은 기회에 막대한 보물을 손에 넣게 되었다고 털어놓는다. 하지만 보물을 분배하는 과정에서 생긴 말다툼으로 아서 모스턴이 충격을 받아 사망했고 그의 보물까지 챙긴 존 숄토는 죽기 직전에 아서 모스턴의 딸 메리에게 보물을 나눠주라는 유언을 남긴다. 하지만 숨겨둔 보물의 위치를 채 말하기 전에 존 숄토는 숨을 거두고 말았다.

그러다 얼마 전, 시디어스의 형 바솔로뮤 숄토는 아버지가 숨겨둔 보물을 찾아냈고 메리에게 나눠주지 않고 독차지할 생각을 한다. 형의 생각에 반대하는 시디어스는 그녀에게 자초지종을 알려주기 위해 급하게 편지를 보내온 것이다.

상황을 이해하게 된 셜록 홈스와 왓슨은 메리를 돕기로 맹세한다. 그런데 저택에 홀로 있던 바솔로뮤 숄토가 살해당한 채 시신으로 발견된다. 그가 찾은 보물은 사라졌고, 현장에는 '네 사람의 서명'이라는 글씨가 적힌 종이가 남아 있었다. 시디어스가 경찰에 신고를 하러 간 사이, 셜록 홈스는 방 안에 남은 범인의 흔적을 통해 단서를 쫓는다. 현장에 나타난 애설니 존스 경위는 시디어스 숄토를 용의자로 체포한다. 하지만 셜록 홈스는 현장에서 찾은 단서를 통해 진범이 따로 있다는 것을 알아차리고 왓슨과 함께 진짜 범인을 추적하기 시작하는데…….

법과학자 셜록 홈스

셜록 홈스는 왓슨에게 자신이 다양한 과학 분야에 관심이 많다고 자랑하듯 말한다. 그러면서 자신이 관심을 가졌거나 혹은 발을 담근 적이 있던 분야를 열거한다. 대체 범죄수사와 무슨 연관이 있을지 알 수 없는 분야들이 대부분이지만 사실 홈스의 관심 분야들은 하나같이 법과학과 밀접한 연관이 있다. 즉, 셜록 홈스가 관심을 가지고 있던 담배를 비롯한 다양한 분야들은 범죄현장에서 범인을 구분해낼 수 있는 '법과학Forensic Science'인 셈이다. 결국 코난 도일이 처음부터 의도한 건지 우연인지는 모르겠지만 셜록 홈스는 방 안에 앉아 범인을 맞추는 안락의자 형 탐정이 아니라 범죄현장을 샅샅이 누비면서 증거를 찾는 가장 이상적인 법과학자의 모습을 가지고 있다.

사실 셜록 홈스가 의뢰인이나 범인에 대해 단번에 직업이나 상황을 맞추는 것은 결코 직감이 아니라 법과학에 의존한 과학적 분석의 결과물이다. 특히 현장을 꼼꼼하게 뒤져서 증거물들을 수집하고, 상황을 유추해냄으로써 범인을 찾아내는 과정은 법과학자의 모습 그 자체다.《네 사람의 서명The Sign of Four, 1890년 발표》에서 셜록 홈스는 바솔로뮤 숄토가 죽은 방을 살펴보면서 범인이 집 안으로 침입한 경로와 상황을 알아낸다. 사건이 발생했을 당시 방 안은 문과 창문 모두 안쪽에서 잠긴 일종의 밀실이었다. 셜록 홈스는 현장을 면밀하게 조사한 끝에 바솔로뮤 숄토의 목에 박힌 독침이 천정에서 발사된 것임을 발견했다. 그리고 천정 위로 올라가 환기창을 통해 범인이 안으로 들어왔다는 것을 확인한다. 아울러 창틀에 남아 있는 붉은 흙을 통해 범인이 어느 경로로 왔는지도 밝혀냈다. 현장에 남겨진 흔적들을 파악하는 것만으로도 범인의 침입경로와 살해 방식을 알아낸 것이다. 지문과 DNA 분석이 불가능했던 당시에 이런 방법은 사건을 해결할 수 있는 유일한 수단이자 완벽한 수단이 될 때가 많았다.

《보스콤 계곡 미스터리The Boscombe Valley Mystery, 1891년 발표》에서도 셜록 홈스는 사건 현장인 저수지 부근을 샅샅이 뒤지는 모습을 보여준다. 이때는 아예 비옷까지 갖춰 입고 바닥에 엎드린 채 돋보기로 현장

구석구석을 꼼꼼히 살핀다. 그러면서 레스트레이드 경감이 현장을 무책임하게 헤집어놓은 것에 대해 강하게 힐난한다. 하지만 그 와중에도 바닥을 살펴보던 셜록 홈스는 마침내 살인에 사용된 흉기와 범인의 발자국을 발견해낸다. 그리고 그 발자국의 특징을 파악함으로써 모두가 생각지도 못한 범인의 정체를 밝혀낸다.

코난 도일은 소설적 재미를 위해 셜록 홈스가 왓슨이 건넨 시계를 통해 그의 형이 주정뱅이라는 사실을 맞추거나 의뢰인의 개인정보에 대해 정확히 꿰뚫는 모습을 보여주기도 한다. 하지만 사건 현장을 조사하는 모습이나 실험을 거듭하는 과정은 본질적으로 법과학자의 모습을 보여준다. 그것은 당시 영국의 현실과도 깊은 관계가 있다. 산업혁명으로 인해 도시가 확장되면서 각종 범죄가 등장하던 시기였기 때문에 전통적인 방식의 범죄수사는 한계에 부딪혔다. 과학이 대안으로 등장했다 해도 범죄를 한두 분야에 깊이 있는 전문가만으로 해결할 수는 없었다. 셜록 홈스는 각종 실험과 연구를 거듭함으로써 종합적인 응용과학자의 모습을 하게 되었다.

참고로 셜록 홈스가 가지고 있는 각종 과학 지식들을 나열해보면 다음과 같다. 식물학은 독성을 지닌 식물을 구분해낼 줄 알고, 화학은 부분적인 지식을 갖추고 있다. 지질학은 지역별 토양을 구분할 수 있을 정도인데 종종 의뢰인들의 신발에 묻은 흙만으로도 어느 지역을 거쳐 왔는지 알아차린다. 정식으로 해부학을 배우지는 않았음에도 전문의 빰치는 솜씨를 지니고 있고, 변호사 수준의 법률 지식을 가지고 있다. 예술적 안목도 깊고 권투는 악당들이 한 수 접고 들어갈 정도로 뛰어나다. 범죄자에 대한 지식은 거의 컴퓨터 수준으로 머리에는 방대한 데이터가 담겨 있다. 하지만 다른 쪽으로는 왓슨 또는 일반인보다 못할 때가 많은데 특히 지구가 둥글다는 사실을 모른다거나 철학에 대해 아는 것은 전무한 수준이다. 코난 도일이 의도하지는 않았겠지만 셜록 홈스가 가지고 있는 지식 체계는 현대의 과학수사요원에게 필요한 것들이다. 완벽한 전문가는 아니지만 현장에서 응용할 정도의 실력을 지니고 있는 다재다능하고 냉철한 모습이 바로 셜록 홈스에게서 보이고 있는 것이다.

살아 움직이는 법과학

법과학을 의미하는 '포렌식Forensics'은 광장을 뜻하는 '포럼Forum'에서 유래됐다. 그리스의 직접 민주주의를 상징하는 포럼에서는 범죄자를 심판하는 재판도 열렸었다. 광장에 모인 시민들이 피고인의 변론을 듣고 유무죄를 결정했기 때문에 장소라는 의미 외에도 재판 자체를 지칭하는 용어로 굳어졌다. 그렇게 포럼에 학문을 지칭하는 '-ics'라는 단어가 붙으면서 '재판에 관련된 과학'이라는 뜻의 포렌식이라는 용어가 완성되었다. 재판에 관련된 과학은 사실을 증명함으로써 수사 중인 용의자, 법정에 선 피고인을 풀어줄지 처벌할지를 결정하게 해준다.

우리는 사실을 증명하는 유무형의 증명방법들을 '증거'라고 부른다. 법과학을 설명하는 여러 가지 개념들이 있지만 정확하게는 '증거와 증거에 관한 과학'이라고 봐야 한다. 증거를 통해 용의자들 중에서 죄가 없는 사람들을 배제하고 진짜 범인을 골라내는 배제와 선택의 법칙이 적용돼야 하기 때문이다. 따라서 고대의 광장을 뜻하는 포럼에서 시작된 법과학을 이해하기 위해서는 포렌식보다 좀 더 전문화된 '범죄과학

Criminalistics'을 알아야만 한다.

구스타프 한스 그로스가 자신의 저서 《치안판사 편람Handbook for Magistrates》에서 맨 처음 사용한 이 용어는 범죄를 분석하는 모든 학문을 포괄적으로 지칭한다. 범죄과학은 시신과 관련된 모든 분야를 의미하는 '법의학'과 물질적인 측면의 증거를 수집하고 검사하는 '법과학'으로 크게 구분할 수 있다. 국내에서는 아직까지 법과학과 법의학을 명확히 구분하지는 않고 있다. 하지만 두 학문은 엄밀하게 다른 분야이며, 기술이 발달하고 법과학의 필요성이 높아지면서 파생되는 학문들 또한 늘어나고 있다. 의학과 화학으로 양분하던 법과학 분야는 사건들이 늘어나고 복잡해지면서 그것만으로는 해결할 수 없는 상황이 많아졌기 때문이다.

우선 현장에 남은 범인의 지문을 분석하는 분야가 생겨났고, 경제가 발전하고 계약이 늘어나면서 문서 감정과 필적을 연구하는 분야도 생겨났다. 현장에 남겨진 혈흔을 분석하기 위해 혈청학이나 생물학이 법과학에 발을 담그게 되었다. 반면 한동안 법과학의 중요한 분야로 대접을 받던 범죄자의 신체 패턴을 연구하는 학문인 인체 측정술은 사라지게 된다. 1980년대 들어 DNA의 시대가 열리면서 법과학 분야에는 혁명적인 계기가 되었다. 개인이 총기를 자유롭게 소지할 수 있는 미국에서는 총기 관련 사고가 해마다 늘어남에 따라 총기 사건을 해결하기 위한 총기 분석학과 탄도학이 발전해왔다. 이렇듯 법과학은 기초과학에서 시작해 다양한 응용과학에 이르기까지 범위를 넓혀나가고 있어 향후 그 경계가 어디까지 넘나들며 발전할지는 그 누구도 알 수 없다.

법과학, 과학인가 기술인가

한계가 없다는 점, 모든 현상에 응용할 수 있다는 점, 현장 중심적이라는 점 등은 과학자들이 법과학의 과학적 성격에 대해 의문을 던지게 하는 요인들이다. 법과학의 대표주자라고 할 수 있는 지문은 잠재지문(존재하지만 육안으로는 보이지 않는 지문)의 현출과 지문의 대조를 기반으로 발전한다. 지문의 대조는 통계적 근거를 토대로 두 지문에 일치 판정의 기준을 적용하는 방향으로 발전해왔고 잠재지문의 현출은 화학을 기반으로 하면서도 동시에 기술적인 측면 또한 강조되어 발전해왔다. 따라서 법과학자는 정확하게는 과학을 기반으로 한 기술자로 보는 것이 타당하다. 특정 분야를 집중적으로 연구하는 과학자와 여러 분야에 대한 기술을 익혀야 하는 현장감식요원은 명확히 다를 수밖에 없기 때문이다.

현장감식 요원은 지문과 혈액, DNA 등 법과학에 관한 다양한 지식을 갖고 있어야 하지만 특정 분야에 대해 높은 수준의 지식을 필요로 하지는 않는다. 그것은 법과학이 가지는 특별함 때문이다. 샘 셰퍼드

샘 셰퍼드와 그의 가족

사건*을 해결한 폴 커크Paul L. Kirk의 전공분야는 화학이었다. 하지만 그가 샘 셰퍼드의 무죄를 밝혀냈던 혈흔 분석에 화학은 일체 사용되지 않았다. 따라서 전공자가 아닌 사람이 밝혀낸 사실 또는 증거가 법정에서 증거로 채택할 수 있을만한 신뢰성이 있느냐의 문제에 봉착하기도 했다.

법과학은 과학의 발달과 더불어 새롭게 등장한 학문으로 시작 단계에서부터 수많은 진통을 겪어왔다. 아울러 법과학이 가진 응용과학

* 1954년 7월 4일, 오하이오 주의 한 가정집에서 메릴린 셰퍼드라는 여인이 흉기에 심하게 찔려 살해당하고 그녀의 남편 샘 셰퍼드가 살해 혐의로 체포돼 무기징역을 선고받는다. 교도소 복역 중 미국의 화학자이자 법과학자인 폴 커크는 현장의 혈흔을 분석해 샘 셰퍼드가 범인이 아님을 입증하게 된다. 무죄로 풀려난 샘 셰퍼드의 이야기는 이후 영화 〈도망자〉로 제작되었다.

적 특성은 어떤 현상에도 적용할 수 있는 범용성이라는 장점과 그 이면에 응용과학이나 응용기술을 과학으로 볼 수 있는가에 대한 의구심을 야기하기도 한다. 새로운 방식 또는 기술이 등장했다 하더라도 모두가 인정하기 전까지는 그것을 증거로 처벌해서는 안 되기 때문이다. 지금은 완벽한 과학으로 여겨지며 가장 신뢰도 높은 증거로 인정받는 DNA도 처음에는 똑같은 과정을 겪어야만 했다. 새로운 법과학적 이론이나 기술이 증거로 사용되기 위해서는 무엇보다 신뢰성과 타당성을 근거로 한 '일반적 수용'이 이루어져야 한다.

한국의 과학수사요원

오늘날 우리나라 범죄현장에서도 등에 CSI라는 글자가 새겨진 유니폼을 입은 과학수사요원들을 어렵지 않게 볼 수 있다. 이들은 현장에 투입되어 각종 증거들을 수집해 사건을 해결하고, 범인을 찾는 역할을 한다. 과학수사요원들은 예전에는 경찰서별로 배치되었지만 현재는 지방청 소속의 광역과학수사팀으로 묶여 권역별로 관할하며 지휘권 역시 지방청에서 가지고 있다. 광역과학수사팀의 창설은 인원과 자원을 낭비하지 않는다는 장점이 있지만 영역이 넓은 지방의 경우에는 다소 맞지 않는 점이 있기도 하다.

범죄현장은 대부분 피와 각종 오물들이 가득한 경우가 많고 피해자의 극심한 저항이나 격렬한 격투가 벌어졌다면 난장판일 확률이 높다. 따라서 범죄현장 조사의 경우 어떤 곳부터 어떤 방식으로 검사할지를 먼저 파악해야 한다. 과학수사요원들은 본능적으로 범인의 동선에 대한 가설을 세우고 현장에 접근한다. 따라서 그들이 가장 중요하게 여

현장감식 중인 과학수사요원들

기는 것은 범인이 남겼을지 모를 족적, 즉 발자국이다. 특수하게 디자인된 낮게 깔리는 광원을 사용하거나 일반적인 광원을 낮은 각도로 비춰가며 자칫 지나치거나 훼손될 수 있는 범인의 족적을 찾는다. 범인이 현장을 드나들면서 만졌을 문고리, 창틀, 시신, 범죄도구 등에는 지문 분말을 도포하여 눈에 보이지 않던 지문들을 현출한다. 또한 시신 주변의 흔적이나 증거를 집중적으로 살펴보며, 무엇보다 현장에 흉기가 남아 있는 경우에는 그 부분을 우선적으로 검사한다. 일반적으로 흉기에서 범인의 흔적을 찾아내는 경우가 많은데 최근에는 기술의 발달로 인해 범행 당시 범인이 장갑을 꼈다고 해도 DNA를 추출해내는 수준에 이르렀다.

과학수사요원들의 범죄 증거 수집에는 기술과 경험 못지않게 논리가 필요하다. 특정 지역을 수색하기 전에 우선 추리를 해야 한다. 범인의 동선을 파악해야만 현장을 분석할 수 있고, 범인의 범행 의도를 알 수 있기 때문이다. 예컨대 시신은 건넛방에 있는데 안방에서 범인의 흔적이 발견되었다면 안방에 들어가야만 하는 어떤 목적이 있다는 것을 의미한다. 아울러 안방을 뒤진 이유가 범행의 주목적인지도 세밀히 파악해봐야 한다. 과학수사는 한마디로 정리하자면 '범인의 동선을 파악해 범행을 재구성하는 과정'이라고도 할 수 있다.

최근 현장감식에서는 눈에 보이지 않는 증거, 즉 미세증거들을 찾는 일 또한 매우 중요하게 인식되고 있다. 예를 들면 범인이 사용한 의자에 남아 있던 섬유의 흔적을 통해 범인이 어떤 옷을 입고 있었는지까지 대략적으로 알 수 있다. 만약 창틀을 넘어 현장에 들어왔을 경우

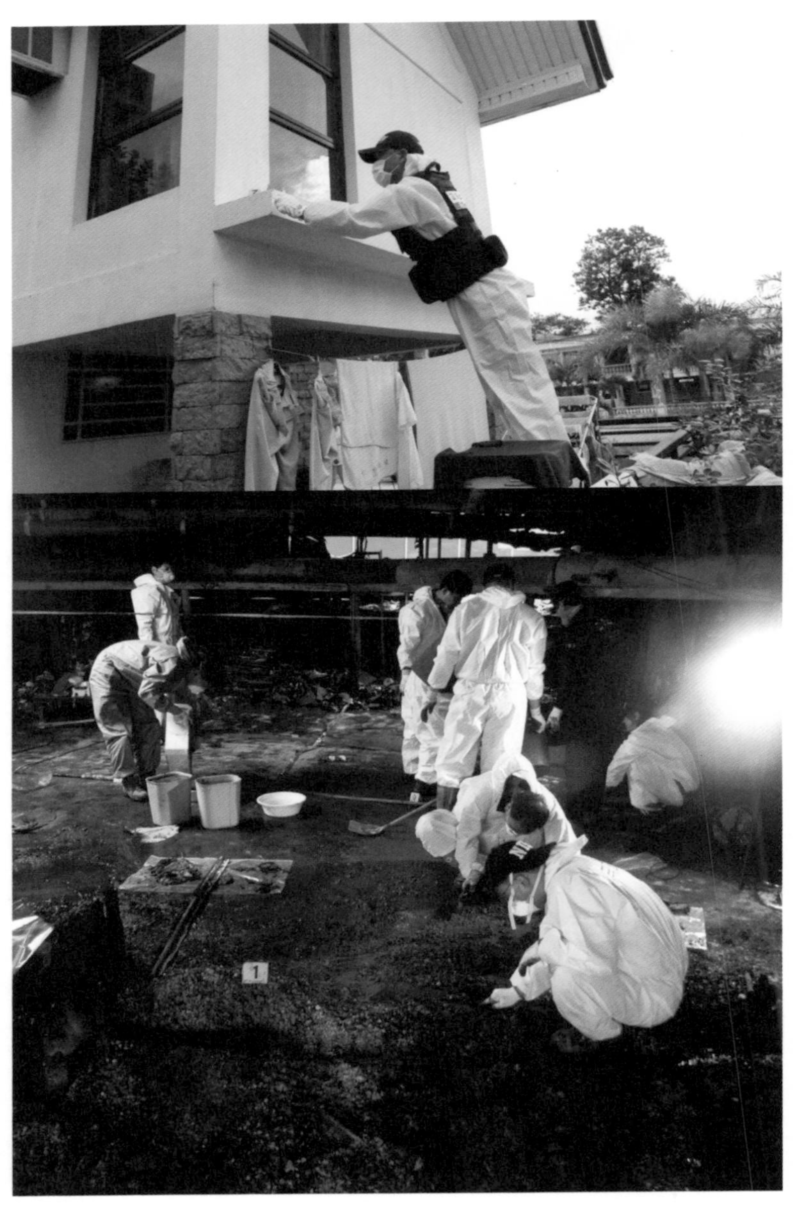

장갑을 껴 지문은 없다 해도 땀 등의 체액을 통해 DNA를 찾을 수도 있다. 무엇보다 현장감식에서 중요시하는 것이 바로 범인의 출입구와 도주로를 확인하는 것이다. 그곳에 범인의 흔적이 남아 있을 가능성이 높기도 하지만 동시에 다른 수사요원들이 드나들며 그곳에 남아 있을지도 모를 범인의 흔적을 훼손하는 것을 막아야 하기 때문이다. 이런 일련의 과정들을 통해 범인의 동선을 파악할 때 가장 유용한 것은 범인이 남긴 족적이지만 혈흔 역시 중요한 역할을 한다. 혈흔이 연결되어 있을 경우 범인이 범행 후 흉기를 들고 이동한 경로를 파악할 수 있기 때문이다. 또 범인이 왜 그곳에 방문해 범죄를 저질렀는지에 대한 추론의 결과물로 감식이 시간적 순서대로 이뤄져야 하며, 그 과정을 토대로 범행을 재구성해내야 한다. 과학수사 역시 과학과 논리의 범주 안에서 이뤄져야 한다는 것이다.

1 밸런타인데이의 대학살

1929년 2월 14일, 미국 시카고의 한 창고에서 총성이 울려 퍼진다. 잠시 후, 창고에서 나온 경찰복을 입은 남자들이 차를 타고 사라졌다. 현장에는 피범벅이 된 일곱 사람이 벽 앞에 나란히 누워 있었다. 여섯 명은 이미 사망한 상태였고, 한 명은 병원에 실려 갔지만 결국 숨을 거뒀다. '밸런타인데이의 대학살'이라고 불리는 이 사건은 밀주를 놓고 벌인 갱단들 간의 암투 때문에 벌어진 비극이었다. 금주령이 실시되던 시기라 술을 몰래 만들어 유통시키는 사업은 위험부담은 컸지만 큰돈을 벌 수 있는 기회였다. 따라서 갱단들은 밀주의 제조와 유통을 놓고 살인을 불사할 정도의 충돌을 벌이기도 했다.

당시 시카고는 그 유명한 알 카포네*가 장악하고 있었다. 그런데 밀주 사업의 막대한 이익을 탐낸 아일랜드 갱단이 도전을 해왔다. 아일

---

*미국 시카고를 중심으로 조직범죄단을 이끌었던 유명한 갱단두목이다. 뺨에 흉터가 있어 스카페이스Scarface라는 별명으로 유명하다. 1929년 2월 '밸런타인데이의 대학살' 등 수많은 폭력·살인사건을 배후에서 지휘하였다.

'밸런타인데이의 대학살'의 실제 사건 사진(위)과 현장 검증 사진(아래)

랜드 갱단에 의해 밀주 운반 트럭이 몇 차례 습격당하는 일이 벌어지는 등 자신의 제국이 도전을 받자 알 카포네는 잔혹한 응징을 가하기로 한다. 그의 지시를 받은 부하들은 훔친 경찰 제복을 입고 아일랜드 갱단이 관할하는 밀주 창고에 쳐들어갔다. 그리고 그곳에 있던 아일랜드 갱단 조직원들로 하여금 모두 벽을 보고 서게 만들었다. 제복을 입은 탓에 그들이 경찰이라고 여긴 조직원들은 잠자코 지시를 따랐다. 경찰로 위장한 알 카포네의 부하들은 그들을 향해 시카고 타이프라이터라는 별명을 지닌 톰슨 기관단총을 난사했다. 갑작스런 총격에 갱단 조직원들은 순식간에 쓰러졌고 무자비한 살인을 저지른 알카포네의 부하들은 차를 타고 도망쳤다. 갱단 간의 싸움은 종종 있어왔고, 살인사건 역시 자주 발생했지만 한 장소에서 동시에 7명이나 살해한다는 것은 꽤나 충격적인 일이었다. 게다가 살인자들이 경찰 복장을 하고 있었다는 목격자들의 증언으로 인해 시카고 경찰은 비상사태에 직면하게 된다. 이때 캘빈 고더드Calvin Goddard라는 의사가 등장한다. 군의관이자 장교 출신이었던 그는 취미가 총기를 연구하는 것이었던 덕에 총기에 대해서만큼은 누구보다 해박한 정보와 지식을 갖고 있었다.

그의 목표는 알 카포네였다. 사건이 벌어진 직후부터 시카고 경찰은

비교현미경을 사용하고 있는 캘빈 고더드

이 사건이 알 카포네의 소행이라는 걸 눈치 챘다. 하지만 그는 알리바이를 만들기 위해 사건이 벌어질 당시 자신의 저택에서 친구들을 불러다놓고 파티를 하고 있었다. 시카고 경찰은 압수수색 영장을 받아 알 카포네의 저택에 있던 톰슨 기관단총들을 압수한다. 그리고 그 총에서 발사된 탄환과 죽은 피살자들의 몸에서 나온 탄환을 비교했다. 캘빈 고더드는 의사인 동시에 비교현미경을 발명한 사람이었다. '비교현미경comparison microscope'은 두 개의 대물렌즈를 통해 보이는 이미지를 한 프레임에서 비교해 볼 수 있도록 한 것으로 고더드가 발명한 비교현미경은 지금도 다양한 목적으로 사용되고 있다.

모든 총구의 내부에는 탄환이 회전할 수 있는 강선이 파여 있다. 이 강선에 의해 탄환의 겉면에 남겨지는 강선흔은 사람의 지문처럼 총마다 특이한 형태로 나타난다. 캘빈 고더드는 탄환에 남은 흔적들을 자신이 발명한 비교 현미경을 통해 확인했고, 피살자들의 몸에서 나온 탄환들이 알 카포네의 총기로부터 발사된 것이라는 사실을 입증해낸 것이다.

결국 알 카포네는 체포돼 법정에 서게 된다. 그의 변호사들은 처음에는 실험의 신뢰도에 의문을 품는 것으로 증거에 대한 공격을 시작했다. 캘빈 고더드가 총기에 관한 학위나 전공이 없다는 이유로 문제를 제기한 것이다. 또한 탄환을 분석해 범죄에 사용된 총기를 찾아낸 조사 방식의 과학적 신뢰도가 낮다고도 주장했다. 하지만 고더드는 단호한 목소리로 알 카포네 변호인들의 주장에 반박했다. 총탄에 남는 흔적은 인간의 지문만큼이나 독특하기 때문에 총탄에 남아 있는 무늬의

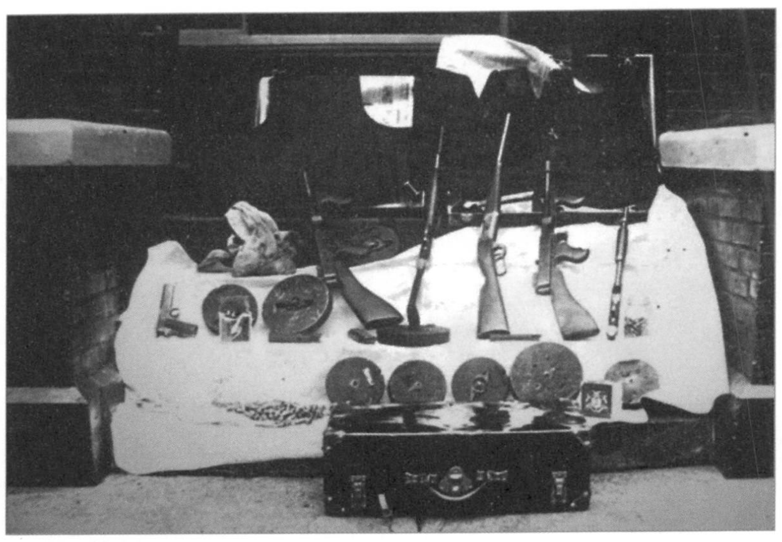

범행 당시 사용된 톰슨 기관단총

조사로 충분히 대조할 수 있다고 반복적으로 설명했다. 그러자 전략을 바꾼 변호사들은 고더드의 직업을 물고 늘어졌다. 총기에 관한 것들을 분석하기에 그는 어떤 자격도 갖고 있지 않다는 점을 문제 삼은 것이다. 재미있는 점은 이러한 논쟁이 현대 법과학 분야에서도 계속되고 있다는 것이다. 그러나 결국 재판은 법과학의 승리로 끝이 났다. 이 사건에서 법원은 고더드의 손을 들어준 것이다. 물론 알 카포네의 최종 몰락은 몇 년의 시간이 흐른 후였지만 법과학이 살인의 주요한 증거를 찾아내고, 법정에서 증거로 채택되었다는 점에서 이 사건은 큰 의미를 갖는다고 할 수 있다.

캘빈 고더드는 미국 법과학계의 영웅으로 떠올랐으며 이 사례는 법과학을 위한 자격이나 전공에 관한 논쟁으로부터 법과학자들을 자유롭게 하고 그들이 당당하게 정의를 지킬 수 있도록 도와주는 역할을 해왔다. 아직도 법과학적 증거를 분석한 전문가들이 법정에서 변호사들로부터 가장 많이 받게 되는 질문은 "당신은 이 분야를 전공한 사람인가요?"이다. 하지만 지문과 혈흔, 족적을 어디에서 전공한단 말인가? 지문학과, 족적학과, 혈흔학과는 지구상 어느 대학에도 존재하지 않는다. 있다고 하더라도 지문만 연구한 법과학자, 족적에만 해박한 법과학자라면 현장에서 그다지 유용하게 활용될 수 없다. 그렇다면 물리학이나 화학, 수학, 생물학 등 한 가지 전공이 이렇게 복합적인 응용과학을 모두 설명할 수 있을까? 결코 그렇지 않다.

영화 〈살인의 추억〉과 DNA

1

지난 2003년 봉준호 감독이 만든 영화 〈살인의 추억〉은 엄청난 흥행과 함께 작품성까지 인정받았다. 1986년부터 1991년까지 이어진 화성 연쇄살인사건을 모티브로 한 이 영화에서는 어설픈 형사와 동료들이 등장해 드러나지 않는 범인을 찾느라 고군분투하는 장면이 나온다. 특히 살인이 벌어진 현장에서 각종 증거들이 사라지거나 훼손되는 장면은 초창기 과학수사의 허술함을 그대로 드러내며 많은 사람들의 분노와 안타까움을 자아냈다. 영화의 막바지에 범인으로 추정되는 박해일이 형사 송강호에게 무자비하게 구타당하는 장면이 나온다. 하지만 뒤늦게 나타난 동료 형사 김상경이 미국에서 날아온 DNA 분석 결과를 가지고 그가 범인이 아니라는 이야기를 들려준다. 송강호는 그가 범인이라는 확신을 가졌음에도 물증이 없는 상황 때문에 결국 박해일을 풀어주고 만다. DNA 분석 결과는 그가 범인이 아니라고 말하고 있기 때문에 경찰이 더 이상 할 수 있는 것은 없었다.

그런데 만약 경찰이 수집해서 미국으로 보낸 DNA 샘플이 오염된 것이었다면 상황은 어땠을까? DNA 샘플은 신뢰도가 높은 증거가 될 수 있는 반면 굉장히 다양한 요인으로 인해 쉽게 오염될 수 있어 수집 또는 이동 시에 굉장히 예민하게 다뤄져야 한다. 하지만 영화 초반부에 나왔듯이 1980년대 한국에서는 과학수사나 DNA 분석에 관한 기초적인 지식이 부족했거나 아예 존재하지 않았다. 따라서 미국으로 보낸 범인의 DNA가 오염되었을 가능성이 굉장히 높다. 만약 증거를 제대로 수집해서 보냈다면 영화나 현실에서의 결과는 완전히 달라졌을지도 모를 일이다.

9
16
NE DO
1

그렇다면 지금의 과학수사는 어떨까? 오염의 위험성이 줄어들었을까? 물론 그렇다. 과학수사요원의 수준은 당시와는 비교도 할 수 없을 정도로 높아졌으며 DNA에 관한 지식도 일반화되었다. 오염의 가능성이 있는 현장에서는 보호복과 마스크, 장갑 등으로 요원이나 수사관의 DNA가 현장에 남겨지지 않도록 조치한다. 하지만 그럼에도 불구하고 여전히 오염의 가능성은 높게 남아 있다. 왜일까? 그것은 아이러니하게도 DNA 기술의 발전 때문이다.

예전에는 기술의 수준이 큰 오염이 발생했을 경우에만 발견할 정도였다면 지금은 상상할 수 없을 정도의 미세한 오염도 찾을 수 있는 수준에 이르렀기 때문이다. 따라서 오염을 줄이기 위해서라면 지금보다 더 엄격한 수준의 무결점 샘플을 확보해야 할 것이다. 그렇다면 현장의 과학수사요원을 모두 DNA 전공자로 뽑아야 할까? 다시 말하지만 그럴 수도 없고 그럴 필요도 없다. 현장의 법과학 기술자들에게 필요한 것은 단백질 합성이나 염기서열이 아니라 현장에서 어떻게 하면 나의 흔적을 남기지 않고, 외부요인에 오염되지 않도록 증거를 수집할 수 있는가에 대한 지식과 기술인 것이다.

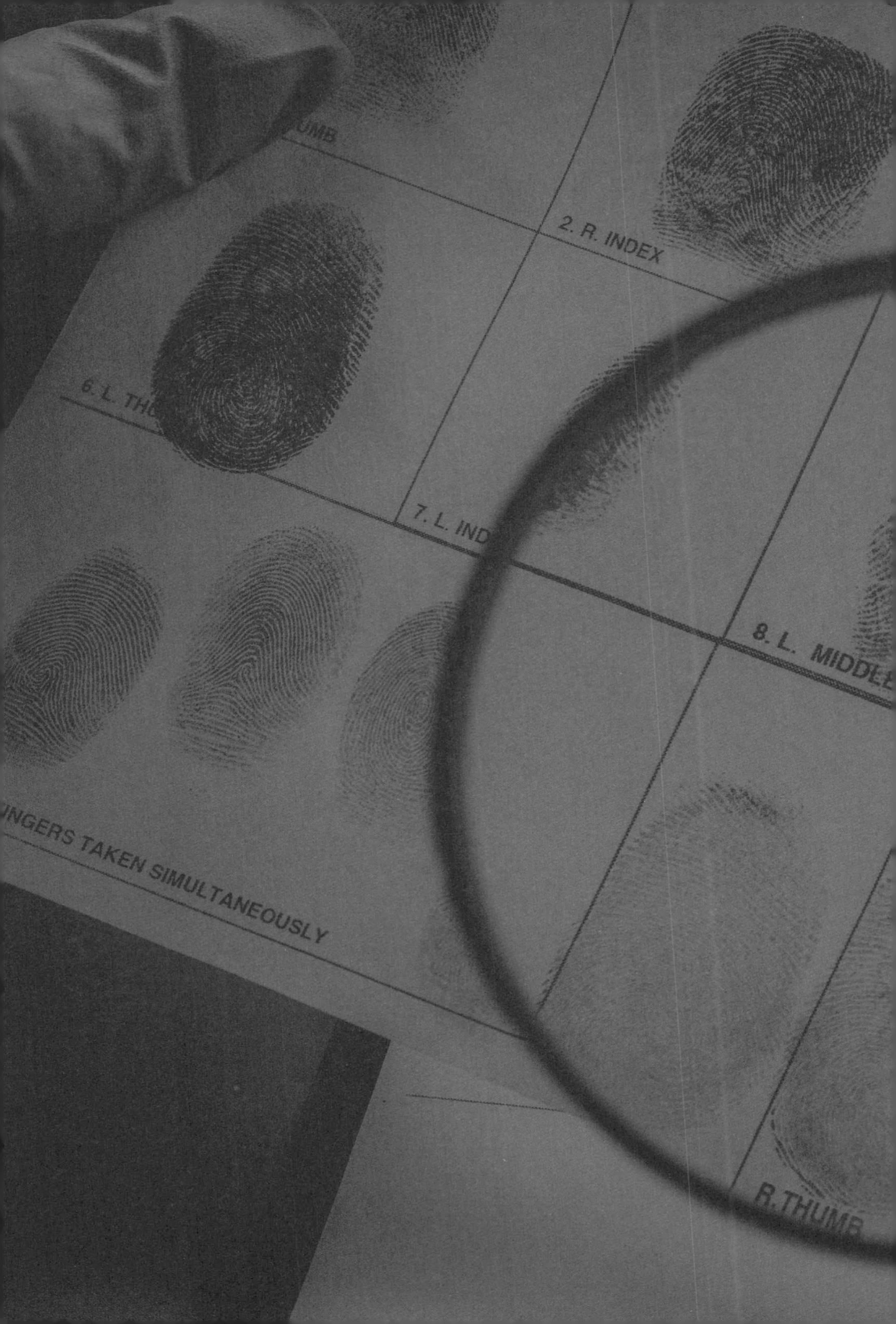

2. R. INDEX
8. L. MIDDLE
R.THUMB
FINGERS TAKEN SIMULTANEOUSLY

CHAPTER 2

영원한 범죄의 증거
지문

"지문이 사람마다 다르다는 정도는 알고 계시죠?"

레스트레이드 경감이 의기양양하게 홈스를 바라보았다.

"물론이죠. 하지만 이상한 점이 있군요."

홈스가 고개를 갸웃거리며 왓슨을 쳐다보았다.

-《노우드의 건축업자》 중에서 -

The Adventure of the Norwood Builder, 1903. 09

모리아티 교수와 결투를 벌인 끝에 라이헨바흐 폭포에 떨어져 죽은 줄로만 알았던 셜록 홈스는 살아 돌아와 다시 왕성하게 활동을 시작했다. 그런 그에게 새로운 의뢰인이 찾아온다. 바로 젊은 변호사인 존 헥터 맥팔레인이다. 그는 자신이 곤경에 처했다면서 셜록 홈스에게 도움을 요청한다.

사건은 노우드의 한 저택에서 화재가 발생하고, 저택의 주인인 조너선 올데커가 사라지면서부터 시작되었다. 시체는 발견되지 않았지만 사실상 살인이 발생한 것으로 추정되었기 때문에 경찰이 사건수사에 나섰다. 그런데 수사 과정 중 올데커의 집에서 피 묻은 맥팔레인의 지팡이가 발견되면서 그가 용의선상에 오르게 된 것이다. 설상가상으로 올데커가 실종되기 직전 맥팔레인에게 모든 유산을 남겨주겠다는 유언장을 작성한 것이 알려지면서 상황은 더욱 그에게 불리한 방향으로 흘러가고 있었다. 누가 봐도 유산에 욕심을 낸 맥팔레인이 올데커를 살해한 것으로 보이는 사건이었다. 다급한 상황에 놓인 그는 결국 셜록 홈스를 찾아와 억울함을 호소한 것이다.

맥팔레인이 자초지종을 설명하던 중 레스트레이드 경감이 그를 검거하기 위해 찾아왔다. 홈스의 부탁으로 연행은 잠시 미뤄졌고 그 사이 맥팔레인은 자신의 나머지 얘기를 털어놓는다. 사실 자신과 올데커는 모르는 사이였고, 단지 올데커와 자신의 어머니가 과거에 서로 아는 사이였다는 것이다. 맥팔레인이 잡혀간 후 셜록 홈스는 맥팔레인의 어머니를 만나러

간다. 그녀는 젊은 시절 올데커가 자신에게 구혼을 한 바 있으며 그를 거절한 이후 그에게 시달림을 당했었다는 사실을 들려주었다. 그녀의 얘기를 들은 셜록 홈스는 올데커가 자신을 받아주지 않았던 여인의 아들에게 전 재산을 상속하려 했다는 사실에 의문을 품는다. 게다가 올데커가 작성한 유언장이 흔들리는 열차 안에서 급하게 작성되었다는 정황까지 더해지면서 셜록 홈스는 맥팔레인이 범인이 아닐지도 모른다는 사실에 무게를 둔다.

하지만 이때 레스트레이드 경감은 사건 현장에서 결정적인 단서를 찾아냈다고 큰소리를 친다. 바로 피 묻은 맥팔레인의 지문이 거실의 흰 벽에 선명하게 찍혀 있었던 것이다. 지문이 같은 사람은 존재할 수 없는 만큼 맥팔레인이 범인이라는 데 이견이 없을 법한 상황이었다. 하지만 셜록 홈스는 레스트레이드 경감의 추리에 이의를 제기한다. 결정적인 단서로 지목된 그 지문에 커다란 문제가 있다고 하면서 말이다. 미심쩍어하는 레스트레이드 경감에게 셜록 홈스는 진범을 찾아주겠다며 저택 안으로 들어가는데…….

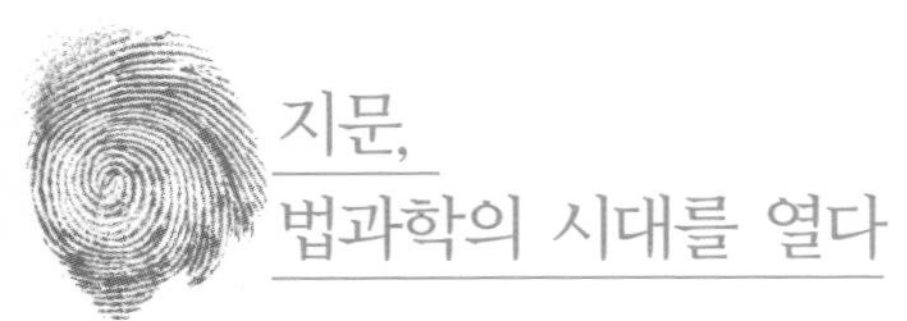

지문, 법과학의 시대를 열다

범인이 사건의 현장에 남겨놓은 어떠한 흔적을 통해 범인을 잡아내는 것은 과학수사가 도입되기 이전부터 유용하게 사용되던 수사 기법이다. 범인은 그걸 방해하기 위해 알리바이를 만들어 내거나 다양한 트릭을 사용했다. 도시가 작고, 사람들의 이동이 적었던 시대에는 탐문과 흔적을 통한 수사만으로도 범인을 검거할 수 있었다. 하지만 산업혁명으로 인해 도시가 거대해지고 인구가 밀집되면서 사건은 점점 늘어났고 그것과 비례해 범인 찾기는 더욱 어려워졌다. 복잡한 도시와 수많은 사람들 틈에는 숨을 곳이 너무도 많았기 때문이다. 특히 영구미제사건으로 남아 있는 '잭 더 리퍼 사건*'은 이런 문제점을 적나라하게 보여준다. 범인의 흔적을 찾을 수 없었고, 탐문도 불가능했기 때문에 범인을 찾기 위한 경찰의 노력은 이내 한계에 부딪혔다. 이후 경

* 1888년 8월부터 약 11개월에 걸쳐 잭 더 리퍼Jack the ripper라 불리운 연쇄살인범이 5명의 여인을 참혹하게 살해한 사건. 범인은 결국 검거되지 않은 채 미제사건으로 남았다.

잭 더 리퍼 사건이 일어났던 화이트채플 지역의 지도

찰은 이 문제를 해결하기 위한 여러 가지 고민을 하게 됐고, 그 고민에 대한 해결책 중 일부가 현재의 과학수사로 이어졌다.

범인이 남긴 것으로 보이는 흔적 또는 물체를 현장에서 찾아내고, 그것을 토대로 수사해 범죄자를 잡아낸다는 것은 당시로서는 꽤나 혁신적이고 유용한 아이디어였다. 하지만 지문이 바로 주요한 수사 기법으로 주목을 받았던 것은 아니다. 노우드의 건축업자에 등장하는 것처럼 피나 잉크가 묻은 경우를 제외하고는 눈에 보이지 않는 지문을 찾아낼 수 있는 기술이 당시에는 존재하지 않았기 때문이다.

1892년 아르헨티나의 부에노스아이레스에서는 끔찍한 사건이 벌어진다. 집에서 평화롭게 잠을 자던 남매가 칼로 무참하게 난자당한 채 살해된 것이다. 남매의 어머니 역시 범인의 칼에 찔려 중상을 입은 상

알퐁스 베르티옹

태였다. 그녀는 용의자를 지목했지만 그에게는 알리바이가 있었다. 사건이 미궁에 빠지자 부에노스아이레스 경찰청은 특별팀을 파견해 조사하도록 했다. 특별팀에는 후안 부체티크Juan Vucetich라는 크로아티아 출신의 신체 측정 전문가가 포함되어 있었다. 원래 그는 알퐁스 베르티옹Alphonse Bertillon의 '골상학骨相學, Phrenology'을 이용해 범인을 식별하는 일을 했다. 하지만 시간이 지날수록 이 학문에 오류가 있다는 것을 깨닫고는 다른 식별 방식을 찾기로 하고 현장을 살펴본다. 그러던 중 남매가 살해당한 현장에서 피 묻은 엄지손가락의 지문이 발견되자 그는 이것을 용의자들의 지문과 비교했다. 조사 결과, 피 묻은 지문의 주인공은 다름 아닌 죽은 남매의 어머니였다. 그녀는 다른 남자와 결혼하기 위해 거추장스러운 아이들을 살해하고, 의심의 눈길을 피하기 위해 자신의 몸에 상처를 냈던 것이다. 이 사건은 세계 최초로 지문을 이용해 범인을 검거한 사건으로 기록되었다.

하지만 피 묻은 지문처럼 육안으로 확인할 수 있는 경우를 제외하고, 당시 기술로는 눈에 보이지 않는 지문을 채취할 수 있는 방법이나 구분할 수 있는 방식은 존재하지 않았다. 따라서 지문보다 먼저 주목을 받은 것은 사람의 골격을 통해 범죄자를 골라낼 수 있다는 골상학이었다. 현대의 과학적 기준으로 볼 때는 말도 안 되는 황당무계한 얘기지만 19세기 후반과 20세기 초반까지는 꽤나 유용하다고 믿어졌다. 코난 도일도 알퐁스 베르티옹의 골상학이 범죄자를 구분할 수 있

체사레 롬브로소

는 과학적 방법이라고 언급한 바 있다. 이 골상학을 과학적 수사 기법으로서 최초로 주장한 사람은 이탈리아의 범죄학자이자 법의학자인 체사레 롬브로소Cesare Lombroso였다.

롬브로소는 1800년대에 활동했던 범죄학자로 현대시대에서는 부정되는 이론인 범죄자는 타고나는 것이라는 '생래적 범죄인설'을 주장하였다. 이른바 환경에 의해 범죄자가 탄생한다는 얘기인데 당시 이러한 주장이 나오게 된 배경에는 1859년에 출간된 찰스 다윈Charles Robert Darwin의 《종의 기원On the Origin of Species*》이 있었다고 볼 수 있다. 롬브로소는 범죄의 원인을 설명하기 위해 유전학과 관련된 이론을 끌어왔으며 범죄학이 고전주의 범죄학의 틀에서 벗어나 실증주의 범죄학으로 나아가는 기틀을 마련한 인물이다.

그의 저서 《범죄인론L'uomo deliquente, 1876년》에 따르면 범죄자들에게는 일반인과는 다른 특징이 있다고 한다. 여기서 롬브로소는 비대칭적인 두상, 뾰족한 두개골, 광대뼈와 턱뼈의 발달 등 신체적인 특징뿐 아니라 허영심, 단순한 두뇌활동 등 정신적인 특징들도 언급하고 있다. 그는 범죄인은 유전적인 원인에 의해 타고나는 것인 만큼 교화가 불가

* 1859년 발표된 서적으로 다윈의 '진화론'에 관한 내용을 담고 있다. 다윈의 진화론은 생물학의 각 분야에 영향을 주었을 뿐만 아니라 사회사상에도 지대한 영향을 끼쳤다.

능하므로 생래적 범죄인들은 사회로부터 철저히 격리해야 하는 존재라고 주장하였다. 그의 이런 주장은 제자들을 통해 명맥이 이어지며 범죄학에 있어 큰 흐름을 이어갔다. 어깨가 넓고 광대뼈가 나온 사람은 폭력적인 성향이 있고, 눈이 찢어지고 말이 많은 사람은 사기성 범죄를 저지를 것이라는 예측은 당시에 큰 반향을 일으켰고, 많은 지지를 받았다.

이 이론을 바탕으로 수사 기법으로서의 체계를 만든 사람이 알퐁스 베르티옹이다. 코난 도일도 신뢰했던 골상학의 대가인 그의 원래 직업은 간수였다. 자신이 일했던 교도소에 수감되는 수많은 죄수들을 관찰하면서 얻은 경험을 통해 인체 측정술Anthropometry을 개발한 것이다. 베르티옹은 인체 측정술을 통해 머리를 비롯한 9개의 신체특징을 측정함으로써 범죄자들을 구분해낼 수 있다고 주장했다. 당시에는 그의 주장이 획기적이고 과학적인 방법으로 받아들여지면서 수많은 추

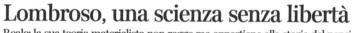

Lombroso, una scienza senza libertà

Reale: la sua teoria materialista non regge ma appartiene alla storia del pensiero

di ANTONIO CARIOTI

Cesare Lombroso non è finito nel dimenticatoio. Esiste anche un aggettivo d'uso comune, «lombrosiano», che richiama le sue teorie, secondo cui gli individui con tendenze criminali sarebbero contraddistinti da peculiari tratti somatici. È però un autore che suscita tuttora discussioni aspre, nelle quali orientarsi non è facile. Può senz'altro aiutare, a tal proposito, la riedizione del suo libro *L'uomo delinquente*, un ponderoso volume che esce oggi nella collana «Il pensiero occidentale» di Bompiani (pp. XXIII-2138, € 40).

«Questa opera di Lombroso — spiega il direttore della collana, Giovanni Reale — ha avuto ben cinque edizioni, con successivi cospicui ampliamenti e arricchimenti: dalla prima edizione del 1876 di 256 pagine alla quinta del 1897 in quattro volumi, ormai irreperibile sul mercato e difficile da trovare anche in biblioteca, che ora abbiamo raccolto in un volume unico di oltre duemila pagine. Il testo è corredato da una preziosa presentazione di Armando Torno, che, con grande perizia di bibliofilo, ha descritto le singole edizioni e ha indicato la straordinaria diffusione del pensiero di Lombroso, giunto fino all'istituto del cervello di Mosca».

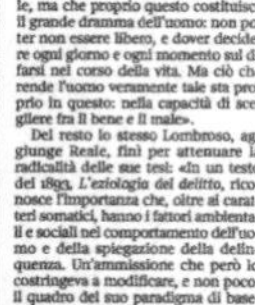

costituisce l'essenza dell'uomo. Albert Camus diceva che la libertà è innegabile, ma che proprio questo costituisce il grande dramma dell'uomo: non poter non essere libero, e dover decidere ogni giorno e ogni momento sul da farsi nel corso della vita. Ma ciò che rende l'uomo veramente tale sta proprio in questo: nella capacità di scegliere fra il bene e il male».

Del resto lo stesso Lombroso, aggiunge Reale, finì per attenuare la radicalità delle sue tesi: «In un testo del 1893, *L'eziologia del delitto*, riconosce l'importanza che, oltre ai caratteri somatici, hanno i fattori ambientali e sociali nel comportamento dell'uomo e della spiegazione della delinquenza. Un'ammissione che però lo costringeva a modificare, e non poco, il quadro del suo paradigma di base. Più in generale su diversi temi il buon senso di Lombroso lo porta al di là del materialismo positivistico».

Per esempio? «Richiama a più riprese l'importanza della scuola e della famiglia nell'educazione dei minori. Lombroso non avrebbe potuto neppure alla lontana pensare a che punto oggi siamo giunti. Molti insegnanti mi dicono che, quando si lamentano con i genitori che i loro figli non si vogliono impegnare a studiare e imparano assai poco, si sentono rispondere che la colpa non è dei ragazzi, ma è della

체사레 롬브로소의 《범죄인론》의 내용을 다룬 기사

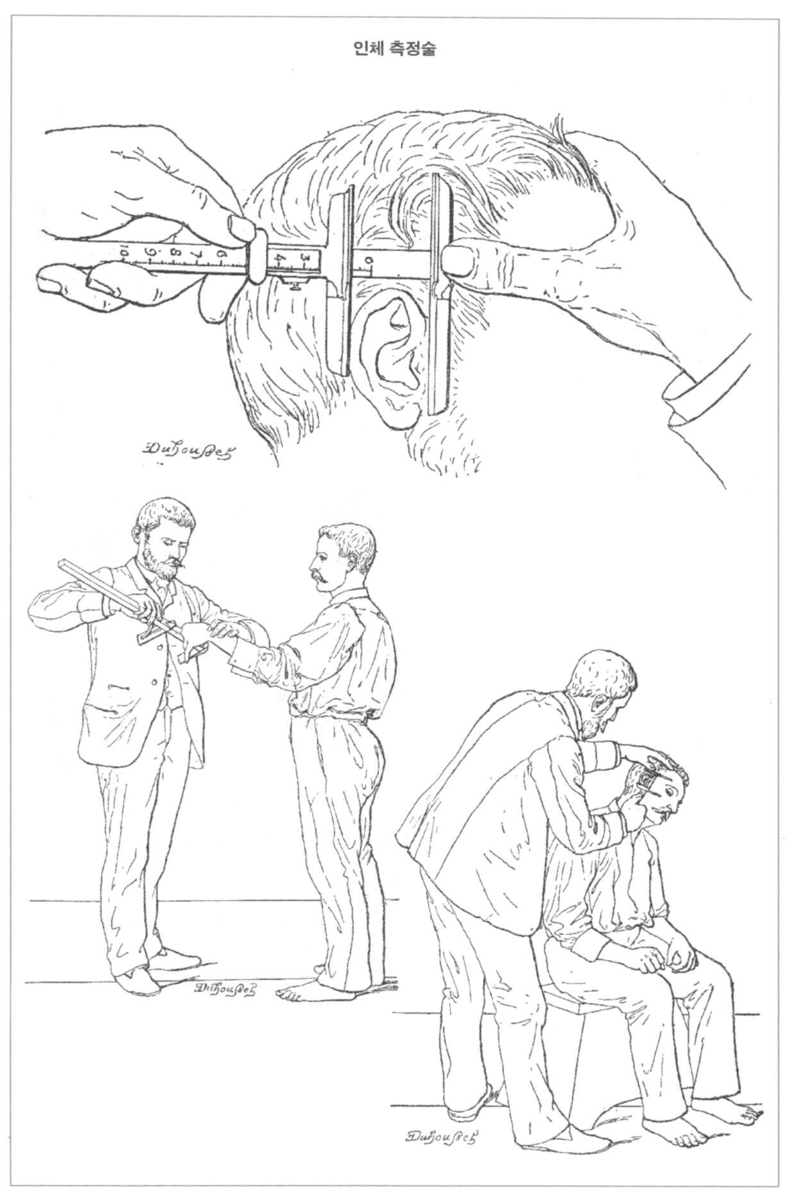

인체 측정술

종자들을 얻게 된다. 파리 경시청에 '범죄자 신원 확인부'가 창설되며 베르티옹의 이론이 정식으로 채택됨에 따라 측정도구가 포함된 키트kit가 개발되기까지 했다. 이 가방에는 신체의 9가지 부위를 측정할 수 있는 도구들이 들어 있어 현장에서 바로 용의자들의 신체를 측정할 수 있었다.

하지만 베르티옹의 인체 측정술은 얼마 못 가 벽에 부딪히고 만다. 측정의 단위가 더 작아질수록 인체 측정값의 오차는 커지게 되고 측정할 때마다 조금씩 다른 값을 갖거나 복수의 사람들이 동일한 값을 갖는 경우도 흔하게 일어났기 때문이다. 일례로 1903년 미국의 한 교도소에서는 인체 측정치가 거의 동일한 두 명의 재소자가 나타난 사건이 있었다. 서로를 전혀 모르는 '동일한' 두 재소자 사건은 인체 측정술의 문제를 단적으로 보여준 사건으로 기록되어 있다.

몰락한 인체 측정술을 대신해 구원투수로 등장한 것이 바로 '지문 감식'이다. 결국 베르티옹의 9가지 인체 측정술에 양쪽 엄지손가락을 포함한 11가지 부분을 개인 식별의 도구로 사용하게 된다. 이러한 과도기적 변화는 지문의 가치가 본격적으로 인정되기 시작한 1900년대 초반에 인체 측정술이 배제되면서 온전한 지문의 시대가 열리게 된다.

헨리 폴즈

가장 먼저 과학적 사고로 지문에 접근한 이는 일본에 대학교수로 가 있던 선교사 헨리 폴즈Henry Faulds였다. 그는 도기 등에 남겨진 도공들의 손자국을 보면서 피부에 융기해 있는 이 특이한 주름이 사람마다 각자 다를 수 있다고 생각하고, 이걸 구별할 수 있는 방법을 고안해냈다. 헨리 폴즈는 이후에 자신의 병원에서 일어난 사건에서 범인으로 몰린 직원의 무고함을 현장 지문과 직원의 지문을 대조해 밝혀낸 것을 시작으로 본격적인 지문 연구에 몰두하게 된다. 범죄수사에 신기원이 찾아온 것이다.

헨리 폴즈는 종의 기원을 쓴 찰스 다윈에게 편지를 보내 함께 지문을 연구할 것을 제안한다. 하지만 이미 노쇠한 찰스 다윈은 이를 거절하고 사촌인 프랜시스 골턴Francis Galton에게 이 편지를 보여준다. 하지만 골턴 역시 헨리 폴즈의 편지를 무시해버린다. 결국 헨리 폴즈는 독자적인 연구를 진행했고 1880년, 《네이처지》에 논문을 발표한다. 그는 논문에서 어떤 방식으로 지문을 채취하고 구분하는지를 명확하게 설명했다.

비슷한 시기 인도에서 치안관으로 일하던 윌리엄 허셜William Herschel 역시 지문을 이용한 개인 식별 방법을 고안해낸다. 베르티옹의 추종자이자 찰스 다윈의 사촌인 프랜시스 골턴은 당시 유행하던 인체 측정술이 심각한 오류를 지니고 있다는 사실에 대해 크게 실망해 대안을 찾던 중이었다. 뒤늦게 헨리 폴즈가 논문을 발표했다는 사실을 알게 된 골턴은 윌리엄 허셜과 손을 잡고 지문으로 개인 식별을 하기 위한 7개 구별점인 골턴 포인트Galton point를 규정한다. 이 골턴 포인트는 이후 범죄수사에 혁명을 가져온다. 사람의 지문에는 저마다의 특이점이 존재한다고 주장했던 헨리 폴즈보다 한 발 더 나아가서 골턴은 지문을 통한 개인 식별의 실용화에 성공한 것이다. 지문이 범죄수사의 핵

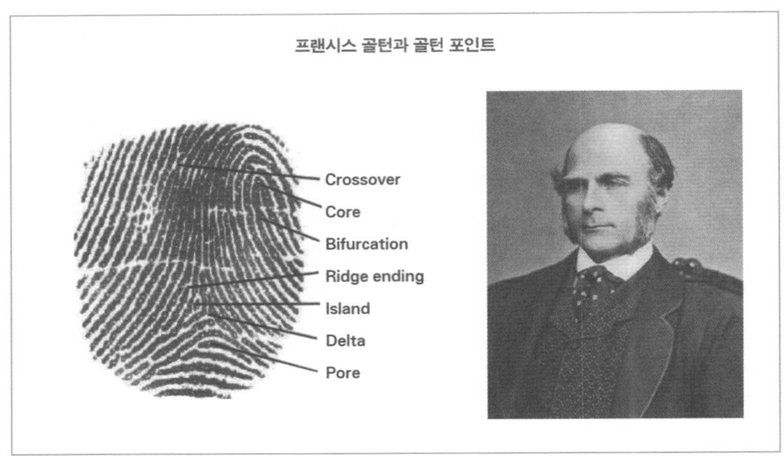

심으로 자리 잡게 된 것은 동일한 지문은 존재할 수 없다는 전제사실 때문이다. 일란성 쌍둥이의 경우 DNA는 동일하지만 지문만큼은 다르게 갖고 있다. 골턴은 여기서 멈추지 않고 더 나아가 런던 경시청의 경찰관 헨리와 함께 '헨리-골턴식 지문 식별법'을 발표한다. 런던 경시청이 골턴이 개발한 지문 감식체계를 도입하게 되면서 지문은 개인을 식별해내는 수단으로 자리 잡게 된다.

셜록 홈스와 지문의 시대

코난 도일이 집필한 《노우드의 건축업자The Adventure of the Norwood Builder, 1903년 발표》의 시대적 배경은 명확하게 나오지 않는다. 하지만 왓슨이 셜록 홈스가 돌아오고 몇 달 후라고 했으니 대략 1890년대 중반의 여름 무렵으로 추정된다. 그리고 실제로 집필과 출판이 이뤄진 시기는 1903년이었다. 따라서 코난 도일은 베르티옹의 인체 측정술과 골턴의 지문 감식법에 대해 모두 알고 있었을 것이다. 정확하게는 과도기를 겪은 셈이다. 노우드의 건축업자는 두 지식이 공존하던 시대의 이야기를 담고 있다고 봐야 한다. 그래서 소설 안에는 레스트레이드 경감이 엄지손가락의 지문은 모두 다르다는 걸 강조하는 부분이 나온다. 아직 열 손가락의 지문에 대한 분류 체계가 완벽하게 자리 잡기 이전이기 때문으로 추측된다.

아울러 코난 도일은 베르티옹의 인체 측정술을 과학적이라고 인정하는 동시에 지문의 유용성에 대해서도 눈을 떴다. 코난 도일이 대단하다고 평가받는 것은 모두가 지문 감식법에 대해 관심을 기울이기 시

아서 코난 도일 경

작한 시기에 이미 지문을 이용해 타인에게 누명을 씌울 수도 있다는 점을 간파했다는 점이다. 레스트레이드 경감은 범죄현장인 노우드의 저택에서 맥팔레인의 지문이 발견된 것을 결정적인 단서로 봤다. 하지만 셜록 홈스는 반대로 그것을 누군가 조작했을 수도 있다는 전제 하에 사건을 해결해낸다. 지문이 동일한 사람은 없다는 점과 함께 그것을 조작하게 되면 누명을 씌우는 것도 쉽다는 위험성을 간파한 것이다. 지문이 지닌 이런 양면성은 범죄가 얼마나 위험하고 잔혹한 것인지를 새삼 증명해준다.

이렇게 범죄수사에 지문이 활용되기 시작하면서 지문은 범죄자의 범행을 밝히는 데 큰 역할을 한다. 세상에 지문이 동일한 사람은 존재할 수 없는 만큼 지문은 그 주인이 현장에 있었다는 사실을 밝혀내는 가장 완벽한 단서가 되기 때문이다. 지문은 융선의 밀도와 기울기 같은 특징적인 부분들을 바탕으로 구분해낸다. 두 대조 지문이 몇 개의 공통점을 가지고 있느냐에 따라 동일 지문인지 아닌지를 판단하기 때문에 이 부분에 대한 연구는 일찍부터 이뤄졌다. 미국의 FBI가 가장 먼저 시카고 대학의 도움을 받아 지문검색 시스템을 개발했고 이 시스템은 전 세계적으로 도입된다. 현재는 지문 식별을 위한 다양한 도구들이 개발되어 있으며 국가와 기관마다 다양한 종류의 자동지문검색 시스템이 사용되고 있다. 우리나라의 경우 국내 기업에서 개발한 시스템을 사용하고 있다.

지문감식에 의한 수사법은 초창기 현장 수사관들의 반발을 사야만 했다. 그 전까지는 당연하게 묵인되었던 협박과 압박을 통해 손쉽게 얻어낼 수 있던 자백 방식의 수사에 비해 번거롭고 무척 귀찮았기 때문이다. 지문 감식을 위한 각종 데이터베이스의 구축에 많은 인력과 비용이 드는 것도 결정적인 반대의 이유 중 하나였다. 하지만 지문이 현장에서 찾을 수 있는 가장 강력하고 명확한 증거로 인정되면서 점차 지문 감식과 분류는 범죄수사의 중요한 수단으로 빠르게 자리 잡았다.

지문이 말해주는 것들

지문은 정말 사람마다 다른 것일까? 지문을 개인 식별 수단으로 사용하려면 이 사실부터 입증되어야 한다. 그래서 지문을 연구하는 사람들은 이것을 증명하기 위해 많은 노력을 기울여왔다. 지문이 사람마다 다르고 같은 사람의 지문일지라도 손가락마다 모두 다르다는 사실을 입증하기 위해서는 모든 사람들의 지문을 비교하는 방법을 사용하거나 '다를 수밖에 없는' 이유를 설명해야만 한다. 물론 지금까지 지문이 동일한 사람의 존재가 발견된 사실이나 기록은 전무하다. 따라서 지문은 사람마다, 손가락마다 매우 특이적인 것으로 인식되고 있다. 그러나 어떤 이들은 이런 질문을 던질 수 있다. '정말 세상엔 같은 지문을 가진 손가락 또는 사람이 없을까? 앞으로도 같은 지문을 가진 사람이 나타날 확률은 전혀 없는 걸까? 과거에는 같은 지문을 가진 사람이 존재하지 않았을까?' 모든 사람의 지문이 다르다는 사실을 전제로 하고 지문을 연구하는 사람들은 두 개의 지문이 동일하려면 '얼마나 같아야 하는 것일까?'에 대한 적절한 답을 찾기 위해서 노력하였다.

코난 도일은 셜록 홈즈의 손에 돋보기를 쥐어주었다. 셜록 홈즈의 시대와 지문의 시대는 그 흐름을 같이 하고 있다. 1880년대 셜록 홈즈가 활약을 시작하던 당시 헨리 폴즈에 의해 고안된 방법으로 지문도 범죄수사에서 활약하기 시작했다. 당시 지문을 관찰할 수 있는 도구는 육안 또는 배율이 낮은 확대경 정도였고 그 정도의 도구를 통해 사람이 직접 확인할 수 있는 특징들이 지문의 특이성을 표현할 수 있는 전부였을 것이다.

우리의 지문에는 다양한 융선이 존재하는데 그 융선들은 연결되어 있지만 때때로 끊어져 있기도 하고 하나의 융선이 진행하면서 두 개로 갈라지기도 한다. 대부분의 사람들은 무심코 지나쳤던 이런 특징들이 폴즈와 골턴의 눈에는 중요한 의미로 들어왔을 것이다. 물론 이것 말고도 융선을 따라 배열되어 있는 땀구멍들과 융선의 폭, 모양 같은 것들도 모두 지문의 특징을 설명할 수 있는 요소지만 돋보기의 시대에는 그것을 구별 수단으로 사용할 수는 없었을 것이다. 또한 현장의 잠재지문을 현출하는 기법이라고 해봐야 거친 입자로 이루어진 흑색 분말을 이용하는 것이 전부였기 때문에 융선 이외에 세세하게 지문을 식별하는 것은 불가능했을 것이다. 이런 이유로 예나 지금이나 융선의 갈라진 점과 끊어진 점만을 특징점으로 규정하고 지문을 개인 식별에 사용하고 있는 것이다.

지문을 감식할 때 나라마다 특징점 몇 개가 일치해야 두 지문을 동일한 지문으로 볼 것인가에 대해서는 의견의 차이가 있다. 영국은 알퐁스 베르티옹의 연구를 수용해 특징점이 16개 이상 일치해야 동일한 지문으로 판정해 왔으며, 프랑스의 법과학자 에드몽 로카르Edmond

Locard*의 연구에서 영향을 받은 영국 이외의 대부분의 국가들은 12개 기준을 갖고 있다. 우리나라도 12개를 기준으로 일치여부를 판정하고 있다. 그러나 1970년대 들어서 미국의 지문 감식 전문가들은 지문 일치 판정의 특징점 기준에는 과학적 근거가 없다는 사실을 밝혀내고 이러한 수량적 기준을 폐지해야한다는 주장을 하게 된다. 1995년 이스라엘에서는 각국의 지문 전문가들이 모여 특징점의 수량적 기준에는 과학적 근거가 없다는 선언을 하게 된다(Ne'urim Declaration, 1995년 지문검색 및 신원확인에 관한 국제 심포지엄, 이스라엘). 이에 영향을 받은 영국에서도 2000년대에 들어 정부가 나서서 특징점의 수량적 기준을 폐지하기에 이르게 된다. 현재 영국은 특징점의 개수 기준을 정해놓지는 않고 있으며 두 지문의 품질과 두 지문 안에서 일치되는 특징점을 포함한 다양한 특징을 기준으로 판정하고 있다. 이러한 변화는 지문일치 판정의 개수 기준이 더 엄격해야 한다는 것을 의미하는 것이 아니다. 오히려 지금 사용하고 있는 일치 특징점 개수 기준에 미치지 못하더라도 지문 증거는 버려지지 말아야 한다는 것을 의미한다.

그렇다면 지문은 절대적인가? 결론부터 얘기하자면 '그렇지 않다'이

* '프랑스의 셜록 홈스' 또는 '법과학의 창시자'로도 평가 받는 프랑스의 범죄학자

다. 모든 지문이 서로 다름은 의심할 여지가 없다. 지문은 사람의 손끝에 생성되는 시기에 '절대 통제되지 않는' 수많은 요인들에 의해 자연스럽게 발생하는 만큼 두 개의 동일한 지문을 만드는 일은 인간의 영역이 아니다. 하나의 개체를 구성하는 모든 유전자를 동일하게 만든 것이 신의 작품이라면 지문은 그 어떤 존재의 작품도 아니다. 그 누구도 발생을 통제할 수 없다.

그런데 왜 지문은 절대적이지 않은가? 그 이유는 지문이 같고 다름은 결국 사람이 판단하기 때문이다. 지문에 대해 오류가 있었던 사건들에서 알 수 있듯이 두 개의 지문이 같았기 때문에 용의자가 바뀐 것이 아니라 그것을 판단한 사람이 서로 다른 두 개의 지문을 같은 것이라고 잘못 판단했기 때문에 오류가 발생한 것이다. 지문 오류의 문제

는 지문의 생성이나 구조에 관한 생물학적 관점에서 비롯되는 것이 아니라 인간의 인지 능력의 관점에서 비롯된다. 지문 과학을 인간 연구 Human research의 관점에서 바라보는 이유도 여기에 있는 것이다. 지문의 검사는 사람이 하는 일이라서 언제나 오류의 가능성을 갖고 있다.

이뿐 아니라 과학이 일반적으로 요구하는 오류율에 대해서도 아직 밝혀진 바가 없다. '같은 지문이 한 번도 나타난 적이 없었기 때문에 지문은 모두 다르다.'라는 사실에 대부분의 수사관들이 동의하지만 이들에게 '모든 까마귀는 검은색인가?'라는 질문을 던진다면 쉽게 답하지 못한다. 다른 색을 가진 까마귀가 존재할 수도 있다고 믿기 때문이다. 이런 이유들로 지문은 사건 모두를 설명하는 절대적 증거가 되지 못한다. 그 지문이 강력한 증거로 사용되기 위해서는 사건이 가진 다른 사실들과 하나의 맥락에서 해석되어야 한다. 지문 증거 이외의 다른 증거들이 상호보완적으로 범죄사실을 입증해주어야 한다. 물론 이런 조건에서 지문 증거는 그 어떤 증거보다도 훨씬 강력하게 작용할 수 있기에 때때로 절대적인 것으로 인식되기도 한다.

한국의 지문 수사

일제 강점기 시대에 지어진 서대문 형무소는 수많은 독립운동가들이 투옥당한 곳이다. 현재 역사관으로 바뀐 그곳에는 독립운동가들의 수형카드가 남아 있다. 그 카드에는 수감된 죄수들의 정면과 측면 사진은 물론 신체의 크기와 특징 등이 세세하게 적혀 있다. 독립운동가들에 대한 일종의 데이터베이스를 만들어 효율적인 탄압을 시도했던 것이다. 하지만 이 수형카드에는 지문이 찍혀 있지 않았다. 일본 경찰은 독립운동가들을 비롯해 자신들이 범죄자라고 지목한 조선인에 대한 지문 감식 대신 고문이라는 손쉬운 방법을 통해 자백을 받아내려고 했기 때문이다.

우리나라에서 본격적으로 지문 날인이 시작된 것은 1968년이었다. 현재 우리나라의 경우 미국이나 일본의 방식이 아닌 독자적인 지문 등록 방식을 채택하고 있다. 초기에는 주민등록증에 날인된 지문이 범죄수사에 이용되지 않았는데 뒤늦게 치안본부의 요청을 받은 내무부에서 두 부를 날인해 하나는 내무부, 다른 하나는 치안본부로 보내는 시스템을 갖추게 되었다. 당시에는 지문을 검색할만한 컴퓨터가 없었기 때문에 보관된 지문을 일일이 꺼내 현장에서 채취한 지문과 대조하는 방식을 사용했다. 하지만 모든 성인이 지문을 날인한 상태였기 때문에 방대한 대조군 안에서 대조 범위를 좁히는 것은 필수였다. 이때 사용된 것이 0번부터 9번까지 부여된 지문 번호였다. 0번은 지문의 형태가 독특한 변태문, 1번은 일반적인 동그란 형태의 와상문으로 3번까지는 지문의 융선 개수와 기울어진 형태로 구분된다. 거기다 융선의 밀도에 따른 구분과 성별과 지역에 따른 구분까지 해놓고 신속

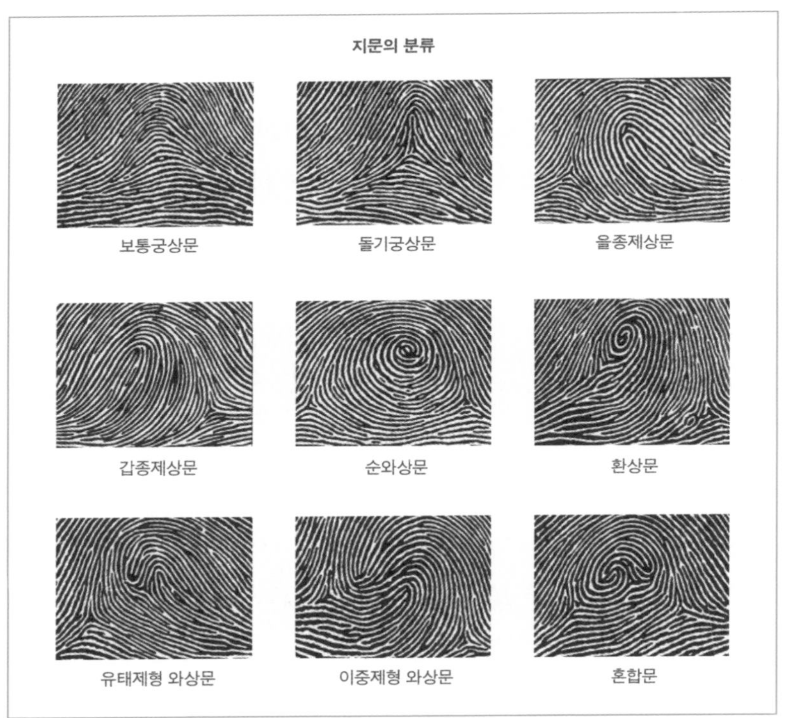

한 검색을 위한 조치를 취해 놨다. 도서관의 십진분류법처럼 지문을 형태에 따라 분류하는 것은 컴퓨터가 도입되기 이전까지는 지문 검색의 필수적인 요소였다. 지금은 AFIS지문자동식별시스템, Automated Fingerprint Identification System가 도입됨에 따라 비슷한 지문의 군집에 대해서는 매우 빠른 속도로 컴퓨터가 선별을 해주고 있다. 지문 검사관들의 수준도 매우 높아 우리나라의 지문 감식과 검사의 수준은 세계적으로 인정받고 있다.

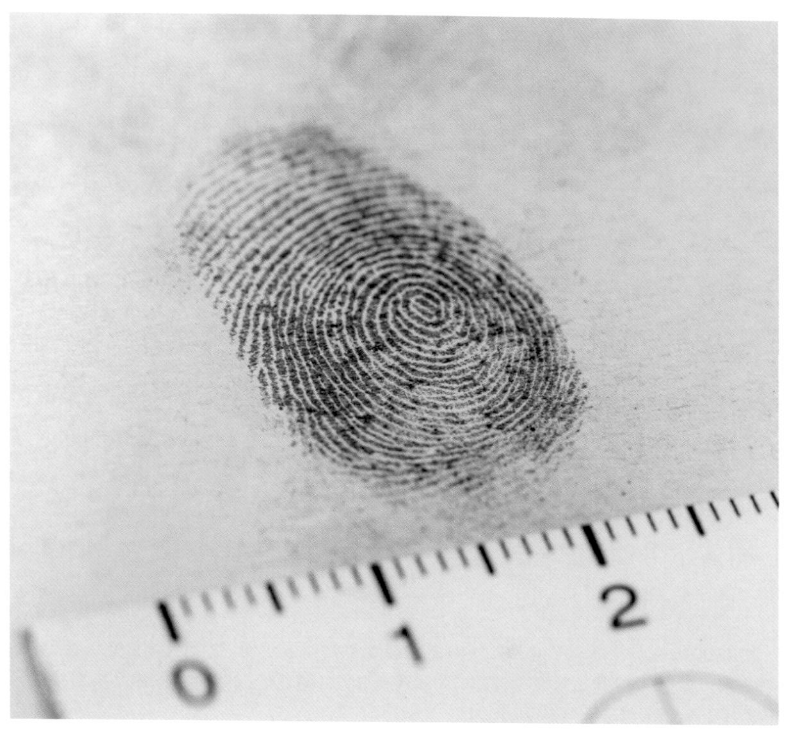

지문을 둘러싼 범인과의 전쟁

지문이 범죄수사의 중요한 핵심으로 떠오르자 범죄자와 수사관 사이에 전쟁이 시작되었다. 이제 현장에 자신의 지문을 남기지 않기 위해 장갑을 착용하거나 접촉한 물건의 표면을 닦는 것은 범죄자들에게 일상화되었다. CCTV와 자동차의 블랙박스, 그리고 DNA 등 첨단과학을 기반으로 한 수사 기법이 발달하면서 갈수록 지문은 낡은 방식으로 치부되기도 한다. 하지만 여전히 지문은 현장에 범죄자가 있었다는 사실을 입증할 수 있는 가장 유력한 증거이다. DNA의 경우 지문처럼 전 국민을 대상으로 데이터베이스를 수집할 수 없는 만큼 범죄자가 초범일 경우 DNA를 대조해 찾아내는 것은 불가능하다. 아울러 DNA는 지문과는 달리 오염 및 조작 가능성이 높다는 문제점이 있다.

이를 단적으로 보여준 예로 부여에서 발생한 살인사건*이 대표적이

---

* 2008년 10월 9일, 충남 부여군의 한 시골 마을에서 70대 노인의 시신이 발견되었다. 용의자는 평소 사이가 안 좋았던 노인의 사위였다. 하지만 현장에서 발견된 DNA 증거들이 다른 인물을 가리키면서 수사는 미궁에 빠지게 되었다.

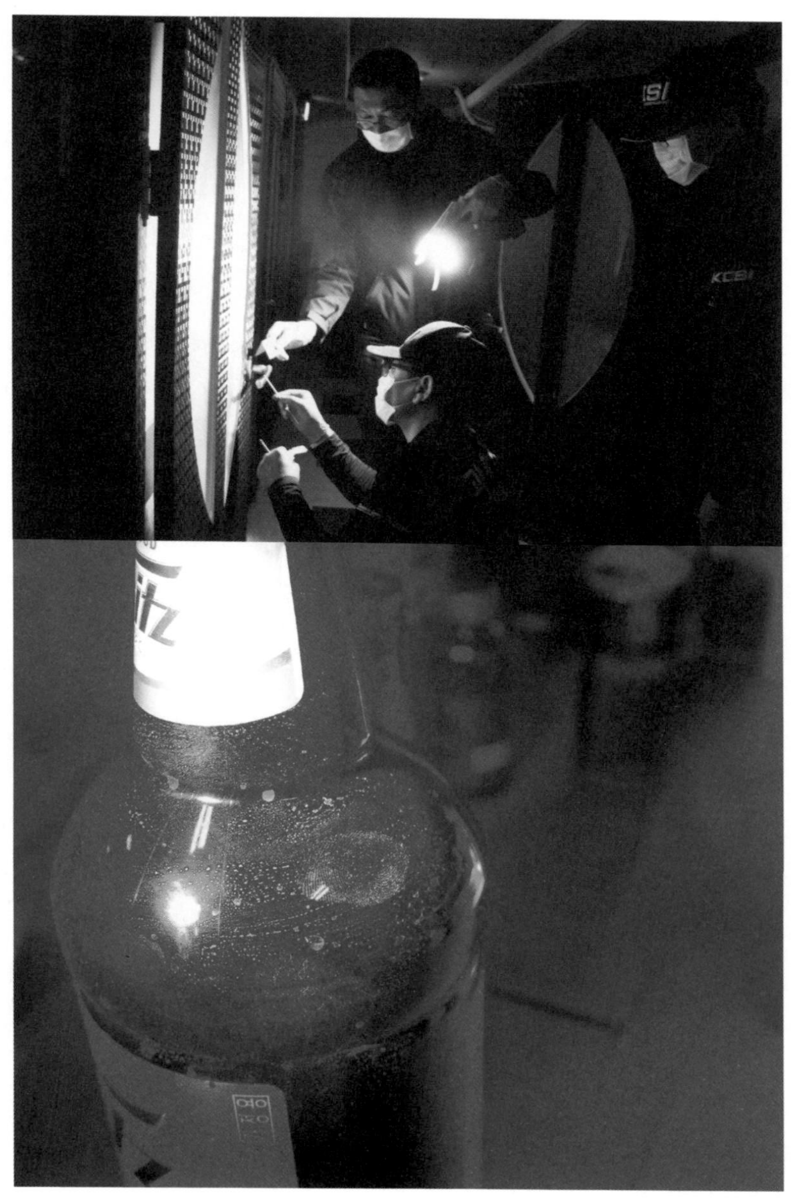

다. 범인은 전처의 어머니를 부여에서 살해하기 전날 서울에서 노숙자에게 술을 사주면서 그가 피운 담배꽁초와 머리카락을 수집해 살해현장에 경찰들이 쉽게 발견할 수 있도록 배치해두는 치밀함을 발휘했다. 현재 검찰은 이 용의자를 기소조차 하지 못하고 있는 상황이다. DNA에 관한 정보를 손쉽게 입수할 수 있었기 때문에 용의선상에서도 벗어날 수 있었다.

만약 사건의 현장에서 용의자의 지문을 찾아냈다면 확실한 증거로 인해 용의자에 대한 기소와 처벌이 가능했을 것이다. 이 사건은 옮기는 것이 너무나 쉬운 DNA의 약점이 고스란히 드러난 사건이다. 반면 지문은 복제와 이동이 어렵기 때문에 범죄수사에서 흔들리지 않는 위치를 차지하고 있다. 과학이 더 발달하게 된다면 DNA보다 더 정확한 개인 식별 방식이 등장할지도 모른다. 하지만 그런 상황이 생겨도 지문이 지닌 가치는 결코 쉽게 사라지지 않을 것이다.

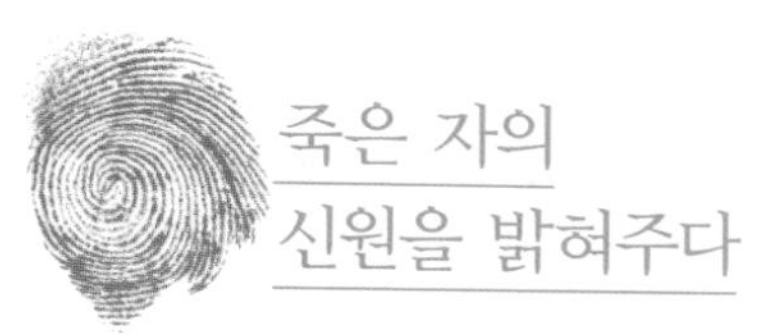

죽은 자의 신원을 밝혀주다

죽은 자의 신원을 확인하는 것은 범죄수사에 있어 매우 중요한 출발점이다. 이 부분에 있어 지문은 커다란 역할을 해낸다. 시신이 오랜 시간 방치되어서 백골화가 심하게 진행되거나 부패로 인해 신원을 파악하기 어려울 경우, 지문 채취를 통해 신원을 확인한다. 지문의 경우 전 국민이 성인이 되어 주민등록증을 발부받을 때 의무적으로 등록하도록 되어 있고, 이 자료는 데이터베이스화되어 구축되기 때문에 지문 채취가 가능하다면 바로 신원 확인이 가능하다.

시신이 사후 오랜 시간이 지나지 않아 발견됐을 때는 지문에 붓으로 분말을 바른 다음 지문 채취 필름 또는 스카치테이프 등에 찍어 쉽게 채취할 수 있다. 하지만 물에 빠진 시신이나 야외에 오랫동안 방치된 시신은 부패는 물론이고 물고기와 산짐승들에 의해 훼손된 경우가 많기 때문에 지문 채취 자체가 쉽지 않다. 이런 경우에는 특별한 방법을 통해 지문을 채취할 수 있다. 2004년 있었던 인도네시아 쓰나미 당시, 고온다습한 환경으로 인해 시신들이 매우 빠른 속도로 부패

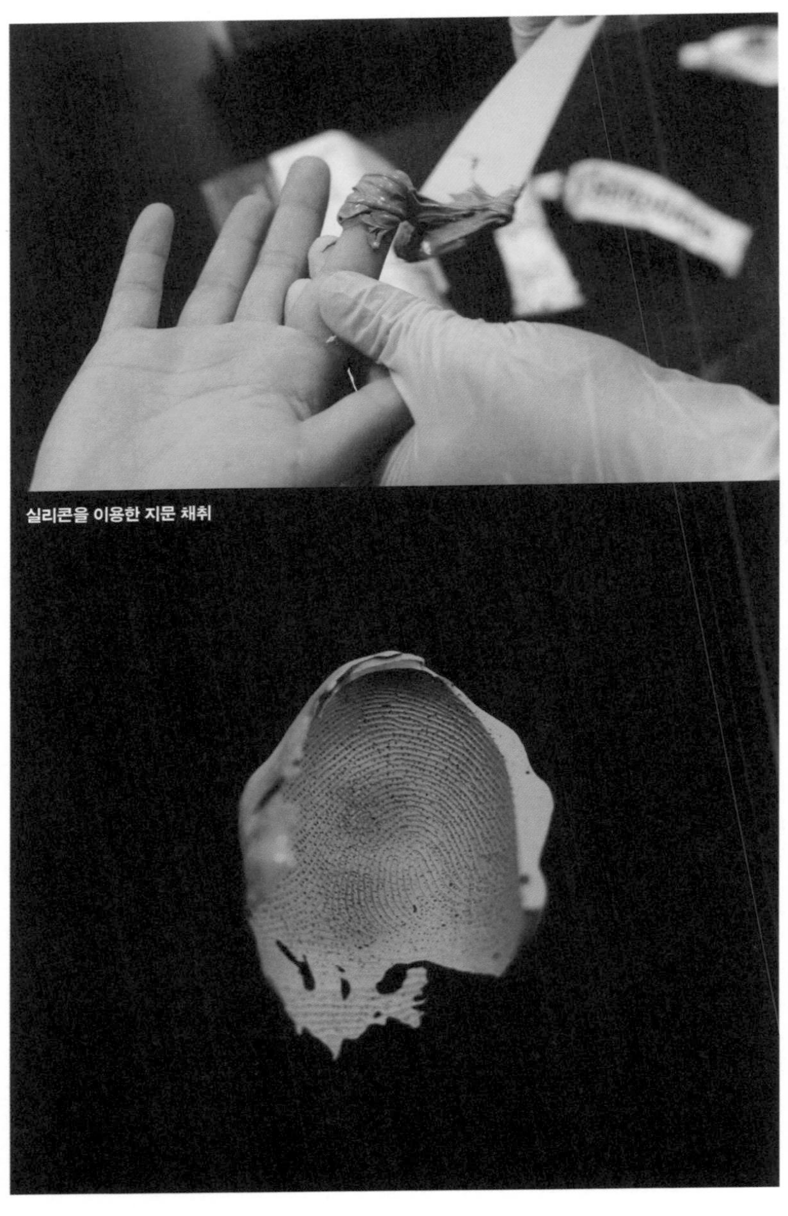
실리콘을 이용한 지문 채취

했고 지문은 손을 대지 못할 정도로 심하게 훼손되어 있었다. 이때 우리나라의 과학수사요원들은 고온의 물에 손가락을 불리고 다시 그것을 건조시켜 지문을 견고하게 만든 후 지문을 채취하는 모습을 외국의 수사관들 앞에서 선보인 적이 있다. 물론 이 기법은 FBI가 자신들이 만든 기법인 것처럼 포장을 했지만 말이다.

2014년, 세월호 참사를 유발한 유병언의 체포 과정을 둘러싼 사건에서도 지문은 중요한 역할을 했다. 무려 5억 원이라는 현상금이 걸린 그는 경찰의 수사망을 뚫고 종적을 감췄다. 한때 해외 도피설까지 나돌았던 그를 찾느라 전국이 떠들썩하던 6월 12일, 순천의 어느 밭에서 변사체가 발견된다. 발견 당시 시신이 심하게 훼손된 상태라 신원을 확인하지 못했고, 설상가상으로 손가락조차 부패가 심하게 진행되어 지문 감식도 어려웠다. 하지만 7월 22일 그나마 식별이 가능했던 오른손 집게손가락의 지문감식 결과, 변사체가 유병언의 시신이라는 것이 확인되었다. 짧은 시간에 시신이 너무 빨리 부패되었다는 의문점이 제기되기도 했지만 부패는 기온뿐만 아니라 벌레가 얼마나 빨리 나타나서 알을 심느냐에 따라 그 속도가 결정되기도 한다. 만약 지문 감식을 통해 신원을 확인하지 못했다면 유병언의 행방은 아직까지 찾아야 했을지도 모른다. 결국 지문 감식은 죽은 자의 행방을 찾아주는 중요한 열쇠라고 할 수 있다.

CHAPTER 3

범인을 향하는 발자국
족적

"……그것은 시신에서 좀 떨어진 곳에 선명하게 찍혀 있었죠."

"발자국 말씀이십니까?"

"발자국이었소."

"남자 발자국이었습니까? 아니면 여자 발자국이었습니까?"

모티머 선생은 의미심장한 표정으로 셜록과 나를 응시한 채

아주 작은 목소리로 말했다.

"홈스 씨. 그 발자국은 엄청나게 큰 개의 것이었습니다."

-《바스커빌 가문의 사냥개》 중에서 -

The Hound of the Baskervilles, 1901. 08

이야기는 모티머라는 의사가 들고 온 낡은 문서에서 시작된다. 그는 홈스와 왓슨에게 다트무어 지방에 있는 바스커빌 가문의 오래된 전설을 들려준다. 수십 년 전에 휴고 바스커빌이라는 사악한 영주가 한 처녀를 납치해왔다. 그런데 방심한 틈을 타 그녀가 도망을 치자 친구들과 함께 한밤중에 추격에 나섰다. 정신없이 그녀의 뒤를 쫓던 바스커빌은 갑자기 나타난 정체불명의 커다란 개에게 물려 목숨을 잃고 말았다. 이때부터 바스커빌 가문의 상속자는 의문의 죽음을 맞이하는 저주에 얽매이게 된다. 오랫동안 전설처럼 전해져만 오던 저주는 얼마 전 혼자 정원을 산책하던 찰스 바스커빌 경이 시신으로 발견되면서 다시 주목받게 된다. 시신에서는 특별한 외상이 발견되지 않았는데, 특이한 점은 그 주변에 커다란 개의 발자국이 남아 있었다는 것이다.

모티머 박사의 얘기를 들은 셜록 홈스는 바스커빌 가문의 대를 잇기 위해 미국에서 건너온 헨리 바스커빌도 같은 위험에 처할 수 있다는 추측을 한다. 게다가 헨리의 구두가 잇따라 사라지거나 그에게 다트무어로 내려오지 말라는 협박 편지가 오는 일까지 생겨난다. 셜록 홈스는 사건에 흥미를 느끼지만 런던에 남아서 처리해야 할 일이 있다면서 왓슨에게 먼저 모티머 박사와 함께 다트무어의 바스커빌 저택으로 가달라고 부탁한다.

다트무어에 도착한 왓슨은 헨리를 곁에서 지키는 한편, 주변에 수상쩍은 사람들이 있는지 살펴본다. 그리고 왓슨의 조사로 인해 헨리가 런던에서 협박을 받을 당시, 바스커빌 가문의 집사로 일하는 배리모어의 알리바이가 확인되지 않았다는 것이 밝혀진다. 아울러 이웃집에 사는 곤충 채집학자인 스태플턴의 여동생 베릴이 왓슨을 헨리로 착각하고는 어서 돌아가라며 강경한 어조로 얘기하는 일이 벌어진다.

모두의 신경이 곤두선 가운데 왓슨은 이웃으로부터 황야에 수상한 인물이 있다는 얘기를 듣지만 근처 감옥에서 탈출한 탈옥수로 추정한다. 왓슨이 런던의 홈스에게 조사한 내용을 꼬박꼬박 알려주며 사건을 공유하는 한편 헨리는 스태플턴의 여동생 베릴을 사랑하는 마음을 갖게 된다. 하지만 스태플턴은 헨리가 자신의 여동생과 가까워지는 걸 꺼리는 눈치다.

그러던 어느 날, 집사 배리모어가 한밤중에 이상한 행동을 하다 발각된다. 추궁을 당한 배리모어 대신 그의 부인이 나서서 그를 대변한다. 사실 감옥에서 도망친 탈옥수가 바로 자신의 남동생이며, 집사가 하던 행동은 그에게 먹을 것을 주기 위해 몰래 등불로 신호를 보내던 것이라고 털어놓는다. 사실을 알게 된 헨리는 배리모어 부부를 너그럽게 용서해주고 배리모어는 그에게 중요한 사실을 털어놓는다. 벽난로를 청소하던 중 찰스 바스커빌이 로라 라이언스라는 여성과 산책로에서 만나기로 약속하는 내용이 담긴 편지를 봤다는 것이다. 왓슨은 서둘러 로라 라이언스를 찾아간다. 자신을 만나러 온 왓슨에게 그녀는 남편과의 이혼 문제로 고통 받고 있던 터라 찰스에게 금전적인 도움을 요청하는 내용의 편지를 썼고, 그와 만나기로 약속한 것은 사실이지만 약속 장소에는 나가지 않았다고 말한다. 로라와 만나고 돌아오던 왓슨은 황무지에 숨어 있다는 사람의 정체를 밝혀내기 위해 황무지의 허름한 집으로 향한다. 그리고 그곳에서 생각지도 못한 인물과 맞닥뜨리게 되는데…….

리얼 셜록 홈스

지난 2011년 10월, 서울 시립 승화원에서는 아주 오래된 시신의 머리가 화장되었다. 그 머리의 주인공은 1937년에 사망한 것으로 추정되는 백백교 교주 전용해였다*. 사이비 종교의 교주였던 그는 신도들의 재산을 갈취하고 반항하는 자들을 죽인 범죄 혐의로 추적을 받다 야산에서 시신으로 발견되었다. 당시 그를 수사했던 일본 경찰은 전용해의 머리를 따로 보존하도록 했는데 그것은 범죄자의 머리는 일반인들의 머리와는 다르게 생겼다는 믿음, 즉 골상학骨相學에서 비롯된 결정이었다.

《바스커빌 가문의 사냥개The Hound of the Baskervilles, 1901년 발표》에서도 의뢰인으로 등장한 모티머 박사가 골상학을 언급하는 부분이 나온다.

---

* 백백교는 전용해가 창시한 종교로 신도들에게 재산 상납을 요구하고 여자 신도들에게는 성적 학대를 일삼았다. 자신에게 반대하는 신도들을 살해한 혐의로 쫓기던 전용해는 시신으로 발견되고 백백교는 와해되었다. 경찰은 양평 일대에서 백백교에 의해 살해된 것으로 추정되는 300여 구의 시신을 발견하였다.

백백교 사건을 다룬 신문기사

朝鮮日報 號外

兇暴의極·慘虐의絶·魔道白白教罪狀

毒手에 慘殺된 教徒 判明者만 百五十八名

推定被殺者男女四百餘名

犯罪史上空前의慘記錄

골상학은 이탈리아의 법의학자 체사레 롬브로소를 필두로 파리 경시청의 알퐁스 베르티옹에 이르기까지 수많은 전문가들에 의해 발전되어 왔으며 근대 유럽에서는 중요한 법과학으로 다뤄졌다. 이들은 현실 속의 셜록 홈스라는 뜻으로 '리얼 셜록 홈스'라는 칭호를 받기도 했다. 코난 도일은 이런 리얼 셜록 홈스들의 활약상을 자신의 소설 속에 녹여 내거나 혹은 무심한 듯 소개하곤 했다.

족적, 개인 식별의 열쇠

사건 현장에 범인이 남긴 흔적이 있을 것이라는 기대감은 코난 도일이 셜록 홈스를 쓰기 이전부터 존재했다. 하지만 골상학과 인체 측정술은 범인의 골격과 외모를 보고 범죄를 판단할 수 있다는 것으로 그가 실제 현장에 존재했었는지 여부를 밝혀낼 수는 없었다. 지문 감식이 도입된 것은 20세기에 들어서면서였기 때문에 그 이전까지 범죄현장에서 범인의 흔적을 찾기 위해 자주 사용된 것은 바로 신발의 흔적인 '족적足跡'이었다.

신발이 공장에서 대량으로 제작되기 이전에는 개인에 의해 가내수공업 형태로 제작됐다. 따라서 신발마다 다양한 특징들이 존재했다. 그것은 대부분의 사람들이 공장에서 제작된 신발을 신는 지금도 비슷하다. 같은 공장에서 똑같은 디자인으로 생산된 제품이라고 해도 신발마다 미세한 차이가 존재하고, 신는 사람의 신체적 특징에 의해서도 구별점이 생겨나기 때문이다. 언뜻 육안으로 보면 알 수 없지만 길이 30센티미터, 폭 10센티미터 정도 되는 모눈종이 위에 성인 남성의 신발을 올려놓을 경우 약 3만개의 모눈에 작은 특징들이 들어갈 수 있다고 생각해보면 그 의미는 완전히 달라진다. 못에 찔리거나 껌이 묻은 흔적, 걸음걸이에 의해 특정 부위가 마모된 자국처럼 독특한 식별 흔적을 찾을 경우 지문만큼은 아니지만 현장에 신발의 주인이 있었다는 사실을 입증하는 것이 가능하다.

족적은 다양한 측정 기준을 가진다. 발의 크기, 신발의 브랜드와 모델명, 마모 패턴 정도로 판단할 경우에는 군집을 줄일 수 있다. 미국의 한 군부대에서 살인사건이 일어났는데 현장에서 유일하게 발견된 것이 족적이었다. 하지만 족적을 남긴 신발이 수천 명의 부대원이 동일하게 신는 군화라는 점이 수사의 걸림돌이었다. 다행스럽게도 현장에 남은 범인의 족적을 석고본을 떠 정밀히 관찰한 결과, 범인이 신고 있던 신발 바닥의 특정 위치에 작은 돌이 박혀 있다는 특징을 찾아낼 수 있었다. 수사관들은 부대원들의 군화를 일일이 조사했고, 결국 범인을 찾아내는 데 성공했다. 다행히 신발에 박혀 있던 돌은 그대로 남아 있었다. 정확히 동일한 위치에 동일한 크기의 돌이 박혀 있는 사람이 두 명 이상 존재할 확률이 수사 과정에서 제기되었고, 결국 자백을 이끌어 낼 수 있었다. 족적이 지문만큼 정밀한 수준은 아니어도 개인 식별력으로서는 그만큼 뛰어난 효과를 지녔다는 것을 보여주는 사례이다.

《바스커빌 가문의 사냥개》에서도 족적에 관한 이야기가 심도 있게 반복적으로 등장한다. 찰스 바스커빌 경의 시신이 발견된 산책로에서 다른 사람의 발자국 없이 커다란 개의 발자국만 발견된 것을 보고 셜록 홈스는 용의자를 추적할 수 없다는 사실을 아쉬워했다. 작품의 후반부에도 왓슨이 수상한 인물이 숨어 있던 황무지의 집을 살펴보던 중 홈스가 자신의 이름을 부르자 깜짝 놀라면서 "족적으로 나의 정체를 알아냈느냐?"고 묻는 대목이 나온다. 이것은 평소 셜록 홈스를 돋보이기 위해 평균 정도의 능력치를 부여해온 인물인 왓슨조차 족적이 중요한 개인 식별의 수단임을 알고 있다는 것을 의미한다.

코난 도일은 평소 족적에 대한 많은 관심을 자신의 여러 작품을 통해 드러냈다. 《보스콤 계곡 미스터리》에서도 셜록 홈스는 살인이 벌어진 저수지 근처에서 발자국들을 살펴 용의자인 제임스 매카시가 쓰러

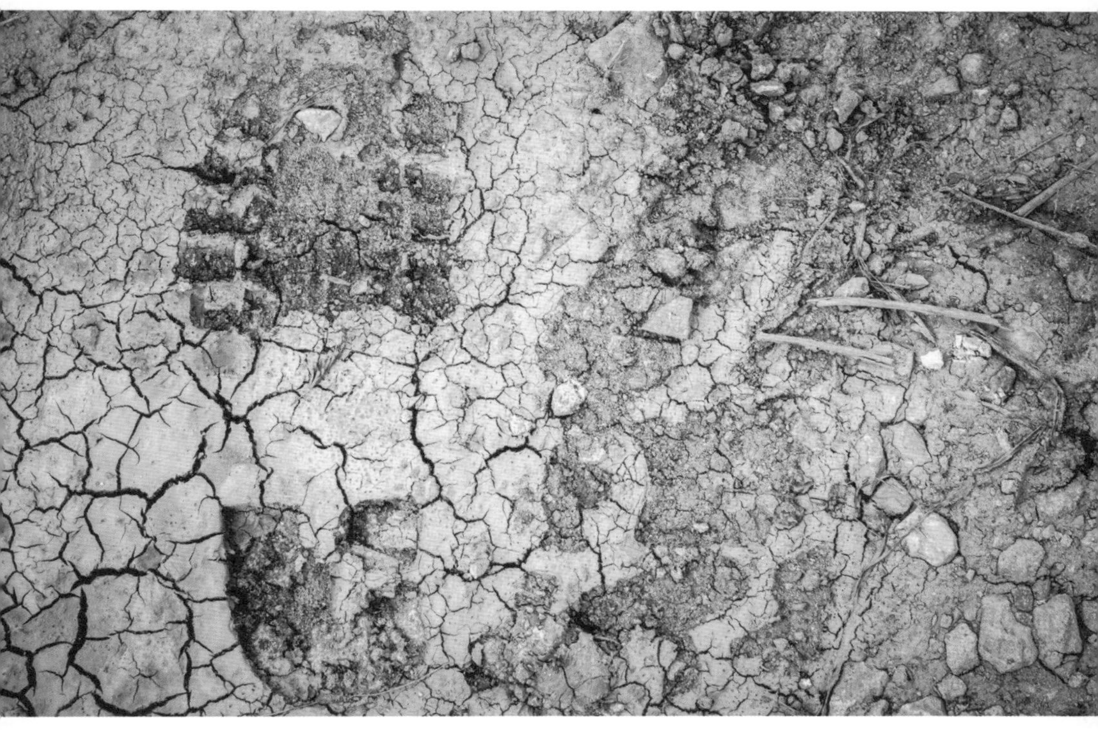

진 아버지를 향해 뛰어간 발자국과 그의 아버지가 서성거리던 발자국을 찾아낸다. 그러고 범인의 발자국도 찾아냈는데 바로 그 족적을 통해 범인이 큰 키에 오른쪽 다리가 불편하다는 사실을 알아낸다. 심지어는 그가 범행 당시 밑창이 두툼한 수렵용 가죽 부츠를 신고 있었다는 것까지도 밝혀낸다. 물론 이것만으로 범인을 찾아낼 수는 없지만 용의자가 나타날 경우 그가 범인인지 아닌지를 확인할 수 있는 유력한 수단이 될 수 있다. 실제로 셜록 홈스는 자신이 찾아낸 족적과 미세증거의 결과물이 가리키는 용의자를 범인으로 확신했다.

코난 도일의 첫 장편인《주홍색 연구A Study in Scarlet, 1887년 발표》에는 셜록 홈스가 마차 바퀴의 흔적을 확인하기 위해 일부러 현장과 먼 거리에서 내려 바닥을 관찰하면서 걸어가는 장면이 등장한다. 이것은 사람의 발자국인 족적과 바퀴 자국인 윤적輪跡이 중요한 수사 기법 중 하나였다는 사실을 보여준다. 지금처럼 공장이 없던 시절이라 마차의 바퀴와 그것을 둘러싼 쇠 테두리는 대장간에서 수작업으로 제작되었다. 따라서 모든 바퀴의 폭과 크기는 조금씩 달랐기 때문에 마차를 하나하나 식별할 수 있는 증거로 활용될 여지가 있었다. 현대에 들어와서는 마차 바퀴 대신 타이어 대조가 그 역할을 대신 하고 있다.

코난 도일의 결정적 실수

코난 도일은 당대의 법과학에 대한 뛰어난 지식을 자랑한다. 이것은 족적 분야에서도 마찬가지였는데 대표적인 부분이 모티머 박사와의 대화에서 등장한다. 찰스 바스커빌 경이 시신으로 발견된 현장에 대해 이야기를 나누면서 셜록은 풀밭에는 족적이 남지 않는다는 점을 명확하게 언급한다. 아울러 족적을 통해 범인의 동선과 움직임, 심리적인 상태를 분석하는 모습을 보여준다. 이런 모습은 법과학이 발달한 현대에는 그다지 눈에 띄지 않을 수 있는 대목이지만 지문과 DNA 분석을 할 수 없던 당시에는 사건을 해결할 수 있는 결정적 장치였다.

셜록 홈스는 현장에 방문하면 근처를 샅샅이 살펴서 증거가 될 만한 것들을 모두 모으고 세밀히 분석했다. 범죄의 재구성을 위해서는 모든 증거를 수집한다는 수사의 원칙을 철저하게 지킨 것이다. 하지만 이렇게 뛰어난 코난 도일도 몇 차례의 실수를 저지른다. 날짜를 뒤바꾼다든지 왓슨의 상처 부위가 달라지는 것 같은 기초적인 실수는 매의 눈을 자랑하는 셜로키언Sherlockian*들의 먹잇감이 되곤 했다. 코난 도일은 족적을 다루는 부분에서도 아쉬운 실수를 하나 남겨놓는다. 바로 "뛰어가는 발자국에서는 신발의 앞부분만 찍힌다."고 언급한 부분이다. 하지만 실제로 달리는 사람의 족적은 앞부분보다 뒤꿈치 부분이 더 선명하게 남는다. 게다가 달리게 되면 평상시 걷는 것보다 보폭은 몇 배 더 늘어나게 되는데 그러한 부분은 따로 언급하지 않았다. 이것은 코난 도일이 당시로서는 최첨단 수사기법이었던 골상학이나 지문 감식과는 달리 오래된 수사기법인 족적에 관해서는 관심은 많았지만 세밀하게 연구하지는 않았다고 판단할 수 있는 부분이다. 하지만 이런 오류에도 불구하고 코난 도일이 셜록 홈스 시리즈에 자주 족적을 언급했던 것은 아스팔트로 도로가 포장되지 않아 발자국과 바퀴자국을 손쉽게 확인할 수 있었던 시대적 배경도 한몫 했던 것으로 판단된다.

---

* 코난 도일의 작품 또는 그 주인공 셜록 홈스에 열광하는 독자, 팬들을 일컫는 별칭이다.

범죄현장에서 족적을 찾아내는 법

사람들은 흔히 족적을 확인할 때 현장에 남은 발자국과 용의자의 신발을 직접 대조하는 것으로 오해한다. 하지만 족적 조사에서 가장 먼저 하는 일, 혹은 해야 할 일은 바로 석고본을 떠내는 것이다. 우선 현장에서는 남아 있는 용의자의 족적 주변에 틀을 놓고 석고를 부어서 굳히는 작업을 한다. 대조군은 확보한 용의자 신발의 몰드를 만든 후, 그 몰드에 석고를 부어서 본을 뜬다. 그렇게 만들어진 두 개의 본과 본을 대조하는 방식으로 족적 확인이 진행된다.

석고를 사용해 족적의 본을 뜨는 이유는 육안으로는 잘 보이지 않았을 미세한 흔적, 예컨대 신발 바닥의 틈 사이에 박힌 작은 돌조각들까지도 구분할 수 있기 때문이다. 그래서 관련 법과학 서적에서는 "석고를 잘 떠내면 범인에게 가까이 다가갈 수 있다."고 강조하기도 한다. 그리고 족적 대조용 석고본 제작에는 우리가 흔히 '석고 플라스터'라고 부르는 거친 석고보다는 '치과용 경석고'의 사용을 권장한다. 왜냐하면 일반 석고들은 굳는 과정에서 간혹 크기와 모양이 변형되는 일

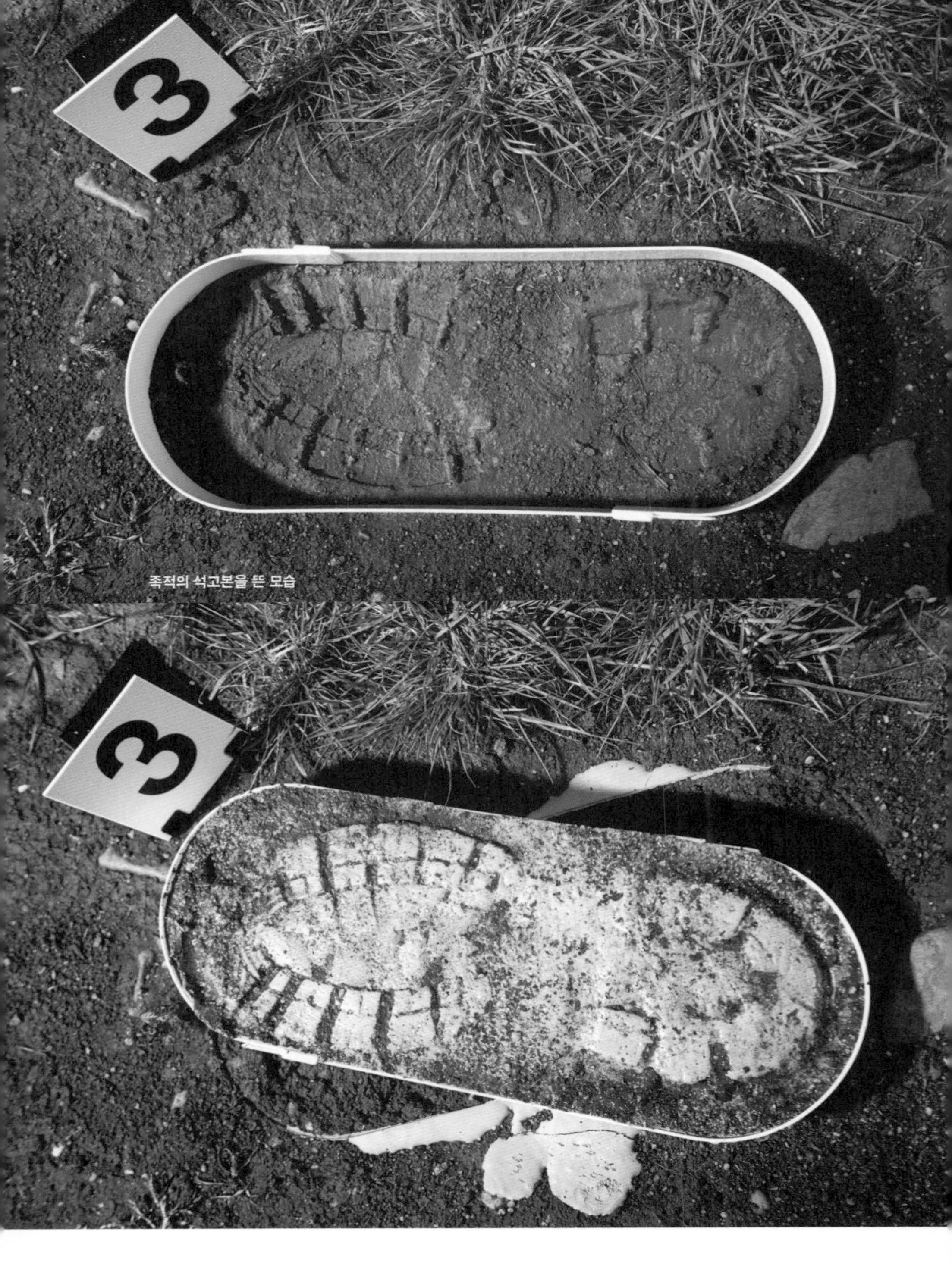

족적의 석고본을 뜬 모습

이 발생하지만 치과용 경석고를 사용할 경우에는 그런 현상이 거의 일어나지 않기 때문이다.

족적은 부드러운 흙바닥에서만 채취할 수 있는 것이 아니다. 단단한 곳에 찍힌 족적도 주변을 어둡게 하고 조명을 비스듬하게 비춤으로써 육안으로 확인하거나 카메라를 이용해 촬영할 수 있다. 조명을 비스듬하게 비추면 신발 바닥에서 전이된 먼지들에 빛이 난반사되고 그것이 하얗게 보이기 때문이다. 이런 조사를 용이하게 만들기 위해 바닥에 바짝 근접시킬 수 있도록 제작된 족적 촬영용 특수 조명도 있다.

족적은 땅바닥뿐만 아니라 피해자의 몸에서도 찾아낼 수 있다. 범인이 피해자의 몸을 발로 밟았을 경우 피부와 옷 사이에 마찰이 생기면서 옷 안쪽에 흔적이 남게 되는데 이럴 경우 피부에 닿았던 부분에 아미노산에 반응하는 색이나 형광을 발하는 시약을 분무하여 족적을 시각화하는 것이 가능하다. 아울러 사건이 벌어질 당시 범인이 맨발이었을 경우에는 족문足紋이라고 부르는 발가락 지문과 발바닥 융선 무늬가 현장에 남게 된다. 따라서 법과학자들은 현장감식 요원들에게 현장에 남아 있는 족문 역시 빠짐없이 채취하라고 조언한다. 물론 족문은 지문처럼 검색할 수 있는 데이터베이스가 없긴 하지만 용의자가 체포되었을 경우 대조해볼 수 있는 중요한 증거가 될 수 있다.

물론 족적 수사에도 한계점은 존재한다. 범죄 발생 후 오랜 시간이 지나 용의자를 체포할 경우 신발의 마모 패턴이 달라질 수 있다는 점이다. 이럴 경우 용의자를 특정할 수 있는 부분이 다소 애매해지면서 법정에서 피고인 측 변호인이 물고 늘어지는 중요 포인트가 된다. 이럴 경우 시간의 흐름에 따른 점진적 마모 패턴이나 새롭게 생겨난 부분은 증거로 사용되기 어렵다. 대신 이런 경우라도 예측 가능한 범위 안에서라면 혹은 변하지 않는 부분, 예컨대 쉽게 떼어지는 껌 대신 못이나 뾰족한 것에 찔려서 난 흔적들을 법적인 증거로 사용할 수 있다.

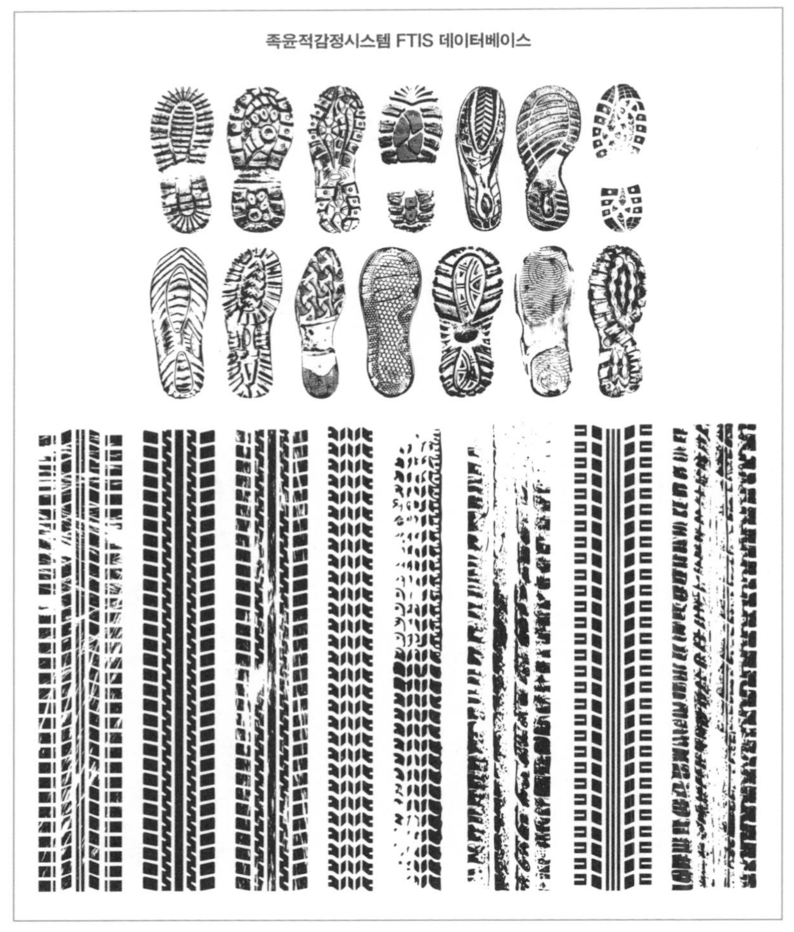
족윤적감정시스템 FTIS 데이터베이스

셜록 홈스가 활약했던 시대에 결정적 대조 증거가 윤적, 즉 마차의 바퀴 자국이었다면 현대에 들어서는 자동차의 타이어 자국이 있다. 물론 타이어 회사들이 대량으로 제작한 타이어들이 사용되면서 개별 식별성은 현저하게 떨어졌다. 하지만 차종은 물론 브레이크를 잡은 시점 같은 것도 확인이 가능하기 때문에 타이어 자국은 여전히 중요한 물적 증거로 취급된다. 따라서 미국 영화나 드라마는 물론이고 최근 국내 수사물에서도 지문과 DNA, 족적 외에도 자동차 타이어 문양을 분석하는 장면이 종종 나온다.

우리나라 경찰이 사용하고 있는 FTIS족윤적감정시스템, Footwear and Tire Information System라는 시스템은 족적과 타이어를 같이 검색할 수 있도록 구축되어 있으며, 외국에 비해 매우 치밀하고 방대한 데이터베이스가 구축돼 있다. 이곳에는 12,000개의 신발과 1,000여 개의 타이어 데이터가 있으며 신제품 자료 보강을 위해 매년 2회에 걸쳐 조사를 진행하고 있다. 물론 타이어의 종류까지만 확인할 수 있기 때문에 범인을 완벽하게 특정할 수는 없어도 범인이 아닌 용의자를 배제하거나 용의자 군을 압축해 나갈 때, 간접적인 증거로서는 매우 유용하게 사용될 수 있다.

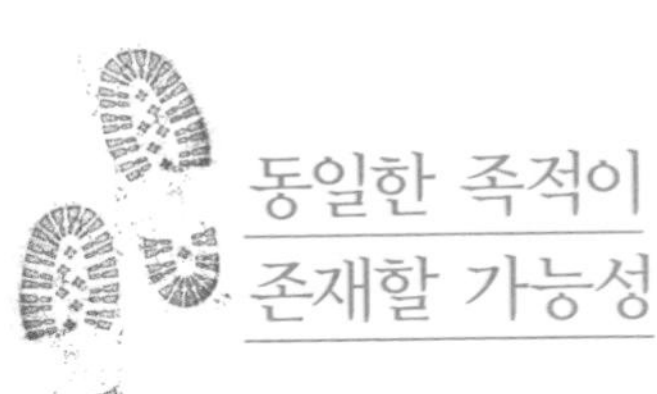

동일한 족적이 존재할 가능성

캔버스화를 한번 떠올려보자. 고무 재질의 신발 밑창에는 일정한 패턴의 무늬가 있다. 신발의 앞부분은 밑창의 옆면을 따라 얇은 고무로 한 번 더 감싸져 있다. 신발 바닥은 액체상태의 재료들을 금속 틀에 부어서 굳히는 방법으로 만든다. 동일한 공정을 통해 생산된 신발들은 얼핏 보면 모두 같은 무늬를 가진 것처럼 보이지만 재료가 굳는 과정에서 기포가 생길 수도 있는데 그 기포들은 지문의 특징점 만큼이나 위치, 모양, 개수가 상이하다.

신발 바닥에 직경이 1mm 정도 되는 기포가 한 개 있는 신발이 있다고 가정하자. 이 신발의 크기는 계산하기 쉽게 가로 300mm, 세로 100mm로 상정한다. 이 신발을 모눈종이 위에 올려놓으면 300×100 =30,000개의 모눈을 덮게 된다. 그러니 이 신발의 밑창은 30,000개의 모눈으로 이루어져 있다고 볼 수 있다. 이 중에서 동일한 위치에 동일한 한 개의 기포를 가진 신발이 두 개가 존재할 가능성은 1/30,000이다. 그러니 이런 패턴을 가진 신발의 주인이 범인이 아닐 가능성은 1/30,000이다. 이런 기포를 두 개 가진 신발이 또 존재할 가능성은? 이렇게 계산된다. 첫 번째 기포가 존재할 가능성 1/30,000에 두 번째 기포가 존재할 가능성 1/29,999를 곱하고 두 기포 간에는 순서의 차이는 없기 때문에 2를 곱한다. 그럼 1/30,000×1/29,999×2=1/449,985,000가 된다.

이것을 해석하면 같은 위치에 두 개의 기포를 가진 신발이 또 존재할 가능성, 바꿔 말해서 현장의 족적과 동일한 신발을 가진 사람이 범인이 아니고 다른 사람이 범인일 가능성은 1/449,985,000에 불과하다는 의미가 된다. 제조공정에서 생길 수 있는 흔적인 기포로 예를 들었지만, 못을 밟았을 때 생기는 손상, 날카로운 것에 의해 부분적으로 잘려나간 흔적, 작은 돌이 끼어 있는 신발 등도 이러한 방법으로 확률 계산이 가능하다. 어쨌든 이 신발의 주인이 범인이 아닐 확률이 약 4억 5천만분의 1이 된다. 로또 1등에 당첨될 확률이 800만분의 1이라는 점을 감안한다면 이런 족적 증거는 용의자를 범인으로 지목할 수 있는 강력한 증거가 된다.

never trusted anyone
Sometimes I even doubt myself,
I will never doubt you because you are my
true love. I know deep down inside that you will
never break my heart or let me down in any way
Thankyou for everything. I pray to God every day
to bless you with everything you deserve. I
, until the end of time.

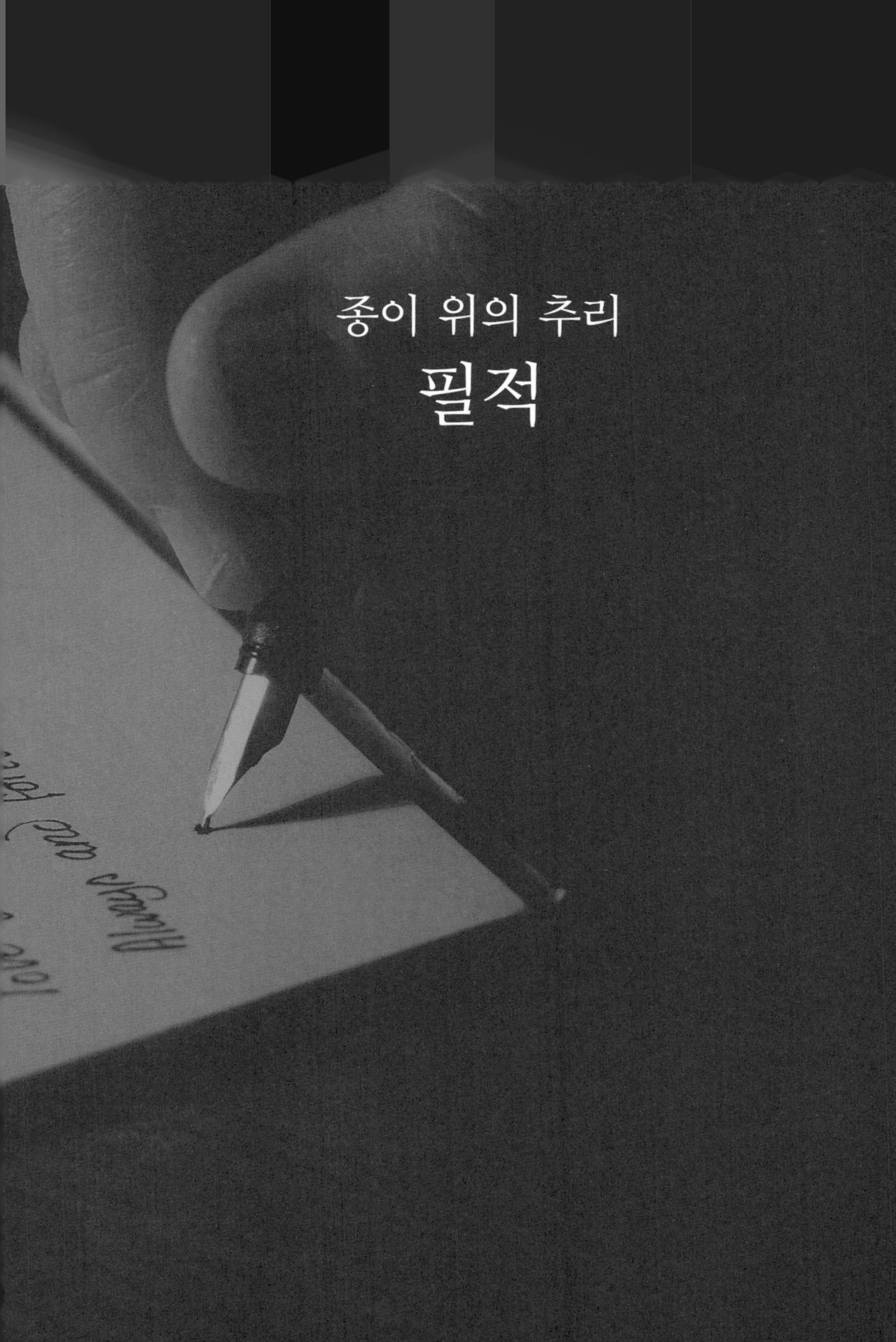

종이 위의 추리

필적

"이 편지에 적힌 글씨가 남편의 것이 맞습니까?"

"남편 글씨 중 하나가 맞아요"

"그게 무슨 뜻입니까? 부인."

"남편이 서두를 때면 이런 글씨체가 나와요.

평소와는 다르지만 저는 여러 번 봐서 잘 알고 있답니다."

-《입술 비뚤어진 사나이》 중에서 -

The Man with the Twisted Lip, 1891. 12

어느 깊은 밤, 왓슨은 아내의 친구인 휘트니 부인의 부탁을 받고 아편굴로 향한다. 그곳에 들어가 며칠째 돌아오지 않는 남편을 찾아달라는 부탁을 받은 것이다. 하지만 그 아편굴에서 왓슨이 맞닥뜨린 것은 다름 아닌 아편 중독자로 변장한 셜록 홈스였다. 놀란 왓슨에게 홈스는 자초지종을 설명해준다.

그는 일주일 전에 실종된 전직 기자, 네빌 세인트클레어 사건을 조사하기 위해 잠복 중이었다. 네빌 세인트클레어는 평소와 다름없이 아내와 아이들의 배웅을 받으며 출근을 했다. 집에 있던 아내는 소포를 찾으러 오라는 전보를 받고 외출했다 돌아오던 차에 낯선 건물의 2층 창가에 서 있는 남편을 발견한다. 남편이 있을만한 장소가 아니었고, 옷차림이나 표정이 어딘지 낯설었기 때문에 아내는 심상치 않은 일이 생졌다는 걸 직감하고 건물 안으로 들어선다. 하지만 2층 방문 앞을 막고 있던 인도인 사내 때문에 남편이 있던 방으로 들어가지 못한다. 초조해진 그녀는 마침 순찰 중이던 경관의 도움을 받아 방 안으로 들어서지만 그곳에는 남편 대신 초라한 행색의 거지만 있었다. 방 내부를 수색한 결과 감춰진 네빌 세인트클레어의 옷을 찾아냈고, 창틀에서는 핏자국이 발견되었다. 방 안에 있던 휴 분이라는 이름의 거지는 창틀에 묻은 피는 자신의 것이고 그녀의 남편인 네빌 세인트클레어를 본 적이 없다고 주장한다. 그의 행동이 미심쩍었던 경찰은 주변을 수색해 건물 앞 강바닥에서 코트를 발견한다. 휘트니 부인은 그것이 실종된 남편이 집을 나설 때 입었던 코트라고 말한다. 코트 주머니를 가득 채운 동전으로 인해 멀리 떠내려가지 않고 그대로 가라앉았던 것이다. 경찰은 휴 분이 네빌 세인트클레어를 죽이고 시신을 창밖의 강으로 던져버렸으며 창틀의 피는 이때 묻은 것이라고 추정했다. 하지만 그렇게 단정하기에는 범행을 벌일 시간이 너무 촉박했고, 무엇보다 시신이 발견되지 않은 탓에 세인트클레어 실종 사건은 난관에 봉착하고 만다.

사라진 남편을 찾아달라는 의뢰를 받은 셜록 홈스는 아편굴에서 잠복을 감행하면서까지 진범을 찾으려고 하지만 엉뚱하게도 왓슨과 맞닥뜨리게 되면서 조사는 실패하고 만다. 셜록 홈스는 네빌 세인트클레어의 아내를 다시 찾아가 사건의 단서를 찾으려고 한다. 두 사람의 방문을 받은 그녀는 마침 당일 날 도착한 편지를 한 통 보여준다. 거기에는 자신이 무사하다고 적힌 내용과 네빌 세인트클레어의 사인이 담겨 있었다. 아내는 그 편지 속 글씨가 남편의 필적이 맞다고 확인해주면서 사건은 다시 미궁에 빠진다. 베이커 가의 하숙집으로 돌아온 셜록 홈스는 한동안 생각에 잠긴다. 그리고 다음날 아침 왓슨과 함께 화장실을 청소할 때 쓰는 해면을 챙기고는 휴 분이 갇혀 있는 경찰서로 향한다. 경찰서의 유치장 안에는 휴 분이 꾸벅꾸벅 졸고 있었다. 셜록 홈스는 아무 말 없이 그에게 다가가는데…….

세상에 똑같은 것은 없다

글씨의 궤적을 뜻하는 '필적筆跡' 감정의 어려움은 같은 사람이 남긴 필적도 글씨를 쓸 때마다 달라진다는 것에서 출발한다. 글씨는 쓰는 사람의 컨디션이나 필기도구는 물론 사용하는 종이의 재질, 글씨를 쓸 때의 자세에 따라서 얼마든지 달라질 수 있기 때문이다. 이런 점으로 인해 아무리 정밀히 분석한다 해도 명확한 결론을 내리는 것 자체가 어려워 필적 감정은 결코 쉬운 일이 아니며, 많은 노력과 고민이 필요하다고 전문가들은 입을 모아 얘기한다. 필적 감정은 단순히 글자가 누구에 의해 쓴 것인지 맞추는 것에 그치지 않고, 문서의 작성 시기와 교차한 글자 중 어떤 것이 먼저 쓰였는지 등에 대한 것까지도 판단한다.

필적 감정은 먼저 대조 작업에 활용할 수 있는 자료들을 최대한 많이 확보하는 것에서 시작한다. 필적 감정에 있어 가장 중요한 대상은 역시 '서명'이라고 할 수 있다. 하지만 같은 사람이 한 서명이라도 똑같은 서명을 여러 번 하다 보면 그 모양이 달라지기 쉽다. 따라서 이런 상황에서는 정확한 필적 감정을 위해 대조 필적이 필수적으로 존재해야만 한다. 특정한 서명의 진위 여부를 판단해야 한다면 그 서명을 남긴 주인공이 조사 대상인 서명을 하기 이전에 남겼던 서명들을 최대한 많이 모아야 한다는 것이다. 그렇게 수집된 대조 자료를 보고, 시간의 흐름에 따른 변화를 추적한 후에 추정하는 것이 서명의 진위 여부를 판단하는 시작점이 된다. 그러니까 필적 감정은 단순히 글자의 진위 여부를 판단하는 것이 아니라 당사자의 심리 상태와 신체적, 환경적 변화까지 파악해야 하는 정교하고 과학적인 추리이기도 하다.

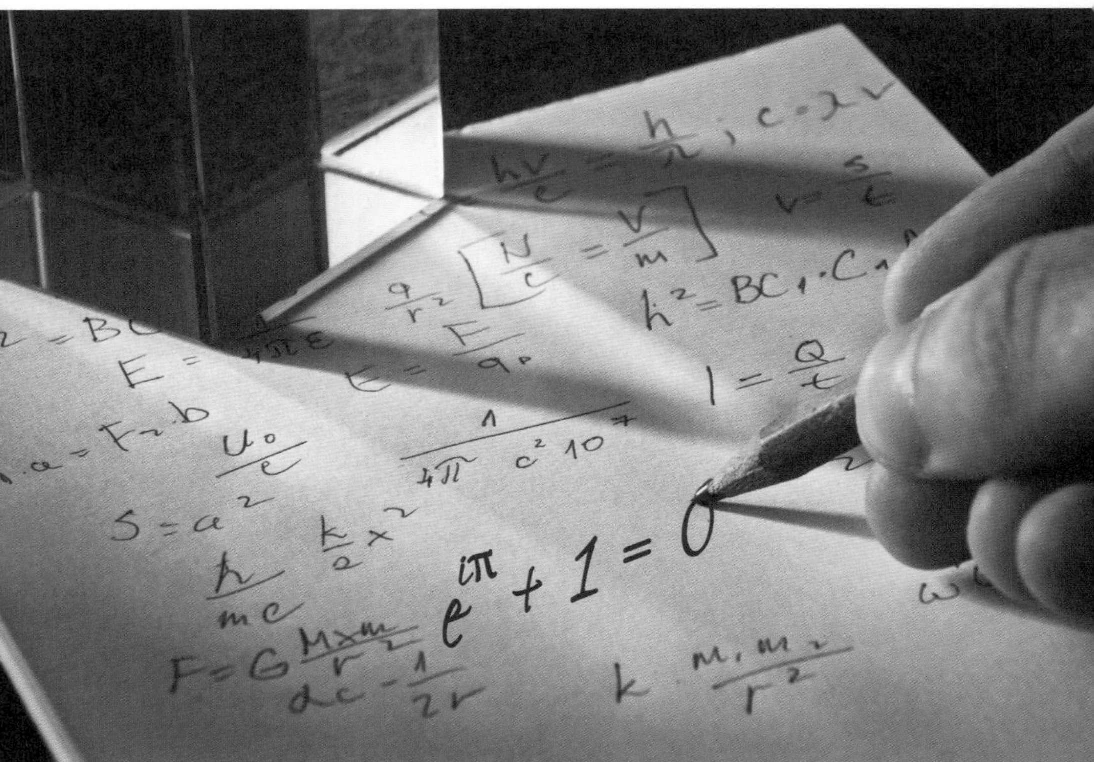

DNA나 지문의 경우에는 다른 요인에 의해 변할 수 없지만 필적의 경우 앞서 언급한 것처럼 여러 가지 내적, 외적 요인으로 인해 계속 변화할 수 있다. 사춘기를 지나면 필적에는 거의 변화가 없다는 주장도 있지만 이것 역시 하나의 변수에 불과하다. 이런 개별성, 다른 자료나 증거에 비해 비교적 쉽게 구할 수 있다는 장점 때문에 필적은 오래전부터 범죄나 개인의 신원을 확인하는 중요한 수단으로 사용되었다. 《입술 비뚤어진 사나이The Man with the Twisted Lip, 1891년 발표》에서도 아내는 실종된 남편이 보낸 편지의 필적을 확인하고는 아직 살아있다고 기뻐하는 장면이 나오는 것처럼 말이다. 1891년에 집필된 소설에 그런 대목이 등장하는 것으로 볼 때 그 시기에도 이미 '필적'이 신원 확인 수단으로 일상화되어 있다는 점을 유추해볼 수 있다.

필적은 수집하기는 쉽지만 필적이 가지고 있는 독특한 성격 덕분에 감정 작업은 결코 쉽지 않은 과정을 거쳐야만 한다. 법정에 제출하거나 혹은 중요한 증거자료로서의 필적을 입증하기 위해서는 당사자가 자신의 필적을 다시 써서 확인하는 과정을 거쳐야만 한다. 이때 당사자가 범인인 경우 일부러 글씨를 다르게 쓰는 경우가 많고, 그렇지 않다고 해도 중압감과 긴장 때문에 필적이 달라지기 쉽다. 그런 경우를 대비해 미리 대조할 수 있는 필적을 확보하는 것이 필수적이다. 그래야만 당사자가 고의로 또는 긴장감 때문에 필적이 다르게 나타났다는 것을 알아낼 수 있기 때문이다. 따라서 필적 감정은 범인 혹은 용의자의 심리를 파악하고 진위 여부를 알아내는 '종이 위의 추리'라고 할 수 있다.

물론 필적 감정 자체가 동일인물이라도 다른 형태의 글씨를 쓸 수 있다는 변수 때문에 식별성은 다른 증거에 비해 떨어지는 편이다. 따라서 필적 자체가 독자적인 증거로서 채택되기보다는 지문이나 DNA 등의 증거를 보완하는 장치로 자주 이용된다. 반면 막대한 돈이 오가는 민사소송의 경우에는 필적 감정이 매우 중요하게 취급되고 있다. 금전 문제가 얽힌 사건이 많은 민사소송의 경우 주된 증거가 문서인 경우가 대부분이고, 그 진위 여부를 판단할 때 사용되는 서명, 날인 등의 확인이 바로 '필적 감정'의 영역이기 때문이다.

또 하나의 필적, 필압과 필기구

필적 감정은 누구의 글씨인지 식별해야 하기 때문에 구분할 수 있는 구체적인 포인트가 존재한다. 글씨가 꺾이는 각도라든지 기울기, 자음과 모음 사이의 거리에서 보이는 특징들이 바로 그것이다. 국내의 경우 확보한 대조 자료들과 비교한 결과 약 70퍼센트 이상 동일하다고 여겨지면 동일 필적으로 판단한다.

이런 형태적 필적 외에도 글씨를 쓸 때 종이가 눌리는 정도를 뜻하는 '필압筆壓'은 필적 감정에서 진위 여부를 판정하는 중요한 요소 중 하나이다. 필압이 중요한 이유는 누군가 다른 사람의 서명을 흉내 내서 쓸 때 모양은 비슷하게 낼 수 있어도 이 필압의 패턴을 모방하기는 쉽지 않기 때문이다. 자신의 서명을 할 때는 자연스럽게 필기구를 움직이면서 각 지점마다 일정한 패턴의 필압이 남게 된다. 하지만 누군가의 서명을 위조할 경우에는 자신의 서명이 아니기 때문에 모양에 신경을 쓰다보면 필압 곳곳에 미세한 주저함과 떨림의 흔적이 남을 수밖에 없다. 필압은 아니지만 필압흔을 체크할 수 있는 장비로는 경찰청이 보유하고 있는 ESDA가 있다. ESDA는 서명 또는 글자를 적은 문서의 아래에 위치했던 종이의 눌린 정도를 확인하는 장비로, 음압을 체크해 서명이나 글씨를 확인할 수 있다.

필압은 여러 글자 중에서 어느 글자가 먼저 종이에 적혔는지 파악할 수 있는 수단 중 하나로도 사용된다. 문서 위조에는 다양한 방법이 존재하는데 서명이나 글씨가 적힌 문서 등에 자신의 목적에 맞도록 글자를 덧붙여 문서의 성격을 바꾸는 방법이 있다. 이런 경우 필적 감정만큼 중요한 것이 어떤 글자가 먼저 종이에 기록되었는지의 여부다. 그

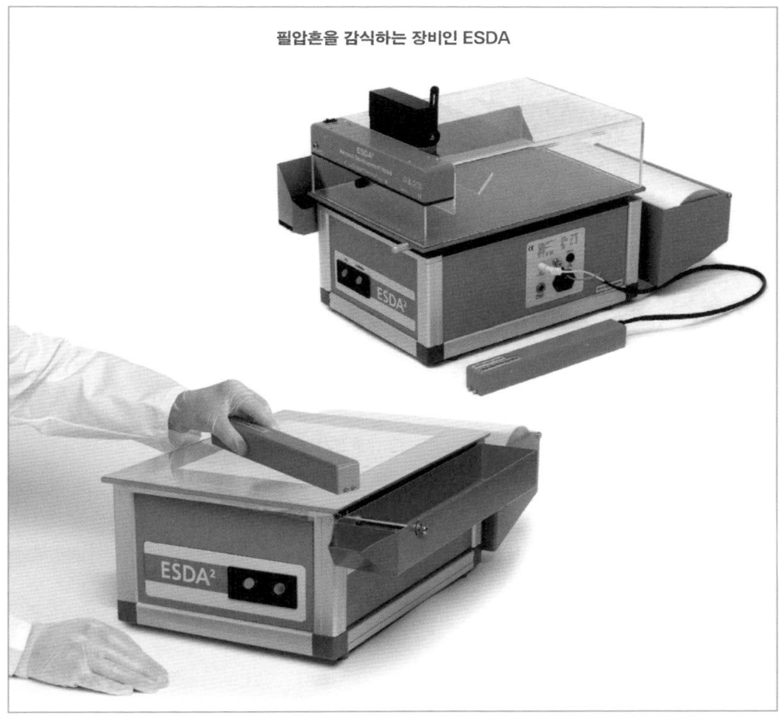

필압흔을 감식하는 장비인 ESDA

것을 판단하는 수단이 바로 필압이다. 또한 이 필압 못지않게 필적 감정에 중요한 요소가 바로 '필기구'다. 같은 사람이 썼다고 해도 어떤 필기구를 사용했느냐에 따라 글씨가 달라질 수 있기 때문에 대조 필적을 작성할 시에는 감정할 필적에 사용된 필기구와 동일한 필기구로 작성토록 하는 것이 원칙이다.

종이의 재질이나 특징 역시 과거에는 중요한 판정 수단이 되기도 했다. 종이 자체가 워낙 귀했고, 수공업 형태로 생산되는 경우 생산처에 따라 명확한 구분점이 남아 있었기 때문이다. 셜록 홈스 역시 자신에게 도착한 편지의 재질을 통해 여러 가지 단서를 유추하곤 했다. 하지만 최근에는 공장을 통해 대량생산되면서 종이는 감정 수단으로서의 가치가 많이 떨어진 상태다.

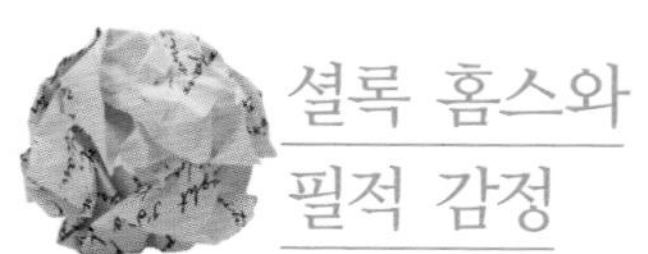

셜록 홈스와 필적 감정

셜록 홈스는 종종 의뢰인으로부터 받은 편지의 필적을 통해 그의 나이나 성별, 거주지, 교육 정도 등 그야말로 다양한 정보에 대해 판단하곤 한다. 그래서 하숙집에 찾아온 의뢰인들은 자신에 대해 아주 상세하게 파악하고 있는 셜록 홈스를 보고 놀라거나 당혹스러워한다. 코난 도일의 초기작인 《네 사람의 서명》에는 그런 부분이 두드러지게 나타난다. 셜록 홈스는 사건 의뢰인 메리 모스턴이 가져온 편지와 상자에 적힌 필적을 보고 두 글씨의 주인이 동일 인물이라고 판단한다. e가 돌출되어 있고, s가 휘어진 모습을 보고 그런 결론을 내린 것이다. 그리고 편지를 쓴 인물은 우유부단함과 자만심이 가득한 사람이라고 덧붙인다. 고결한 인격자이고 사무직에 종사할 것이라는 왓슨의 예측과는 다소 거리가 먼 결론을 내린 셜록 홈스는 "고결한 인격자들은 위로 올라간 철자들을 명확하게 적어주는 반면, 편지의 주인공은 그렇지 않다."는 설명을 한다. 그러면서 k에서는 우유부단함이 보였고, 대문자 철자에서는 자만심이 엿보였다는 이유를 들려준다.

《라이기트의 수수께끼The Adventure of the Reigate Squires, 1893년 발표》에서도 셜록 홈스의 필적 감정 실력은 빛을 발한다. 그는 유일한 단서인 찢어진 쪽지의 글씨만으로 범인을 찾아낸다. 몇 개의 단어를 비교해 본 결과 한쪽은 힘이 실린 필체고 다른 쪽은 그렇지 않다는 것을 알아낸 것이다. 셜록 홈스는 그걸 토대로 쪽지의 글씨가 두 사람이 번갈아가면서 한 단어씩 썼다는 것을 밝혀낸다. 실제로 그것은 서로를 믿

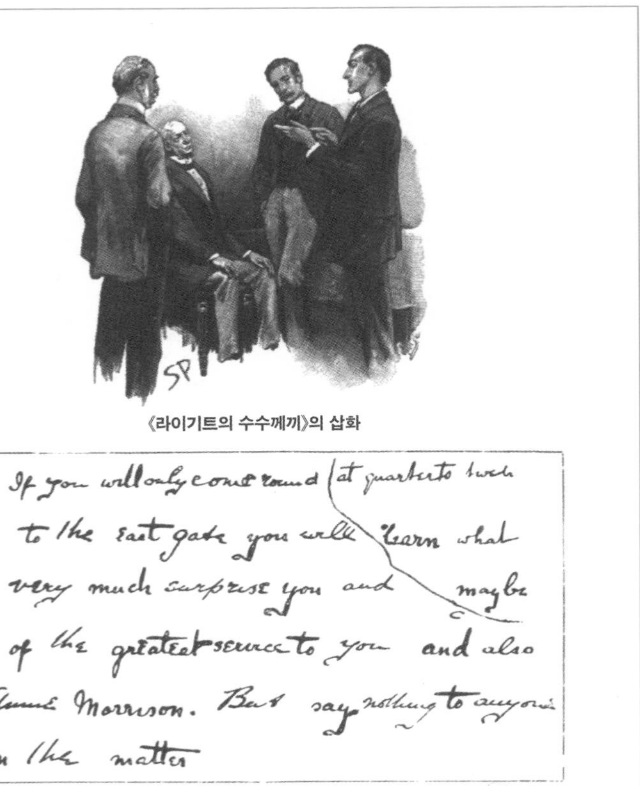

《라이기트의 수수께끼》의 삽화

If you will only come round at quarter to twelve
to the east gate you will learn what
will very much surprise you and maybe
be of the greatest service to you and also
to Annie Morrison. But say nothing to anyone
upon the matter

지 못한 두 사람이 하나의 종이에 서로의 글씨를 남긴 것으로 밝혀졌다. 그리고 셜록 홈스는 힘 있는 필체의 주인공이 주범이라는 사실도 눈치 채는데 그것은 먼저 쓴 글씨 중간에 다른 사람이 글씨를 채워 넣었다는 것을 토대로 알아낸 것이다. 또한 나이가 들수록 글씨체가 흔들리기도 하는데 힘이 없는 글씨체가 약간 휘청거렸다는 사실에 주목해 글씨의 주인이 중장년층이라는 점도 확인한다. 마지막으로는 글씨를 쓴 두 사람이 혈연관계라는 점도 알아냈는데 그것은 e라는 스펠링을 양쪽이 비슷하게 썼다는 점에서 유추해낸 것이다. 그리고 그걸 토대로 셜록 홈스는 사건의 범인이 누군지 정확히 알아낸다.

이렇게 셜록 홈스처럼 편지에 남겨진 필적을 통해 개인의 직업이나 성별, 나이, 혈연관계를 파악하는 것이 과연 현실에서도 가능할까? 실제 감정 전문가들은 오랜 경험을 통해 이런 부분을 어느 정도 알 수는 있지만 객관화하기는 굉장히 어렵다고 말한다. 글씨는 20대를 지나고 나면 노년에 이르기 전까지 쉽게 패턴이 변하지 않는다. 이런 패턴과 문체의 특이점을 결합시키면 필적을 통해 당사자의 정보를 알아내는 것이 일정 부분 가능해진다. 예를 들어 지적 수준이 낮은 사람이 글을 쓰게 되면 반복적으로 특정 단어를 구사한다든지, 잘 모르는 부분은 얼버무린다든지 하는 경우가 발생한다. 하지만 셜록 홈스처럼 글씨만을 가지고 당사자의 모든 것을 알아내는 것은 사실상 불가능하며 아울러 굉장히 위험한 시도일 수 있다. 그리고 바로 그것이 셜록 홈스라는 캐릭터가 가지고 있는 장점이자 한계이기도 하다.

필적을 통해 당사자의 정보를 알아내려면 대조 필적을 비롯해 여러 가지 자료들이 필요한데 작품 속 셜록 홈스는 벽난로 앞에 앉은 채 편지를 읽는 것만으로 수많은 정보들을 알아낸다. 그것은 코난 도일이 필적 감정의 목적을 다르게 사용했기 때문이다. 수사 과정에 있어 필적 감정은 필적을 통해 누군가의 정체를 알아내는 것이 아니라 용의자를 배제해가는 장치로써 사용된다. 다시 말해 범인이 누구인지를 집어내는 게 아니고 누가 용의자가 아닌지를 밝혀내는 것이다. 게다가 필적 감정은 복잡하고 정교한 과정을 거쳐야 하며 정밀한 분석을 위해서는 필압이나 필기구, 글씨의 기울기를 비롯한 많은 자료 등을 확인해야만 한다. 하지만 코난 도일은 이 과정을 생략함으로서 필적 감정을 프로파일링의 범주에 넣어버리고 말았다. 필적 감정은 정교한 법과학의 영역이기 때문에 이 부분은 명확하게 코난 도일의 방향성이 잘못되었다고 할 수 있다.

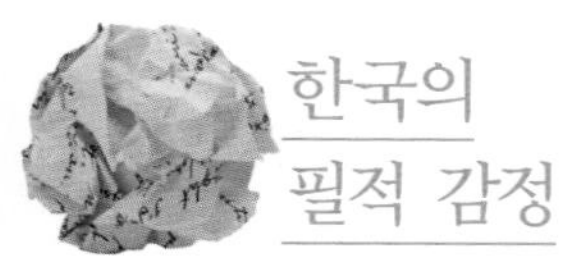

한국의 필적 감정

잘 알려지지 않은 사실이지만 국내에는 많은 민간 필적 감정 전문가들이 활동하고 있다. 이렇듯 필적 감정 전문가들이 많아진 것은 필적 감정을 둘러싼 여러 요인 때문이었다. 우리나라 필적 감정의 역사는 국과수(국립과학수사연구원)가 설립된 1954년부터 시작되지만 여러 가지 여건상 1970년대 즈음에서야 활성화되었다. 당시에는 사설 필적 감정인은 존재하지 않았다. 과학수사라는 개념이 부족했고, 필적 감정이 필요할 만큼 복잡한 사건이 없었던 시대적 상황 때문이기도 하다. 그러다 1980년대에 접어들면서 국과수 퇴직자들이 세운 민간 필적 감정 업체들이 생겨났다.

당시 범죄수사에 필요한 필적 감정은 원칙적으로 국과수에서 진행을 했다. 그런데 뒤에 소개될 강기훈 유서대필 사건에서 국과수의 필정 감정 오류로 인해 재판 결과에 큰 영향을 준 바 있다. 실제로는 강기훈 씨의 필적이 아님에도 불구하고 동일인물의 것이라고 판정이 내려진 것이다. 이는 재판의 판결에 큰 영향을 미치고 말았다. 그 외에도 국과수는 필적 감정에 있어 종종 오류를 일으키곤 했다. 이와 더불어 민간에서도 필적의 중요성이 인지되고 감정 요청이 대폭 늘어나게 되면서 민간 감정인들의 필요성이 더욱 커졌다. 국과수의 경우 필적 감정에 오랜 시간이 소요되었고 그로 인해 재판이 길어지자 판사들은 국과수 대신 민간 필적 감정사에게 감정을 요청하는 경우가 점점 늘어났다. 시간이 오래 걸린다는 점 외에도 국과수는 경찰이 제출한 자료만으로 필적 감정을 해야 하기 때문에 대조 필적이 부족할 수밖에 없다는 근본적인 한계도 존재한다.

필적 감정을 의뢰하는 사건이 증가하고 민간 감정사들이 늘었다고 해서 아무나 쉽게 필적 감정을 할 수 있는 것은 아니다. 필적 감정은 재판 결과에 영향을 미칠 수 있는 굉장히 중요한 요소이기 때문에 필적 감정인이 되기 위해서는 여러 가지 자격 요건들을 갖춰야 한다. 일단 법원에 등록하는 절차가 필수적이다. 필적 감정의 상당수는 법원과 밀접한 연관이 있고, 이들이 내린 결정이 재판에 큰 영향을 미치기 때문이다. 대법원의 예규에는 필적 감정인의 자격요건이 정리되어 있다. 일단 관련기관인 국과수나 대법원, 국방부 등에서 관련 업무에 5년 이상 종사하거나 그 종사자로부터 5년 이상 교육을 받아야만 한다. 그런 자격요건을 갖추고, 사무실에 필적 감정에 필요한 장비들을 갖추고 있는 것을 증명해야만 법원에 필적 감정 업체로 등록될 수 있다. 대부분의 필적 감정 업체는 서울에 있는데 관련 사건들이 가장 많이 발생하는 만큼 의뢰가 많이 들어오기 때문이다. 필적 감정 업체들은 매년 9월에 법원 행정처에 명단을 제출한다. 행정처는 각 지역의 법원으로 이 명단을 보내고 법원에서 필요한 필적 감정인을 선별하는 과정을 거치게 된다.

국내 필적 감정의 대부분은 돈과 관련되어 있다. 필적 감정이 활용되는 사건이 주로 차용증과 유언장, 계약서, 보험 청약서 등의 문건 감정과 연관되어 있기 때문이다. 특히 막대한 유산 상속이 걸린 유언장의 경우에는 자식들 간의 다툼이 벌어지는 경우가 많다. 이럴 경우에는 유언장을 자필로 썼는지에 대한 여부가 판결에 중요한 영향을 미치기 때문에 특히 신중할 수밖에 없다. 특이한 경우로는 군대에서 사망한 병사의 유언장이 진짜인지 아닌지를 밝혀달라고 의뢰하거나 초등학생이 담장에 써 놓은 낙서를 보고 당사자를 찾는 경우도 있다. 필적 감정은 아무리 공정하고 객관적으로 임한다 해도 감정인의 개인적인 견해와 주관이 들어갈 수밖에 없기 때문에 진위 여부에 대한 논란이 항상 뒤따른다. 특히 국과수와 민간 필적 감정인의 견해가 다를 경우 여러 차례 반복해 필적 감정을 진행하는 경우도 발생한다.

우리나라 필적 감정인의 경우에는 단순히 글씨뿐만 아니라 도장과 지문의 동일 여부도 판단하는 일을 수행하고 있다. 이런 필적 감정을 위해서는 관련 장비들을 필수적으로 갖춰야 한다. 일단 필적을 확대해 볼 수 있는 현미경과 촬영 장비가 필요하고, 필압을 체크할 수 있는 장비 역시 보유하고 있어야만 한다. 이런 장비들로 분석한 자료들은 필적 감정인이 아닌 법조인과 일반인들이 필적이 동일하거나 다른지를 명확하게 인지하도록 하는 데 큰 도움이 된다. 아울러 법정에 나온 당사자에게 서명을 여러 차례 하게 함으로서 대조할 수 있는 필적들을 확보한다. 경험 많은 필적 감정인들은 당사자가 서명을 엉터리로 하는 것을 눈치 챌 수 있을 정도라고 한다. 그럴 경우에 대비해 필적 감정인은 당사자의 필적이 담긴 수첩이나 은행 거래 서류 등 다양한 유형의 대조 자료들을 확보한다. 그런 자료들을 구비하고, 서명할 당시의 당사자의 심리 상태와 컨디션을 확인해야만 법정에서 증거로 채택될 수 있을 정도의 가치를 지니게 되기 때문이다.

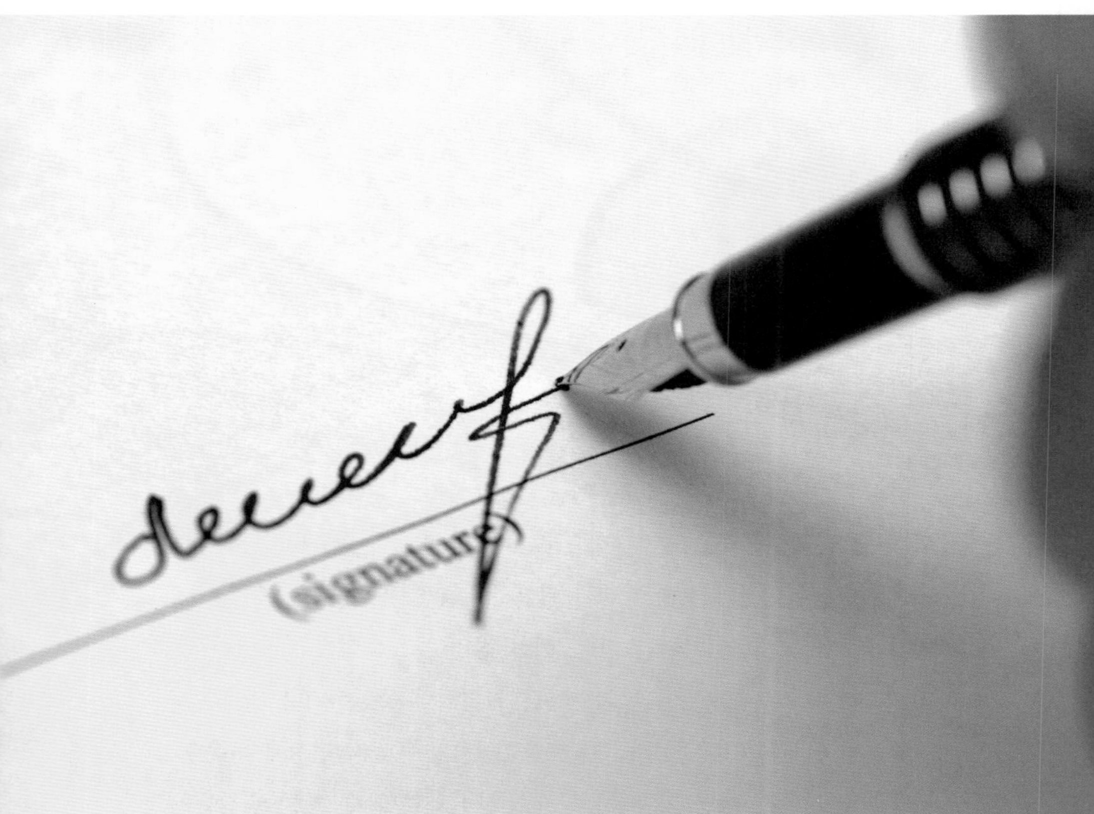

시대가 변하면서 필적 감정은 그야말로 다양한 요소들을 다루고 있다. 글씨의 모양을 대조하는 필적 감정뿐만 아니라 어휘나 문장 등 특정인이 사용하는 문체를 확인하는 문체 감정이라든지, 해당 문서가 출력된 프린터의 특징을 파악해 식별하는 일도 하고 있다. 문체 감정의 경우 필적과 마찬가지로 대조할 수 있는 여러 문장들을 확보하는 것이 필수적이다. 문체 감정에는 대조할 수 있는 문체와 포인트가 몇 개 있는데 영문의 경우 대문자와 소문자의 사용 방식, 띄어쓰기, 마침표를 비롯한 문장부호의 사용 방식으로도 파악할 수 있다. 심지어는 SNS에 올린 글도 판단이 가능하지만 문체의 특성상 완벽하게 일치한다는 판정을 내릴 수는 없다고 한다.

그 밖에 최근 대두되고 있는 필적 감정은 바로 전자 서명이다. 인터넷이 발달하면서 전자식으로 서명하는 사례가 늘어나고 있기 때문이다. 이런 경우에는 대부분 전자패드에 손가락으로 서명하는 경우가 많기 때문에 일반적인 필적 감정 방식으로는 확인하기 곤란한 상황이 많다. 또한 감정하기 위해 종이에 출력하게 되면 훼손이나 변형이 될 가능성도 높다. 따라서 이런 경우에는 전자패드 자체를 분석하는 일이 필요하다. 이런 이유들로 인해 필적 감정은 종이가 사라진다고 해도 계속 명맥을 이어가게 될 것으로 보이고 국내 필적 감정인들 또한 이런 상황 변화에 대응하기 위해 다양한 준비를 하고 있다.

강기훈 사건과 장자연 사건

필적 감정으로 세상을 떠들썩하게 한 사례로는 강기훈 사건과 장자연 사건이 대표적이다. 한국판 드레퓌스 사건*이라고도 불리는 강기훈의 유서 대필 조작 사건은 당시 노태우 정권이 학생운동의 신뢰도를 떨어뜨리고 정권을 안정화시키기 위한 수단으로 이용했다. 1990년 1월 22일, 노태우 대통령의 민주정의당과 김영삼의 통일민주당, 김종필의 신민주공화당이 합당을 선언하고 민주자유당을 창당한다. 야권과 운동권은 이에 극렬하게 반발해 거리 투쟁에 나서면서 시위가 격화되

* 1894년 10월 프랑스 참모본부에서 근무하던 유대인 출신의 대위 드레퓌스가 독일 대사관에 군사 정보를 제공한 혐의로 체포되는 일이 발생한다. 정확한 증거는 없었지만 독일대사관에서 빼내온 서류의 필적과 드레퓌스의 필적이 유사한데다 유대인이라는 드레퓌스의 신분이 당시 반유대주의라는 사회적 분위기에 맞물려 그를 범인으로 몰고 간 것이다. 이 과정에서 베르티옹의 문서 감정 결과가 큰 역할을 했다. 베르티옹이 드레퓌스의 필적이 독일에 넘어간 문서의 필적과 동일하다고 판정한 것이다. 후에 진범이 밝혀져 드레퓌스는 무죄 판결을 받고 풀려났지만 소설가 에밀 졸라가 프랑스 대통령에게 〈나는 고발한다!〉라는 제목의 공개서한을 발표하면서 정치 분쟁으로까지 확산되었다. 이 사건은 프랑스 공화정의 기반을 다지고 좌파세력의 결속을 촉진하는 계기가 되었다.

었다. 이 과정에서 경찰이 휘두른 쇠파이프에 명지대학교에 재학 중이던 강경대 군이 사망하는 일이 벌어졌고, 이에 격분한 몇몇 학생이 분신을 감행한다. 분위기가 정권에 불리하게 흘러가자 정부에서는 분신자살의 배후가 있다는 식으로 주장하기 시작했다.

1991년 5월 전민련(전국민족민주연합)소속의 김기설이 서강대에서 분신자살하는 일이 벌어진다. 그러자 검찰은 같은 단체의 총무부장인 강기훈을 자살방조 및 유서 대필 혐의로 구속한다. 구속된 강기훈은 다음 해 징역 3년형을 선고받는데 김기설이 쓴 유서를 강기훈이 대신 써줬다는 국과수의 문서 감정 결과가 결정적이었다. 이 사건은 당시 끓어오르던 사회 분위기에 찬물을 끼얹는 역할을 했다. 무엇보다 순수하고 정의로워야 할 학생이 타인에게 자살을 강요하고 유서를 대필해줬다는 손가락질을 받아야만 했기 때문이다.

사실 이 사건은 처음부터 정권에 의해 진행되었고, 국과수에서 이뤄진 필적 감정 역시 동일한 맥락으로 이루어졌다. 원칙대로라면 김기설과 강기훈의 대조 필적을 충분하게 확보한 후에 조사를 했어야 했는데 전혀 그런 과정을 거치지 않았고, 두 필적의 동일한 부분만 집중적으로 부각시킨 것이다. 필적을 감정했던 국과수 관계자는 뒤늦게 당시에는 동일 필적이 아니라고 대답할 만한 분위기가 아니었음을 고백하기도 했다.

당시 상황이 어느 정도였는지 알 수 있는 일화도 있다. 《한겨레신문》은 법원의 판정에 의문을 품고 한 민간업체에 필적 감정을 의뢰했다. 그런데 다음 날, 검찰에서 해당 업체의 사무실을 압수수색하고 관련자들을 연행하는 해프닝이 벌어지고 말았다. 국내에서 필적 감정이 불

강기훈 유서 대필 사건에 관한 《한겨레신문》의 기사

24년 걸린 유서대필 무죄　　　2015년 5월15일 금요일 한겨레

강기훈 "검찰·법원에 대한 재심"…다음은 짜맞추기 규명

강씨, 선고 사흘전 연락끊고 지방행 "회상하는 것조차 너무 싫어"

변호인 "국가배상 청구 등 진행" 시민모임 "권력기관의 거짓말 잔치" 진실규명 요구 불거질 듯

1992 유죄 확정…2008 재심 청구…2012 재심…2015 무죄 확정

험난했던 명예회복

1991~92년 강기훈씨 수사·재판 담당자들

검찰 수사팀·지휘부		주임검사 신상규
		수사팀 검사 안종택·박경순·윤석만·임철·송명석·남기춘·곽상도
		서울지검 강력부장 강신욱
		서울지검장 전재기
		검찰총장 정구영
		법무부 장관 김기춘
유죄 선고한 판사들	1심	재판장 노원욱
		배석판사 정일성·이영대
	2심	재판장 임대화
		배석판사 윤석종·부구욱
	3심	박만호(주심)·김상원·박우동·윤영철 대법관

강씨 기소·유죄판결 판검사들 '승승장구'

진실 외면한 국과수·검찰·법원

국과수, 대조 자료들 채택 않고 1명 감정하고 4명으로 위증도

검, 밤샘조사·자백강요 등 드러나 변호사 배제 반론권 보장 않아

증인 진술도 오락가락했지만 법원, 유죄 쪽으로 가려서 선택

국립과학수사연구원(옛 국립과학수사연구소)의 필적감정 결과

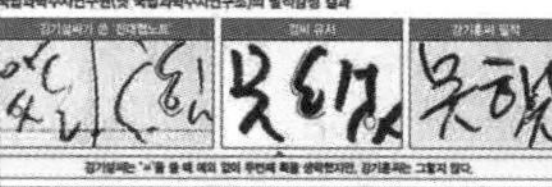

가능해지자 《한겨레신문》은 일본의 전문가에게 필적 감정을 의뢰했다. 당시 의뢰를 받은 일본의 필적 감정인은 김기설의 유서에 적힌 필적은 당사자의 것이 맞다는 내용의 기자회견을 했다. 하지만 국내에서는 외국인이 제시한 감정 결과에 부정적이었고, 결국 법정에서도 증거로 채택되지 못했다.

진실이 밝혀진 것은 2007년 재감정 결과, 김기설의 유서에 적힌 필적이 강기훈의 것이 아니라고 판정하면서부터였다. 오랜 재판 과정을 거쳐 결국 2012년 재심이 결정되었고, 2014년 강기훈은 고등법원에서 유서 대필과 자살방조에 대해 무죄를 선고 받았다. 검찰은 즉각 항소했지만 다음 해 대법원에서는 검찰의 항소를 기각했다. 무려 24년 만의 일이었다. 강기훈과 변호인은 국가를 상대로 피해보상을 요구하는 소송을 제기했고, 2017년 승소하면서 피해보상을 받았지만 당시 사건 관련자들은 공소시효가 지났다는 이유로 처벌받지 않았다. 필적 감정이 개인과 국가에 얼마나 큰 영향을 미쳤는지 알 수 있는 가장 극명한 사례라고 할 수 있다.

지난 2009년 스스로 목숨을 끊은 연예인 장자연의 유서 감정 역시 필적 감정의 중요한 사례로 꼽힌다. 처음에는 단순한 자살 사건으로 처리될 뻔했지만 장자연이 목숨을 끊기 전에 남긴 유서가 발견되면서 사건의 성격이 달라졌다. 장자연은 유서를 통해 소속사가 성상납과 접대 등을 강요했으며, 감금과 폭행도 있었다고 폭로한 것이다. 장자연이 성상납을 한 인물이 누구인지에 대해 초점이 맞춰지는 가운데 검찰의 조사는 그에 미치지 못한 결과를 가져왔다.

이렇게 의혹만 남긴 채 잠잠해졌던 사건이 다시 불거진 것은 2011년, 장자연이 죽기 전에 남긴 수십 통의 편지가 발견되면서였다. 이 뉴스를 보도한 방송사가 필적 감정을 의뢰한 결과, 편지의 필적이 장자연의 것으로 밝혀졌다고 주장하면서 큰 파장이 일어났다. 하지만 국과수의 조사 결과 이 편지들은 장자연이 아닌 감옥에 갇혀 있던 한 수감자가 작성한 것으로 모두 가짜임이 드러났다. 강기훈 사건과 장자연 사건의 사례는 필적 감정이 진실을 밝히고 거짓을 가려내는 데 얼마나 큰 역할을 하는지 직접적으로 보여주는 사례라고 하겠다.

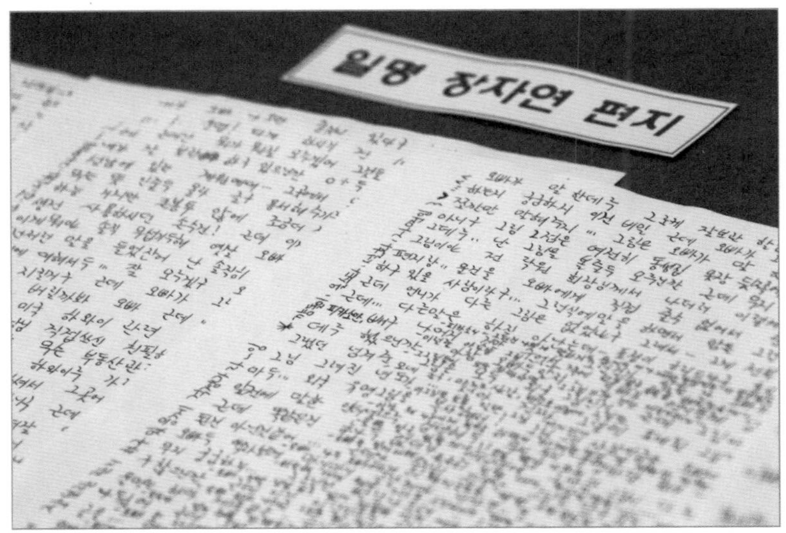

장자연의 친필 편지라고 제보됐던 위조 편지

CHAPTER 5

범인을 찾는 마법사
혈흔

"……그런데 바닥에 핏자국이 전혀 없군요."

"핏자국은 거의 보이지 않았습니다."

"피해자의 머리에 난 상처가 꽤 큰 걸로 알고 있습니다만……."

"머리가 크게 부서졌습니다. 하지만 외상이 큰 편은 아니었죠."

"그렇다고 해도 피가 너무 적게 보이는군요……."

-《브루스 파팅턴 호 설계도》 중에서 -

The Adventure of the Bruce-Partington Plans, 1908. 12

1895년 겨울, 안개가 잔뜩 낀 날씨 속에서 셜록 홈스는 초조해한다. 날씨 탓인지 최근 사건 의뢰가 전혀 들어오지 않았기 때문이다. 그때 마침 전보가 한 통 도착하는데 다름 아닌 그의 형 마이크로프트 홈스가 캐도건 웨스트 사건 때문에 방문할 거라는 내용이었다.

울리치 조병창(무기나 탄약을 제조 및 보관하는 장소)에서 일하는 캐도건 웨스트는 안개가 잔뜩 낀 날, 약혼녀와 함께 길을 걷던 중에 갑자기 사라져버린다. 그리고 다음날 아침, 사라졌던 그가 열차 선로 근처에서 시신으로 발견된다. 사인은 머리에 생긴 큰 상처 때문인데 열차에서 떨어져 죽은 것인지는 불분명했다. 캐도건 웨스트의 몸에서 차표는 발견되지 않았으며 강도를 당한 흔적도 없었다. 주목할 점은 그의 주머니에서 중요한 설계도가 나왔다는 것이다. 홈스의 하숙집으로 찾아온 마이크로프트 홈스는 그 설계도가 다름 아닌 최신형 잠수함인 브루스 파팅턴 호의 것이라고 밝혔다. 영국 정부가 비밀리에 설계도를 구입한 후 조병창 사무실의 비밀 금고에 보관해온 것이라고 했다. 그렇게 철저하게 관리하던 설계도의 일부가 죽은 캐도건 웨스트의 주머니에서 발견된 것은 대단히 심각한 문제였다. 마이크로프트 홈스와 동행한 레스트레이드 경감은 그가 외국의 스파이에게 설계도를 팔아넘기려고 했고, 가격 흥정을 하던 도중에 말다툼이 벌어지면서 열차 밖으로 떠밀려 살해된 것으로 단정했다. 마이크로프트 홈스는 죽은 청년이 왜 설계도를 빼냈고, 그걸 가지고 누구와 만나려고 했는지를 밝혀달라고 부탁한다.

흥미를 느낀 홈스는 왓슨, 레스트레이드 경감과 함께 캐도건 웨스트의 시신이 발견된 현장으로 향한다. 시신이 발견

된 곳은 열차 선로가 크게 휘어지는 곳으로 현장을 살펴보던 홈스는 의외로 핏자국이 많지 않다는 사실을 알아차린다. 아울러 시신이 발견된 장소인 앨드게이트 역은 캐도건 웨스트가 평소 다니던 곳이 아니었다. 현장 조사를 마친 홈스는 브루스 파팅턴 호의 설계도를 보관하던 울리치의 조병창을 찾아 관련자들과 만난다. 그런데 그 중 한 명인 제임스 월터 경이 갑작스럽게 심장마비로 사망하는 일이 벌어진다. 조사를 마친 셜록 홈스는 런던에서 활동 중인 외국 스파이의 명단을 확인하고 휴고 오버스타인이라는 인물을 용의자로 점찍는다. 그리고 왓슨에게 필요한 장비들을 챙겨서 그의 집을 몰래 살펴보도록 하고, 왓슨은 그 집 창틀에서 핏자국을 발견한다. 하지만 그곳에서 캐도건 웨스트가 살해되었다는 결정적인 증거는 여전히 찾아내지 못했다. 그때 안개를 뚫고 한 그림자가 휴고 오버스타인의 집 앞을 지나치는데…….

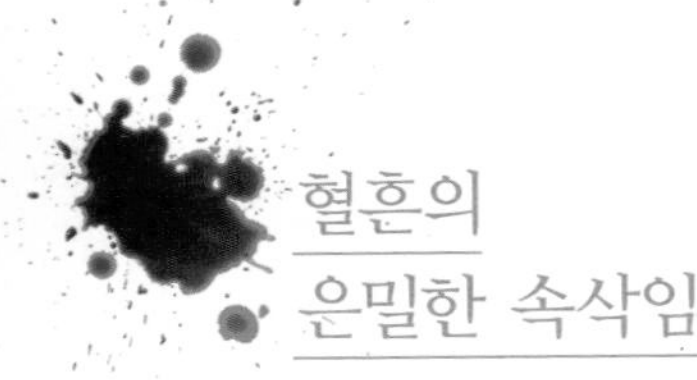

혈흔의 은밀한 속삭임

혈흔血痕, 다시 말해 '핏자국'은 살인이 벌어진 현장이라면 남겨질 가능성이 매우 높은 증거 중 하나다. 수사기관과 탐정들은 오랜 경험을 통해 현장에 남은 핏자국으로 많은 정보를 알아낼 수 있다는 사실을 알게 되었다. 대표적인 것이 범행에 어떤 종류의 흉기를 사용했는지, 어떤 형태의 공격이 얼마나 이루어졌는지, 어느 방향에서 공격을 했는지 등이다. 이런 부분들은 드라마나 영화를 통해 많이 다뤄졌기 때문에 사람들은 이미 그것에 대해 잘 알고 있다고 생각한다. 하지만 사실 혈흔은 아직도 은밀하게 자신의 비밀을 속삭이고 있다. 그리고 그 속삭임을 들을 수 있는 사람은 고도로 훈련되고 다양한 경험을 가진 혈흔형태 분석가들이다.

사실 혈흔이 살인자를 지목하지는 못한다. '누구Who'에 관한 이야기가 혈흔형태 분석의 주요 주제는 아니라는 뜻이다. 하지만 특정 장소에서 범죄가 일어났는지, 일어났다면 어떻게 일어났는지를 파악하는 데 도움을 준다. '어떻게How'에 관한 것들이 혈흔의 주요 주제라는 것을 의미한다. 예를 들어 시신이 사라졌다고 해도 현장에 다량의 혈흔이 남아 있다면 살인 같은 범죄가 발생했다는 추정을 가능하게 한다.

코난 도일은 현장, 피해자 및 용의자의 신체에 남아 있는 피를 분석해 개별적인 특성을 알아낸다면 범인을 밝혀내는 것이 가능하다고 믿었던 걸로 보인다. 무엇보다 현장에 남아 있는 얼룩이 사람의 피인지 아닌지를 판별해내는 것만으로도 범죄수사에 있어서는 큰 도움이 되었고, 엄청난 발전을 가져온 셈이다. 지금이야 '인간의 피 여부 판별'은 물론 피 한 방울만 있어도 DNA를 추출하고 질병까지도 판별해내는 시대가 되었지만 당시 기술로서는 무척 밝히기 힘든 사실이었기 때문이다. 추리 소설가이기 이전에 의사이자 과학적 사고를 지닌 인간이었던 코난 도일에게는 몹시 흥미로운 일이었을 것이다.

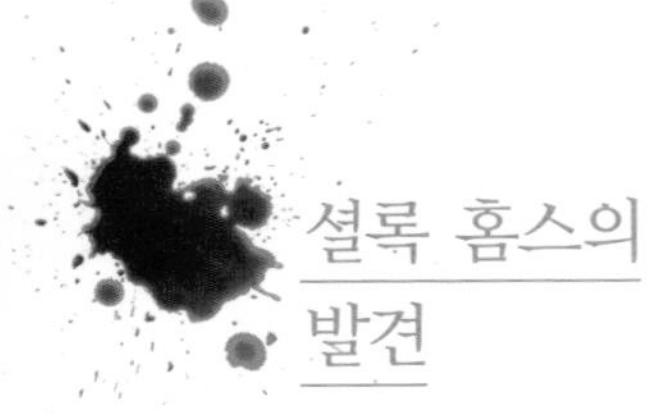

셜록 홈스의 발견

왓슨이 셜록 홈스를 처음 만나러 갔을 때, 흥미로운 장면이 등장한다. 셜록 홈스가 그에게 혈액 속에 있는 헤모글로빈에 의해서만 침전되는 약품을 발견했다고 말한 것이다. 사건 현장에서 발견된 붉은색 액체가 혈액인지 아닌지 밝혀내는 일은 오랫동안 의문으로 남아 있었다. 설사 그것이 혈액임을 밝혀낸다 해도 피해자의 혈액인지 다른 사람 혹은 동물의 것인지를 확인해야 하는 문제도 남게 된다. 셜록 홈스가 자신의 발명을 크게 자랑했던 것은 당시 시대적 상황을 고려하면 기뻐하고도 남을 만한 발견이다. 무엇보다도 현장에서 발견된 흔적이 혈액이 맞는지 여부를 알아낼 수 있는 기회가 찾아온 것이다.

당시에는 현장에서 혈액이 발견되어도 육안으로만 보면 사람의 것인지 동물의 것인지 알 수가 없었다. 또 시간이 지나면 혈액은 갈색으로 말라붙게 되는데 이렇게 되면 이게 피인지 아니면 포도주 등의 다른 액체인지도 구분하기 어려웠다. 게다가 현장의 혈흔이 아주 미세한 수준으로 남아 있다면 제대로 찾아내는 것조차 힘들었을 것이다. 셜

아서 코난 도일 경(좌)과 조지 에달지(우)

록 홈스가 활약했던 시대는 이제 막 지문 감식이 도입되었을 뿐, DNA 같은 건 존재하지도 않던 때였다. 따라서 현장에서 발견된 붉은색 액체가 피가 맞는지의 여부 그리고 현장에 피해자 혹은 가해자의 피가 남아 있는지 아닌지를 판단하는 것은 범죄수사에 있어서 가장 중요한 출발점이다. 셜록 홈스가 등장하는 첫 번째 장면을 이렇게 당시로서는 획기적인 약품을 발견하는 것으로 설정했다는 것은 대단히 의미심장한 일이다. 또한 그것은 추리소설 작가로서 코난 도일의 관심사가 어디로 향했는지 말해주는 대목이기도 하다.

코난 도일은 현실에서 셜록 홈스처럼 실제 탐정 역할을 한 적이 있다. 가장 유명한 것이 바로 '조지 에달지 사건'이다. 변호사인 조지 에달지George Edalji는 인도인 아버지와 스코틀랜드인 어머니 사이에서 태어났다. 남들과 다른 피부색 때문이었는지 그는 항상 사회적 편견과 주변의 괴롭힘에 시달려왔다. 이런 배경 속에서 조지 에달지 사건이 일어나게 된 것이다.

사건은 한 농장에서 발생했다. 어느 날 밤에 그 농장에서 키우던 말을 누군가가 칼로 난자해 죽인 것이다. 그리고 수사를 시작한 경찰은 아무런 동기도, 증거도 없는 조지 에달지를 범인으로 지목한다. 재판 과정에서 모든 혐의가 인정돼 7년 형을 선고받고 복역 중이던 조지 에달지는 감옥에서 우연히 코난 도일의 소설《바스커빌 가문의 사냥개》를 읽게 되었다. 그리고 그는 코난 도일에게 편지를 보내 자신의 억울함을 호소한다. 에달지를 만난 코난 도일은 그의 시력이 심하게 나쁘다는 사실을 토대로 칠흑같이 어두운 밤에 남의 농장에 침입해 말을 살해하는 범죄를 저지르지는 못했을 것이라는 확신을 갖게 되었다. 그리고 에달지의 신발에 묻어 있던 흙이 농장의 흙과는 다른 종류라는 것, 그의 칼에서 발견된 붉은 물질이 피가 아니라는 것을 증명하면서 말을 살해한 범인이 에달지가 아니라는 사실을 입증해낸다. 현실 세계의 코난 도일이 소설 속 셜록 홈스 못지않은 실력을 발휘한 것이다.

당시 셜록 홈스가 발견했다는 물질이 정확히 무엇인지는 모르지만 현재 범죄현장에서 혈흔을 찾는 데 사용되는 것은 '루미놀Luminol'이다. 루미놀은 혈구 속에 있는 철에 의해 반응하는 시약으로 반응을 일으키면 푸르스름한 빛을 내게 된다. 루미놀은 무척 예민한 물질로 혈액이 100만 배 가까운 비율로 희석되어 있어도 혈액과 만나면 반응한다. 따라서 현장의 혈흔이 눈에 보이지 않을 정도로 작거나 범인이 아무리 인멸하려 해도 루미놀을 사용하게 되면 그 존재를 눈으로 확인할 수 있다.

루미놀 반응 사진

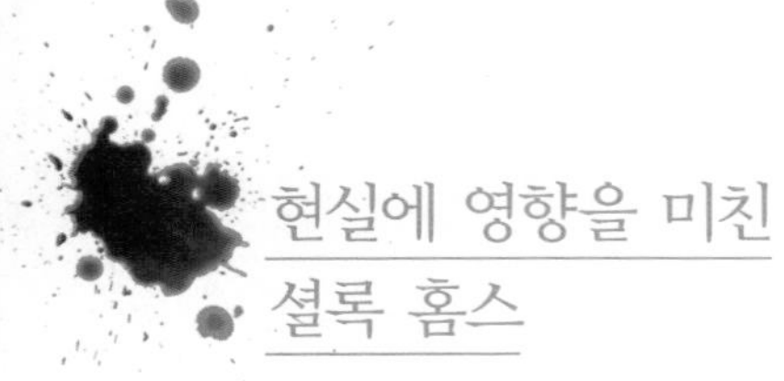

현실에 영향을 미친 셜록 홈스

전근대 시대에는 범죄수사에 있어 과학의 개입이 그다지 필요하지 않았다. 마땅한 방법도 없었지만 인구 이동이 적고, 대부분 면식범에 의한 범죄였기 때문에 과학을 동원한 수사 자체가 절실하지 않았기 때문이다. 사건이 발생하면 범인은 대부분 피해자 주변 인물이었던 탓에 탐문수사 내지는 고문을 동반한 심문을 거치면 대부분 해결되었다. 또한 범죄자의 도피 자체도 쉽지 않았다. 타지로 이동해 먹고 살 수 있는 방법이 제한적이었기 때문이다. 하지만 산업혁명으로 인해 공장들이 늘어나고 도시가 생겨나면서 범죄와 수사의 양상에도 커다란 변화가 일어났다. 사람들이 몰려들기 시작함에 따라 도시에는 빈부격차와 함께 각종 범죄가 발생했고, 범인은 쉽게 종적을 감출 수 있었다. 도시 특유의 익명성과 광대함이 범죄를 부른 것이다. 자연히 범죄수사는 예전 방식에서 벗어나 새로운 활로를 찾아야 할 필요성이 제기되었다.

런던 경시청 범죄수사부의 역사와 다양한 법과학이 시작된 시기가

폴 커크

거의 일치하는 것은 결코 우연이 아니다. 과학을 통해 익명의 범인을 찾아내는 것은 당시로서는 반드시 필요했다. 그리고 그 중심에는 코난 도일이 창조해낸 탐정 셜록 홈스가 있다. 1880년대 셜록 홈스의 등장 전후로 구스타프 한스 그로스와 알퐁스 베르티옹, 에드몽 로카르가 존재한다는 점이 그것을 뒷받침해준다.

범죄수사에 과학을 가장 먼저 접목시킨 것은 오스트리아의 치안판사 한스 그로스다. 그는 이전까지 존재하지 않던 과학적인 방식으로 수사를 진행해 사건을 해결하곤 했다. 그런 한스 그로스가 자신의 롤 모델로 삼았던 것이 바로 셜록 홈스다. 코난 도일이 현실에서 얻은 과학 지식을 가상 인물인 셜록 홈스를 통해 소설 속에 투영했다면, 한스 그로스는 그 과학적 수사 지식이 투영된 소설을 보고 현실에 접합시킬 궁리를 해낸 것이다.

셜록 홈스의 영향은 바다 건너까지 미쳤으며 셜록 홈스를 읽은 세대들이 '법과학'이라는 새로운 학문을 개척했다. 코난 도일의 책에서 접했던 것들을 떠올리면서 말이다. 미국의 경우 1950년대에 법과학이 자리를 잡는다. UC 버클리의 폴 커크 교수를 기점으로 과학적 방법을 통한 범죄수사는 기존 수사방식의 자리를 매우 빠른 속도로 잠식해 나가게 된다. 결국 코난 도일이 창조한 셜록 홈스라는 가상의 인물이 법과학이라는 새로운 학문에 막대한 영향을 끼친 것이다. 우리가 코난 도일과 셜록 홈스에 매혹당한 또 하나의 이유이기도 하다.

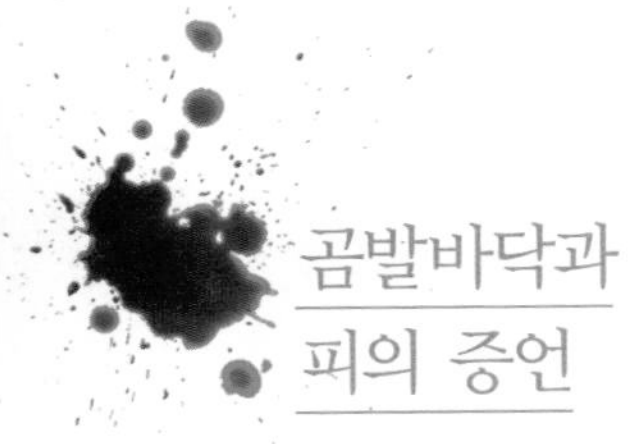

곰발바닥과 피의 증언

오스트리아의 치안 판사 구스타프 한스 그로스는 저서 《치안판사 편람》을 통해 혈흔의 특징을 '곰발바닥'이라고 표현했다. 정확하게는 "곰발바닥을 발견하면 혈흔을 읽을 수 있다."고 이야기했다. 곰발바닥은 피가 튄 방향을 말한다. 피는 신체에서 아래로 낙하하다 지면을 만나 튀게 마련이다. 그가 곰발바닥이라고 언급한 이유는 피가 한쪽 방향으로 튄 모양을 지칭하는 것인데 발가락 모양 쪽이 혈액이 날아간 방향이라고 볼 수 있다. 이 사례에서 보여지듯 19세기 후반부터 이미 혈흔의 형태를 분석하는 일이 시작되었다는 사실을 알 수 있다.

한스 그로스는 셜록 홈스 시리즈의 광팬이었다. 법과학이라고 번역되는 'Criminalistics'를 맨 처음 사용한 것도 바로 그였다. 그의 저서는 1894년에 출간되었는데 코난 도일이 셜록 홈스를 모리아티와 함께 라이헨바흐 폭포 아래로 떨어뜨린 바로 그 해였다. 한스 그로스는 셜록 홈스 시리즈가 더 이상 나오지 않는다는 데 큰 충격을 받고 서둘러 자신의 책을 미완성작인 상태에서 출간했다.

그는 책을 통해 혈흔 분석에 관해 다양한 이론을 제시했는데 그 중 가장 중요하게 취급했던 것이 바로 범죄에 사용된 흉기의 종류다. 신체가 망치나 야구 방망이 같은 둔기로 타격을 받았을 경우 혈흔이 사방으로 튀게 된다. 정확하게는 상처가 발생한 곳에서 부채꼴 모양으로 날아가는 것이다. '충격비산혈흔Impact spatter'이라고 부르는 이 혈흔은 몇 가지 규칙을 가지고 있다. 일단 멀리 날아갈수록 혈흔의 크기가 작아지고 뾰족해진다. 혈흔의 크기와 날아간 거리, 각도에 따라서 범죄에 사용된 흉기의 종류 그리고 피해자가 상처를 입은 부위 등의 정보를 알 수 있다. 이런 정보들은 범죄의 혐의를 다투는 법정에서 매우 중요한 증거로 활용된다.

한 살인사건 재판에서 피살자가 흉기를 들고 자신에게 덤벼들어 정

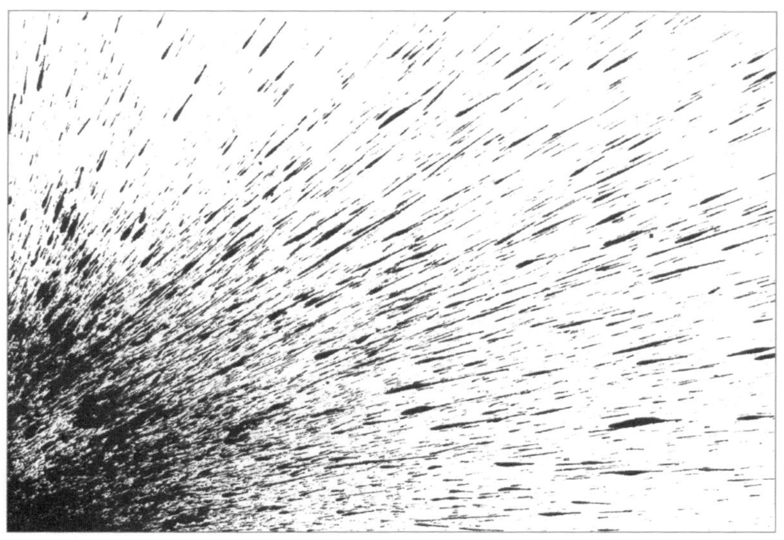

충격비산혈흔

당방위 차원에서 자신도 무기를 사용하게 되었다고 피의자가 주장하는 사건이 있었다. 목격자나 CCTV 영상이 없는 상황에서 그의 증언을 반박할 만한 증거가 없었다. 하지만 혈흔 분석 결과가 나오면서 재판의 양상이 뒤바뀌었다. 혈흔 분석 결과 피살자는 흉기에 의해 공격받을 당시 앉거나 누운 상태였다는 것이 확인되었기 때문이다. 충격비산혈흔의 각도가 작았던 그 현장은 피살자가 엎드리거나 누운 상태에서 타격을 받았다는 것을 의미하기 때문에 용의자가 주장한 것처럼 정당방위 상황이 아니었던 것이다.

범죄현장에는 이런 파편처럼 흩어진 충격비산혈흔 말고도 마치 붓으로 피를 머금었다 확 뿌린 것 같은 혈흔도 존재한다. '이탈혈흔Cast-

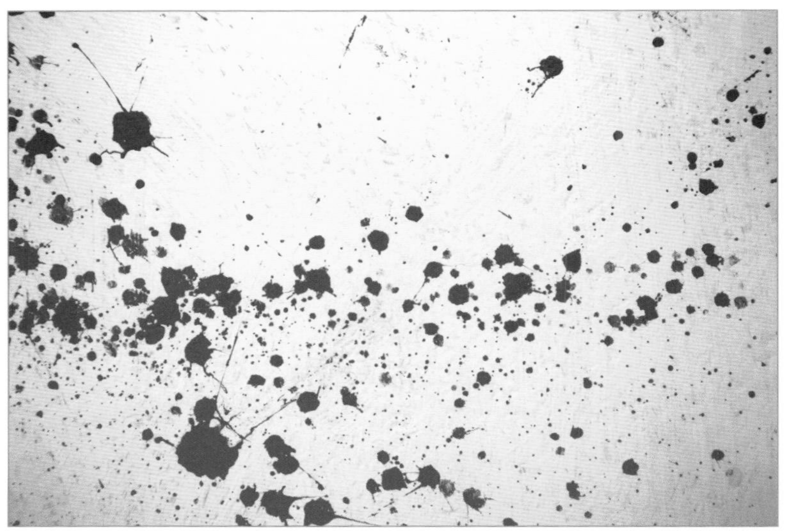

이탈혈흔

off'이라고도 부르는 이 혈흔은 둔기는 물론 칼이나 도끼 같은 날붙이(칼, 도끼, 낫 등 날이 서 있는 도구)를 휘두를 때도 생기는 혈흔 유형 중 하나다. 날붙이의 특성상 찌르거나 찍은 다음에는 빼내야 한다. 이때는 힘을 줘서 빼야 하기 때문에 날붙이에 묻어 있던 피가 관성에 의해 벽이나 천정을 향해 날아가게 된다. 이 혈흔 역시 범죄현장을 분석하고 범죄를 파악하는 데 중요한 역할을 한다. 마찬가지로 시신이 없을 경우에도 이 혈흔을 분석하게 되면 범인이 희생자를 몇 차례에 걸쳐 찔렀는지, 어떤 흉기를 썼는지도 개략적으로 파악할 수 있다. 또한 매우 제한적인 조건 내에서 범인이 오른손잡이인지 왼손잡이인지 같은 정보를 판단해주기도 한다. 이런 혈흔 분석은 〈도망자〉라는 제목의 영화와 드라마로 수차례 제작된 미국인 의사 '샘 셰퍼드 사건'을 해결하는 데 결정적인 역할을 해냈다.

1954년의 어느 날 밤, 클리블랜드 교외에 위치한 샘 셰퍼드의 집에 괴한이 침입해 아내를 살해한다. 아내의 비명소리를 듣고 깨어난 샘 셰퍼드는 도망치는 범인을 쫓아가 격투를 벌이지만 오히려 공격을 받아 정신을 잃고 만다. 신고를 받고 출동한 경찰은 외부에서 침입한 흔적이 없고, 시신의 훼손 상태가 극심한 점을 근거로 남편인 샘 셰퍼드를 의심한다. 현장 분석이 제대로 이뤄지지 않았고, 증언 역시 일방적이었기 때문에 살인자가 따로 있다는 샘 셰퍼드의 항변은 묵살되었다. 거기다 아내와 사이가 나빴고, 사건 당일에도 따로 잠을 잤다는 사실까지 밝혀지면서 그는 더욱 궁지에 몰린다. 결국 샘 셰퍼드는 살인죄로 무기징역형을 선고 받고 감옥에 수감된다. 하지만 그는 포기하지

THE CINCINNATI ENQUIRER

SHEPPARD SENTENCED TO LIFE;

MURDER VERDICT

샘 셰퍼드 사건의 기사(위)와 재판 중인 샘 셰퍼드의 모습(아래)

않았고 계속된 법정 투쟁 끝에 결국 12년 만에 무죄로 풀려난다. 법과학자 폴 커크가 현장에 남은 혈흔을 분석해 그가 살인을 저지르지 않았다는 점을 밝혀낸 것이다.

살인이 벌어진 현장인 침실과 집 안은 핏자국이 가득했다. 당시 샘 셰퍼드의 몸에는 상처가 없었기 때문에 현장의 피는 피살자인 아내의 것이라고 추정되었다. 또한 셰퍼드의 아내는 침실의 침대 위에서 살해되었기 때문에 집안 곳곳에 남아 있는 피는 범인이 사용한 흉기를 들고 다니면서 떨어뜨린 것으로 추측했다. 그리고 그 범인은 당연히 샘 셰퍼드라고 사람들은 믿어 의심치 않았던 것이다.

하지만 커크는 이런 선입견을 실험을 통해 무너뜨렸다. 흉기에 묻은 혈흔이 낙하할 경우에 얼마나 많은 낙하혈흔이 생기는지를 실험한 것이다. 그 결과 십여 개의 낙하 혈흔이 생기긴 했지만 현장에 남아 있던 것처럼 수백 개의 혈흔이 발생하지는 않는다는 점을 확인하였다. 따라서 현장의 핏방울은 죽은 부인이나 샘 셰퍼드의 것이 아니라 현장에 있던 또 다른 인물, 즉 범인의 것이었다.

폴 커크의 실험은 현장에 다른 인물이 있었다는 샘 셰퍼드의 주장을 뒷받침해주는 것인 만큼 그의 무죄를 입증해 주는 중요한 증언이었다. 결국 샘 셰퍼드는 무죄를 인정받고 석방되기는 했지만 오갈 데가 없는 처지에 놓인다. 사람들은 여전히 그가 아내를 죽인 범인이라는 의심을 거두지 않았기 때문이다. 너무 커다란 마음의 상처를 입은 그는 일상으로 돌아오지 못한 채 생계를 위해 '더 킬러'라는 별명의 초라한 프로레슬러 생활을 하게 된다. 하지만 결국 그는 석방된 지 3년 만에 간 질환으로 쓸쓸한 죽음을 맞이하고 말았다.

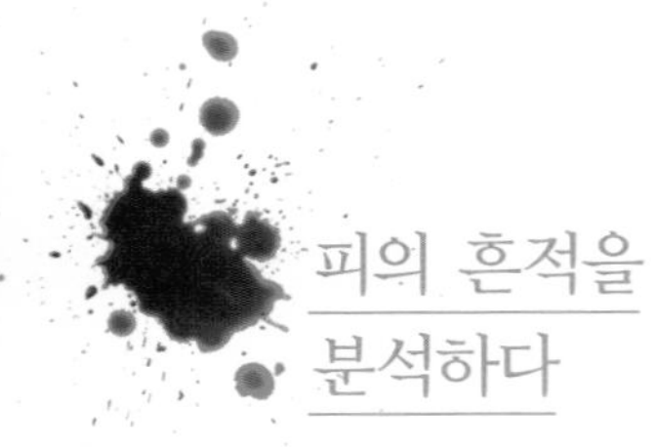

피의 흔적을 분석하다

셜록 홈스는 캐도건 웨스트가 사망한 현장인 철로 부근을 살펴보면서 의구심을 갖는다. 사건의 상황에 비춰볼 때 현장에 남아 있는 피의 양이 지나치게 적었기 때문이다. 캐도건 웨스트의 시신은 뒤통수가 깨진 상태였다. 상처 부위가 발견된 뒤통수, 즉 머리는 심장 다음으로 피가 많이 나오는 부위이기 때문에 많은 양의 피가 흘러나왔어야만 했다. 반면, 스파이로 알려진 휴고 오버슈타인의 집을 수색했을 때는 집안 곳곳에 피가 묻어 있었기 때문에 그곳에서 살인이 벌어졌다는 것을 확신할 수 있었다. 의학 분야에도 관심이 많았던 셜록 홈스는 피에 대한 충분한 지식을 갖추고 있었기 때문에 혈액의 양만 보고도 대번에 그 사실을 눈치 챌 수 있었다. 이를 통해 19세기 후반에 이미 혈흔의 양으로 살인의 유무를 판단하는 기준이 있었다는 것을 엿볼 수 있다. 물론 그 피가 사람의 것인지 아닌지를 확인하기 위해서는 '혈청학'이라는 학문의 탄생을 기다려야 했지만 그 장소에서 살인이나 큰 싸움이 벌어졌다는 것을 추측하는 데는 큰 문제가 없었다. 사람은 피를 담아놓은 풍선 같은 존재이기 때문에 터지면 그 피가 밖으로 나올 수 밖에 없기 때문이다.

그런데 사건 현장에서 발견된 피가 사람의 피가 아니라면 심각한 문제가 발생할 수 있다. 범죄가 성립되기 위해서는 몇 가지 조건이 필요한데 그 중 가장 중요한 것이 바로 시신이다. 시신이 있어야만 살인이 성립된다는 것은 잘못된 판결과 처벌을 막기 위해 생겨난 것이다. 1660년 무렵, 영국의 한 마을에서 농장 주인이 갑자기 사라지는 사건이 일어난다. 그리고 얼마 지나지 않아 그 농장에서 일하던 흑인 노예 일가족이 용의선상에 오른다. 집요한 심문과 혹독한 고문 끝에 노예 일가족은 범행을 자백하고 결국 그들은 주인을 살해한 죄로 모두 처형당하게 된다. 그런데 얼마 후, 그들에 의해 살해된 줄로 알았던 주인이 멀쩡하게 살아 돌아오는 일이 벌어졌다. 이 사건 이후, '시신이 없으면 살인도 없다.'는 원칙이 생겨났다. 하지만 이 원칙 또한 제2차 세계대전 직후 영국에서 벌어진 한 사건 때문에 깨지게 된다.

제2차 세계대전 초기, 폴란드가 독일과 소련군에 의해 점령당하자 수많은 군인들이 영국으로 건너가 독일과 전투를 이어갔다. 1945년에 전쟁은 막을 내렸지만 소련에 의해 조국이 공산화되면서 영국에서 전쟁을 치렀던 폴란드 군인들 중 상당수가 망명을 선택해 영국에 정착했다. 그 중 두 사람은 생계유지를 위해 함께 토끼 농장을 운영했다. 그러던 어느 날, 두 사람 중 한 명이 갑자기 흔적도 없이 사라지는 일이 발생했다. 사라진 폴란드 인의 행방을 좇던 영국 경찰은 함께 농장을 운영하던 다른 폴란드인을 살인혐의로 체포한다. 경찰 측에서 증거로

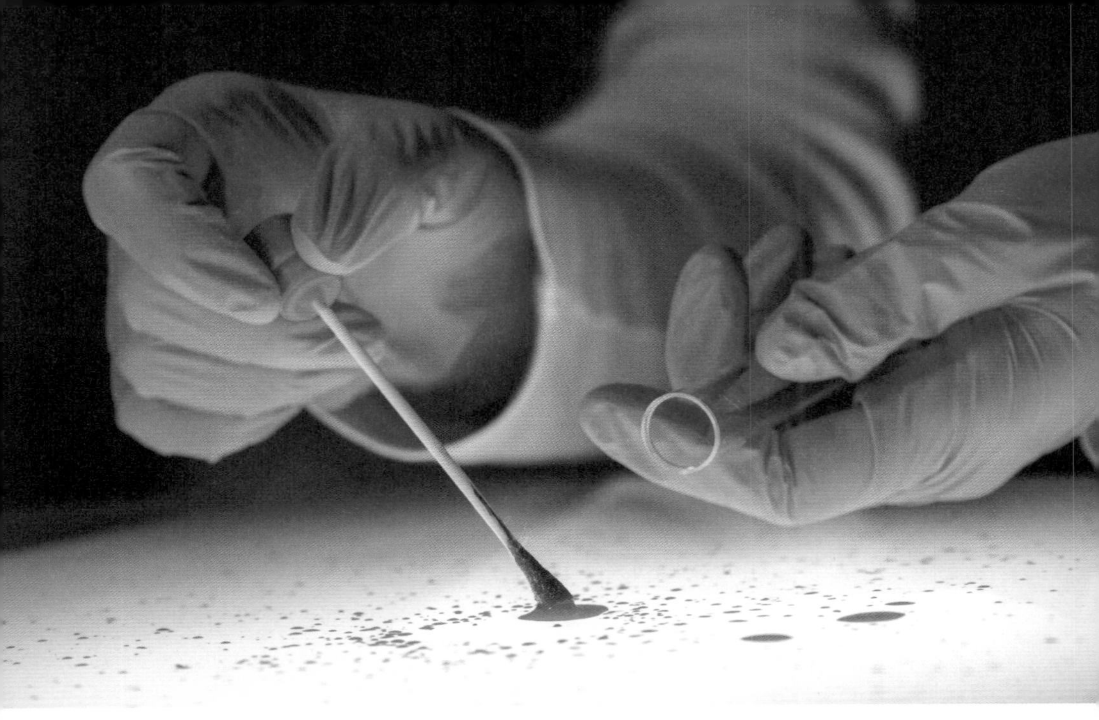

제시한 것은 농장에서 발견된 엄청난 양의 뼈와 핏자국이었다. 체포된 폴란드인은 그것들은 자신이 잡아먹은 토끼의 뼈와 피라고 항변했지만 여러 가지 정황 증거들을 토대로 시신이 없는 상황에서도 살인 범죄가 인정되었다. 이 사건을 계기로 시신 없는 살인에 대한 오래된 원칙은 서서히 변화하게 되었다.

우리나라도 비교적 최근까지 '시신이 없으면 살인도 없다.'는 원칙을 고수해왔다. 하지만 2000년대로 접어들면서 여러 가지 정황들을 종합적으로 판단해 결정하는 쪽으로 바뀌어갔다. 예를 들어 실종사건이 발생했는데 유력한 용의자가 사람의 시신이 들어갈 만큼 커다란 여행용 가방을 구입했다든지, 시신을 충분히 절단하고 해체할만한 기계톱이나 칼을 구매했다는 사실들을 토대로 판단하는 것이다. 시신이 사라진 살인사건의 용의자가 하룻밤 사이에 엄청나게 많은 양의 물을 사용한 것 역시 범죄의 간접 증거가 될 수 있다.

시신을 대신할 수 있는 피의 존재는 필연적으로 '혈청학'의 발전을 가져왔다. 현장에 남아 있는 붉은색 물질이 피인지 아닌지, 피라면 누구의 피인지를 식별한다는 것은 수사 과정에서 매우 유용하기 때문에 혈청학의 태동과 발전은 법과학적인 측면에서도 중요했다. 혈청으로는 사람의 혈액을 더 많은 종류로 분류할 수 있어 용의선상에서 누군가를 배제하거나 정해진 용의자 중 누군가를 범인으로 지목할 수 있는 획기적인 과학기술이었다.

1960년대에만 해도 혈흔을 분석할 때 사람의 피인지 다른 동물의 피인지를 구분하기 위해서는 현미경으로 보고 판단을 내려야 했다. 사람의 적혈구가 다른 동물의 적혈구와는 형태적으로 다르다고 생각했던 것이다. 하지만 사람과 동물의 적혈구를 구별하는 기준 자체가 모호해 혈흔이 증거로 채택될 때마다 법정에서는 많은 다툼이 발생했다. 증인으로 나온 분석가마다 적혈구의 모양을 놓고 많은 논쟁을 벌였고, 때로는 권력과 이권 같은 것들이 작용하면서 증언의 신뢰도를 떨어뜨렸다. 이런 논쟁은 결국 인간의 혈액에만 특이적으로 반응하는 물질의 등장과 유전학의 발전으로 인해 역사의 뒤안길로 사라지게 된다.

죽음과 혈흔의 거리

총기에 의한 살인사건은 우리에게는 너무나 먼 일이다. 남성들은 2년 남짓의 복무기간 동안 총기를 만져본 것이 전부이고, 군대를 갔다 오지 않은 남성이나 여성들은 평생 접해볼 일이 없다. 하지만 그럼에도 불구하고 한국에서도 총기에 의한 사망 사고는 종종 발생한다. 총기 관련 사건은 대부분 군대 내부에서 발생하기 때문에 일반인들은 그런 사건이 존재하는지조차 알지 못할 뿐이다. 그러나 사망 사건을 다루는 법과학자들의 경우에는 총기 사고에 접근하는 관심 자체가 다르다.

일반적으로 총기에 의한 사망 사고는 매우 독특한 혈흔을 남기게 된다. 총기는 화약을 추진체로 하기 때문에 엄청난 폭발력을 지니고 있다. 따라서 총알이 발사돼 공기가 갑자기 팽창하면 주변의 기압이 급속도로 낮아지며 공기가 총구로 빨려 들어가게 된다. 이때 총구 근처에서 피가 튈 경우에는 공기와 함께 피도 총구 안으로 빨려 들어간다. 따라서 총구나 총열 안에서 혈흔이 발견된 경우는 피살자와 총기 사이의 거리가 매우 가까웠다는 것을 의미한다. 총기 자살 사건에서 이런 유형이 흔히 나타나는 것은 총구를 머리나 턱에 가까이 대고 쏘기 때문이다. 따라서 총기가 사용된 자살 사건의 경우 사용된 총구에 피가 유입되었는지 않았는지의 여부는 특히 주의깊게 살펴야 한다.

신체도 탄환에 맞았을 경우 칼이나 망치에 의한 것과는 다른 독특한 혈흔을 남긴다. 특히 관통상의 경우에는 충격비산혈흔이 보인다. 강한 에너지에 충격을 받을수록 혈흔의 크기는 작아진다. 따라서 더 빠르고 강하게 휘두른 흉기에 의해 생긴 비산혈흔의 크기는 더 작아지는데 총격을 당하게 되면 엄청나게 강한 타격을 받기 때문에 혈흔은 아주 미세한 크기로 튀게 된다. 이런 혈흔은 눈에 보이지 않을 정도로 작아 마치 피가 분무된 것처럼 남게 된다.

혈흔의 종류

혈흔을 분석할 때는 주변의 여러 가지 상황을 함께 고려해야 한다. 우리의 예측대로만 움직이기에는 불확실한 요소를 많이 갖고 있기 때문이다. 따라서 맥락이 일치되는 범위 내에서 다양한 종류의 혈흔들을 해석해야 한다.

혈흔은 수많은 종류로 구분되지만 가장 크게는 '날아간 혈흔'과 '날아가지 않은 혈흔'으로 구분한다. 혈흔이 공간을 일정시간 비행했다는 것은 그 혈흔이 공의 형태를 갖고 있었다는 것을 의미한다. 공 형태를 지닌 액체는 어떤 물체와 충돌할 때 원이나 타원의 평면적 무늬를 만들어낸다. 그래서 혈흔이 원이나 타원의 형태라면 그것은 날아간 혈흔이라고 판단하게 된다.

날아간 혈흔들은 다시 선의 모양을 이루고 있는지 아닌지에 따라서 이탈혈흔, 충격비산혈흔, 낙하혈흔 등으로 나뉘게 된다. 이탈혈흔은 일정한 궤적을 가진 행동에 의해 생겨나기 때문에 그 궤적을 따라 선형을 이루는 혈흔을 남긴다. 충격비산혈흔은 선형을 갖지 않고 방사형의

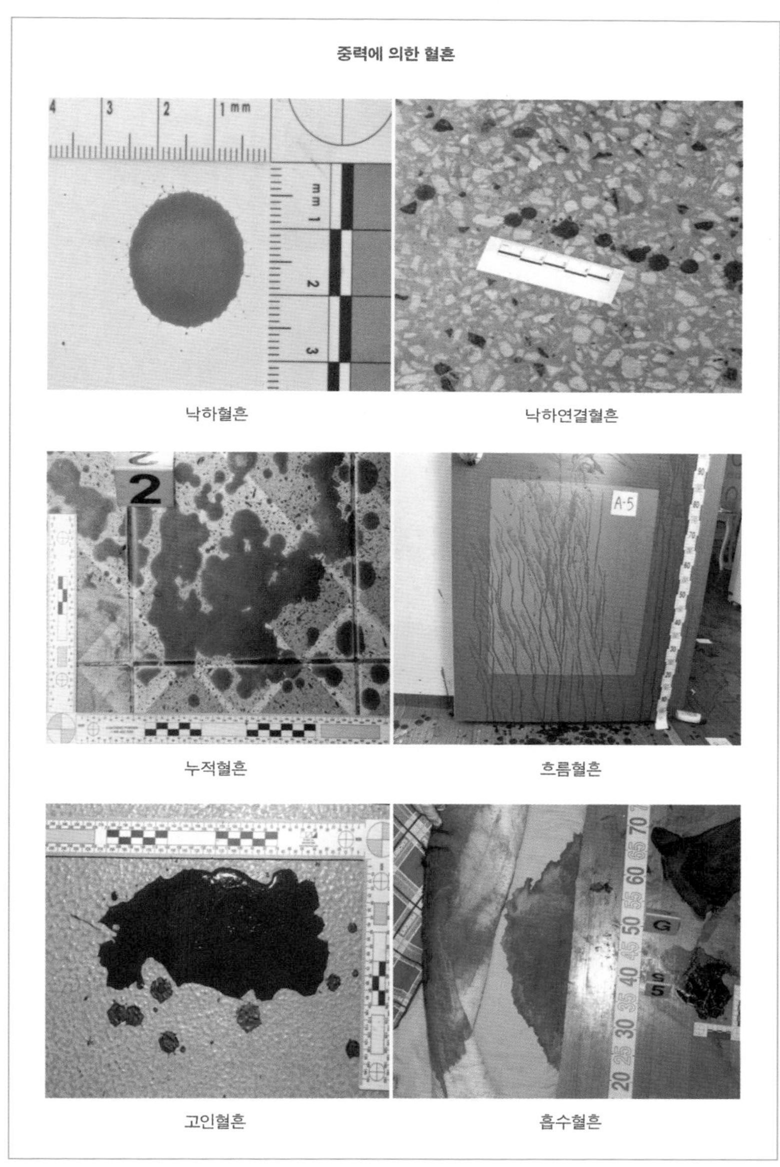

중력에 의한 혈흔

낙하혈흔 / 낙하연결혈흔 / 누적혈흔 / 흐름혈흔 / 고인혈흔 / 흡수혈흔

제공 대구 경찰청

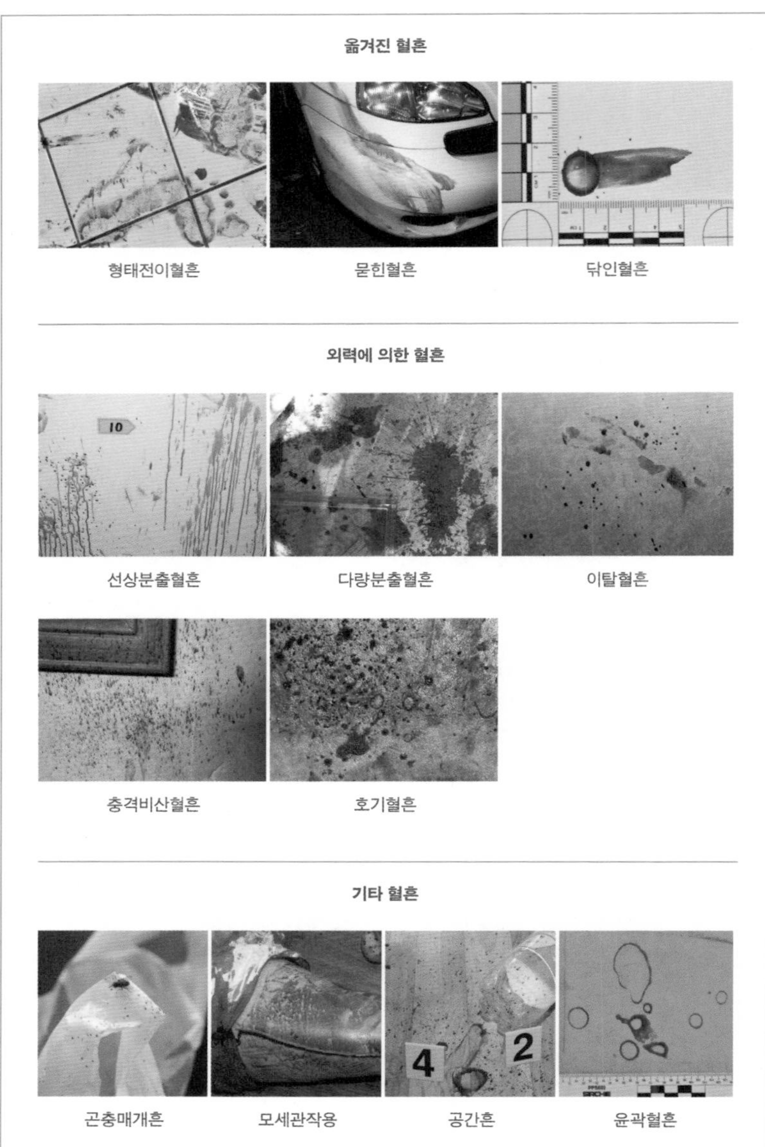
옮겨진 혈흔
형태전이혈흔
묻힌혈흔
닦인혈흔
외력에 의한 혈흔
10
선상분출혈흔
다량분출혈흔
이탈혈흔
충격비산혈흔
호기혈흔
기타 혈흔
4
2
곤충매개흔
모세관작용
공간흔
윤곽혈흔

제공 대구 경찰청

모양으로 점진적으로 퍼지는 형태를 갖게 된다. 낙하혈흔도 선형을 이루게 되면 낙하 연결혈흔이 되어 피를 흘리는 사람이나 사물의 동선을 해석하는 매우 중요한 증거가 된다.

날아가지 않은 혈흔은 전달된 혈흔들이다. 직접 접촉을 통해 묻거나 흐르거나 고이거나 흡수된 혈흔들이 그것들이다. 날아가지 않은 혈흔들은 다시 혈흔의 경계가 매끄러운 혈흔과 경계가 불규칙적인 혈흔들로 구분할 수 있다. 경계가 매끄럽다는 것은 혈액으로 이루어진 족적이나 흉기의 형태가 그대로 남는 것과 같은 정형적인 형태를 갖고 있다는 것을 의미한다. 또는 자연스럽게 흡수되거나 흐르는 경우와 같이 부드러운 경계를 이루는 것을 의미한다. 경계가 복잡하고 불규칙적인 경우는 고여 있는 혈액을 사물이나 신체 부위가 쓸고 지나가면서 만들게 되는 닦인 혈흔이나 피가 묻어 있는 손으로 깨끗한 표면을 문질렀을 때 만들어지는 묻힌 혈흔 등이 이에 해당한다. 혈흔을 이렇게 복잡한 방법으로 분류하는 이유는 혈흔의 발생 과정을 알기 위함이고 발생 과정을 통해서 현장에서 있었던 범인, 피해자 등의 행동을 추론할 수 있기 때문이다.

혈흔이 들려주는 진실

한 사건에 두 명의 용의자가 있었다. 사건의 피해자는 목 부위를 칼로 깊게 찔렸다. 이때 호흡기에 충격이 가해져 입으로도 피가 뿜어져 나왔다. 목격자가 없는 이 사건에서 두 명의 용의자 중 한 명인 A는 B가 갑자기 칼을 꺼내들고 피해자를 공격하려고 해서 깜짝 놀라 멀리 도망쳐 신고를 했다고 증언했다. 그런데 A의 상의 앞쪽에서 매우 작은 입자로 이루어진 충격비산혈흔이 발견되었다. 과연 이 혈흔은 어디에서 온 것일까?

앞에서 언급한 혈흔의 분류대로 따라가 보자. 옷에 비산된 혈흔은 날아간 혈흔에 해당하고 선형을 이루고 있지 않기 때문에 충격비산혈흔이나 낙하혈흔일 것이다. 하지만 피해자의 혈액이 낙하해 A의 옷에 묻으려면 A가 바닥에 누워 있어야만 가능하다. 따라서 A의 옷에 묻은 혈흔은 충격비산혈흔일 것이다. 그런데 이 사건에서 흉기는 칼이고 공격 부위는 목이다. 그렇다면 둔기로 단단한 신체부위를 가격했을 때 생겨나는 충격비산혈흔이 발생할 수 있는 조건은 아니라는 것이다. 그럼 이 혈흔형태는 무엇일까?

충격비산혈흔과 매우 흡사하지만 전혀 다른 원인에 의해서 생겨나는 혈흔이 있다. 바로 '호기혈흔'이다. 호기혈흔이란 입안 또는 목 안쪽에 있던 혈액이 뿜어져 나와 형성되는 혈흔이다. 속도가 매우 빠르기 때문에 혈흔의 입자가 작고 방사형을 이루고 있어서 충격비산혈흔과 혼동될 가능성이 있다. 호기혈흔은 타액과 혼합되는 것이 보통이라서 투명한 점액질이 함께 존재하기도 하고 기포가 만들어지기도 한다. 그러나 이 사건과 같은 조건에서는 그런 것들을 확인하기 어렵다. 의복에 흡수된 호기혈흔은 기포도 점액질도 확인할 수 없기 때문이다.

그런데 이 사건의 쟁점을 보자. 이 혈흔은 충격비산혈흔 아니면 호기혈흔이다. A가 도망친 게 아니라 칼을 휘두른 당사자인지 범행 당시 바로 옆에서 범행에 가담한 사람이었는지가 쟁점이다. 그런데 그 혈흔이 충격비산혈흔이든 호기혈흔이든 두 가지 혈흔 모두 출혈이 생긴 부위와 근접한 거리 내에서만 형성되는 것이다. 따라서 A의 상의에서 혈흔이 검출된 순간, 답은 이미 나왔다고 할 수 있다. A의 주장과는 달리 A는 피해자가 피를 뿜을 때 혈흔이 상의에 묻을 정도로 매우 가까운 거리에 있었던 것이 틀림없다. 그 혈흔이 호기혈흔인지 아닌지는 별로 중요한 문제가 아닌 게 된다. 결론적으로 말하자면 그 혈흔은 호기혈흔이다. 칼과 같은 예기로 목을 찌르면 충격비산혈흔은 만들어질 수 없다. 셜록 홈스의 말처럼 모든 것이 배제되고 남은 것이 절대 일어나지 않을 것 같더라도 그것이 진실이라고 할 수 있다.

CHAPTER 6

모든 접촉은 흔적을 남긴다
미세증거

홈스는 나무 뒤로 가서 바닥에 엎드렸다.

그리고 잠시 후, 환성을 질렀다.

그리고는 한참 동안 거기서 나뭇잎과 나뭇가지 같은 것들을 살펴보면서

바닥에 있는 것들을 긁어모아 봉투에 담았다.

그리고 돋보기를 들고 주변을 꼼꼼하게 살폈다.

바닥에는 돌멩이가 하나 굴러다녔는데 홈스는 그것도 살펴봤다.

그리고 벌떡 일어나서 큰 길까지 걸으면서 주변을 샅샅이 살폈다.

"아주 재미있었네."

-《보스콤 계곡 미스터리》 중에서 -

The Boscombe Valley Mystery, 1891. 10

아내와 아침식사를 하던 왓슨은 홈스가 보낸 전보를 한 통 받는다. 보스콤 계곡에서 벌어진 살인사건을 해결하기 위해 함께 움직이자는 내용이었다. 전보를 받은 왓슨은 곧장 짐을 꾸려 셜록 홈스가 기다리고 있는 패딩턴 역으로 향한다. 열차를 타고 가면서 홈스는 왓슨에게 사건에 대해 간략하게 설명을 해준다.

피살자인 찰스 매카시는 오스트레일리아에서 건너온 이주자로 같은 이주자이자 보스콤 계곡의 최고 부자인 존 터너의 농장을 임대받아 경작 중이었다. 어느 날 오후, 보스콤 계곡의 저수지로 간 찰스 매카시는 시신으로 발견된다. 용의자는 바로 그의 아들 제임스 매카시였다. 제임스가 아버지가 있던 곳으로 총을 들고 갔고, 두 사람이 심하게 말다툼하는 것을 본 목격자가 나온 탓이었다. 하지만 제임스는 자신은

며칠 동안 집을 떠나 있었으며, 집으로 돌아와 사냥을 하기 위해 총을 들고 계곡에 갔다가 우연찮게 아버지와 마주친 것이 전부라고 항변했다. 말다툼을 하고 헤어졌다가 나중에 비명소리를 듣고 달려갔더니 이미 아버지는 사망한 상태였다는 것이다. 하지만 무슨 일로 말다툼을 했는지에 대해서는 끝까지 털어놓지 않았고, 원래부터 두 사람의 사이가 나빴던 탓에 유력한 용의자에서 벗어나지 못했다.

보스콤 계곡에 도착한 홈스와 왓슨은 먼저 도착한 레스트레이드 경감, 존 터너의 딸 앨리스와 만나게 된다. 그녀는 제임스와 사랑하는 사이였지만 아버지의 반대로 인해 결혼하지 못하고 있는 상황이었다고 털어놓는다. 또한 유치장에 갇힌 제임스 매카시로부터 두 사람은 의미심장한 증언을 듣는다. 그에게 아버지 찰스 매카시가 존 터너의 딸 앨리스와 결혼을 하라고 종용했지만 2년 전에 술집 여급의 유혹에 넘어가 혼인신고를 해버린 상태였다는 것이다. 그 문제를 해결하기 위해 며칠 동안 집을 비웠다는 얘기를 들은 홈스는 진범이 따로 있는 것 같다고 왓슨에게 말한다.

다음날, 레스트레이드 경감과 함께 현장에 도착한 홈스는 돋보기를 꺼내들고 주변을 샅샅이 뒤진다. 바닥에 엎드려 살피는 것은 물론, 나뭇가지와 껍질까지 일일이 관찰하고 눈에 보이지 않을 만큼 작은 것들까지 긁어모은다. 그리고는 마침내 홈스는 살인에 사용된 것으로 추정되는 돌멩이와 살인자의 흔적을 발견한다. 셜록 홈스는 자신이 진범을 찾았다면서 어딘가로 급히 전보를 보내는데…….

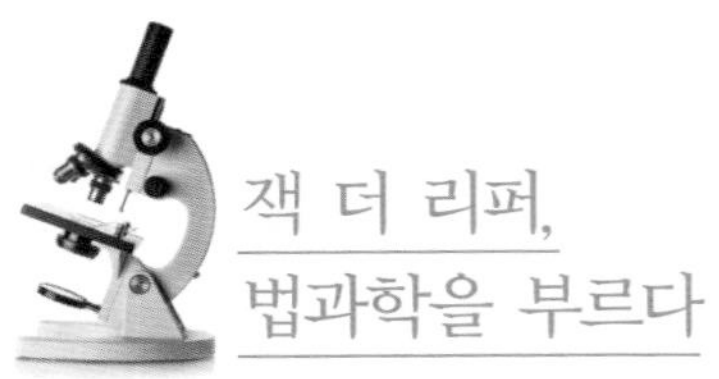

잭 더 리퍼, 법과학을 부르다

'모든 접촉은 흔적을 남긴다.'는 말은 리얼 셜록 홈스 중 한 사람이자 '법과학의 창시자', '프랑스의 셜록 홈스' 등으로 불린 에드몽 로카르가 남긴 말이다. 그는 범죄수사에 있어 획기적인 방식을 도입했는데 바로 '미세증거微細證據, Trace evidence'의 수집과 분석이다. 미세증거 분석은 혈흔이나 족적 등 눈에 보이는 증거가 아니라 눈에 보이지 않을 만큼 작은 흙이나 유리조각, 섬유조각 같은 것들을 통해 범인을 추적하는 수사 방식이다. 눈에 보이지 않기 때문에 범인조차 그것이 현장에 남아 있을 거라고는 미처 생각하지 못하는 경우가 많으며, 이 증거는 범인이 현장에 있었다는 강력한 증거가 된다.

이런 수사 방식은 셜록 홈스가 활약했던 19세기 후반에는 대단히 놀라운 일이었다. 레스트레이드 경감으로 대표되는 당시 런던 경찰의 전통적인 수사 방식은 탐문과 알리바이를 조사해 용의자를 찾아내고, 압박을 가하는 심문을 통해 범행에 대한 자백을 받아내는 방식이었다. 이 방법은 용의자를 비교적 쉽게 추려낼 수 있던 시기, 즉 살인의 이유

잭 더 리퍼 사건을 묘사한 그림

가 단순하고 명백했던 때에는 대단히 효과적이었다. 하지만 19세기 후반에 벌어진 한 사건이 일반적이던 범죄와 수사의 경계를 모두 파괴해 버렸다. 바로 런던의 화이트채플Whitechapel을 피로 물들인 연쇄살인마 '잭 더 리퍼Jack the Ripper' 사건이다.

1888년 8월부터 11월 사이에 모두 다섯 건의 살인이 벌어졌으며, 피살자는 모두 매춘부들이었다. 시신은 한 명을 제외하고는 모두 얼굴이 심하게 손상되었으며 복부가 절개돼 내장이 사라지거나 밖으로 노출된 상태였다. 마치 시신을 해부해버린 것 같은 참혹한 살해 방식 때문에 정체불명의 살인마는 '찢는 자 잭'이라는 뜻으로 '잭 더 리퍼'라고 불리게 되었다.

유례없이 참혹하고 끔찍한 사건이었기 때문에 런던 경찰은 곧바로 대대적인 수사에 착수했지만 이내 난관에 봉착한다. 런던의 대표적인 빈민가이자 윤락가였던 화이트채플 지역은 워낙 드나드는 사람들이

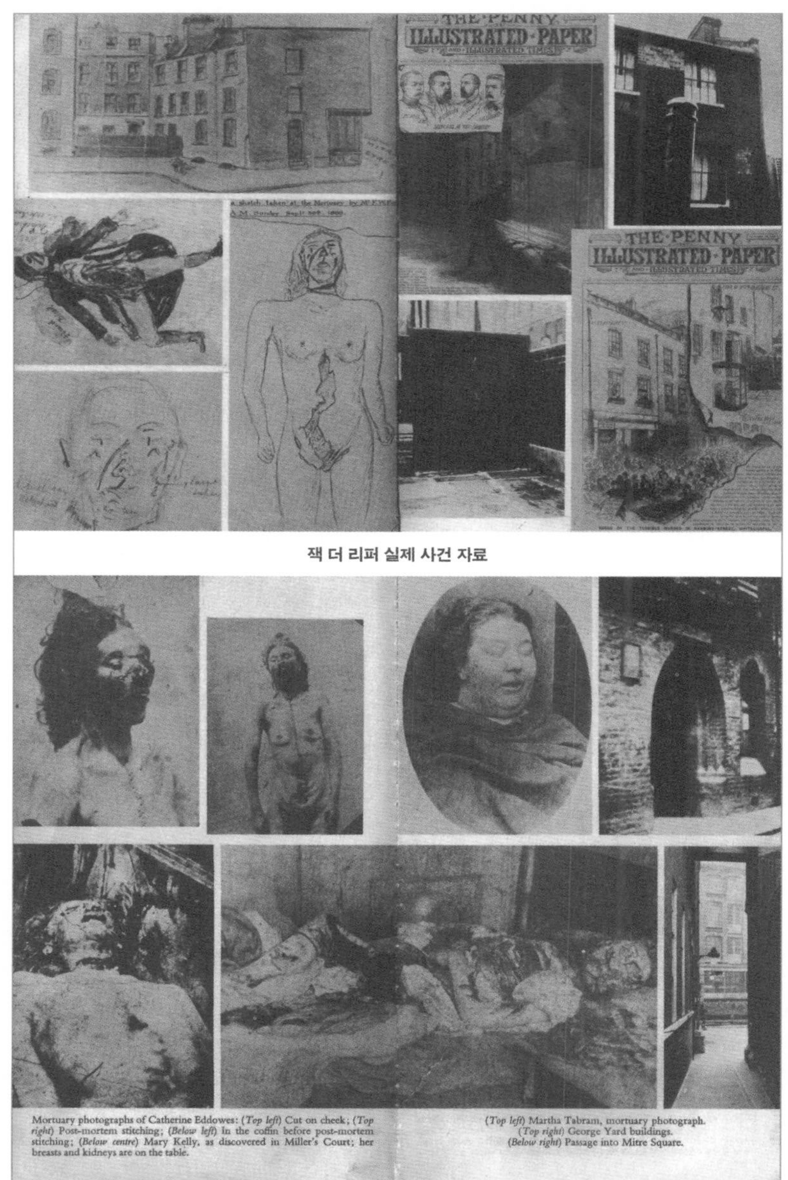
THE PENNY ILLUSTRATED PAPER
THE PENNY ILLUSTRATED PAPER
Mortuary photographs of Catherine Eddowes: (*Top left*) Cut on cheek; (*Top right*) Post-mortem stitching; (*Below left*) In the coffin before post-mortem stitching; (*Below centre*) Mary Kelly, as discovered in Miller's Court; her breasts and kidneys are on the table.
(*Top left*) Martha Tabram, mortuary photograph.
(*Top right*) George Yard buildings.
(*Below right*) Passage into Mitre Square.

잭 더 리퍼 실제 사건 자료

많았고, 잭 더 리퍼의 살인 행각은 대부분 새벽의 외딴 골목길에서 벌어졌기 때문에 목격자조차 찾기 힘들었다. 설상가상으로 런던 경찰은 수사 과정에서 치명적인 실수를 저질렀는데 현장에 남아 있던, 범인이 적어놓은 것일지도 모를 글씨를 지워버린 것이다. 이후 잭 더 리퍼는 살인을 저지른 후 신문사에 편지를 보내 자신을 잡지 못하는 경찰의 무능력함을 조롱하기까지 했다. 갈수록 민심이 흉흉해지자 빅토리아 여왕까지 나서 범인을 속히 검거하라고 지시하는 상황에 이르게 된다. 범인이 워낙 능숙한 솜씨로 시신을 훼손했기 때문에 외과의사들이 범인으로 지목되기도 했다. 그렇게 런던을 온통 공포와 혼란에 몰아넣었던 연쇄살인마 잭 더 리퍼는 세상을 비웃듯 어느 순간 자취를 감춰버리고 사건은 영구 미제 사건이 되고 말았다.

이 사건으로 인해 런던 경찰은 범인을 찾기 위해서는 새로운 수사 방식을 도입해야 한다는 필요성을 절실히 느끼게 된다. 당시는 지문과 DNA가 등장하기 훨씬 이전이라 새롭게 기대할 수 있는 수사 방식은 현장에 남아 있는 증거와 눈에 보일 듯 말 듯 한 미세증거들을 새롭게 찾아 범인을 쫓는 수밖에 없었다. 역설적으로 '잭 더 리퍼'라는 익명의 살인자 때문에 법과학의 씨앗이 뿌려진 것이다.

1890년대 초반 알퐁스 베르티옹이 용의자의 신체를 측정해 분류하는 '인체 측정술'을 공개하거나, 1894년에 구스타프 한스 그로스가 자신의 저서《치안판사 편람》을 통해 '법과학'이라는 용어를 처음 사용하게 된 것, 그리고 미세증거를 통해 범인을 잡아야 한다고 주장한 에드몽 로카르가 등장한 것이 1910년이라는 점은 잭 더 리퍼 사건이 법

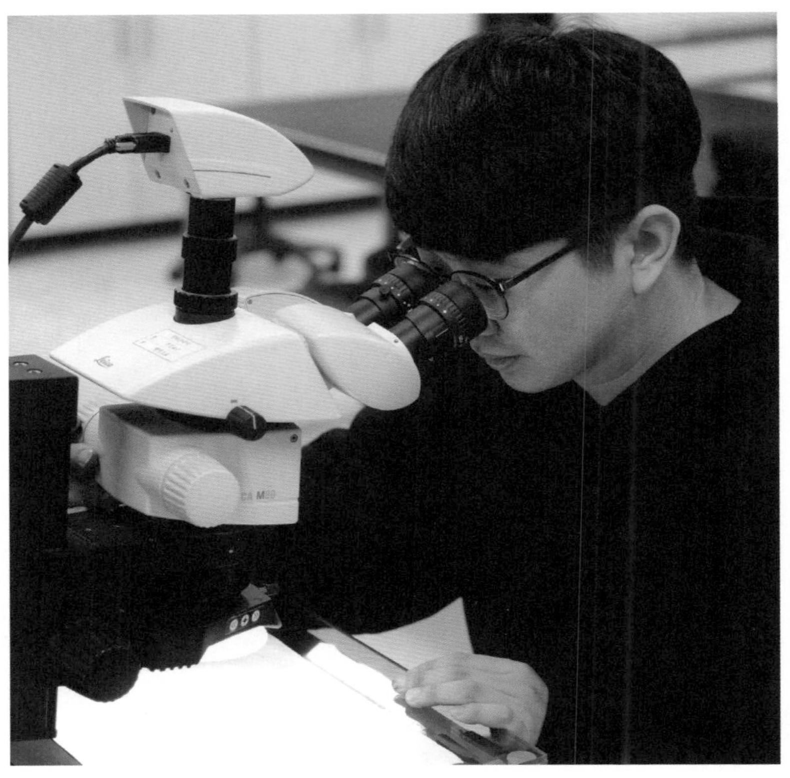

과학과 미세증거에 미친 영향력을 충분히 짐작할 수 있게 만들어준다. 특히 미세증거에 대한 체계적인 수집과 분류에 대한 기준을 남긴 것은 에드몽 로카르였다.

에드몽 로카르는 프랑스 리옹대학에서 의학과 법학을 공부하였고 당시 저명한 법과학자였던 알렉상드르 라카사뉴Alexandre Lacassagne 교수로부터 법과학을 전수받았다. 에드몽 로카르는 1910년에 리옹 경찰국에 자신의 연구실을 차려줄 것을 요구하였으며 이후 리옹 대학에

'법과학연구소'를 설립하였는데 이것은 세계 최초의 법과학연구소로 이후 'FBI 연구소' 등 세계 주요 법과학연구소의 모델이 되었다.

이처럼 성장통을 겪고 발전해온 전통적인 법과학은 갈수록 첨단 장비들에 의해 외면을 당하는 중이다. CCTV와 블랙박스 등 다양한 기기로 인해 범인 검거가 굉장히 빨라진 탓이다. 지문감식이나 DNA 분석은 최소한 며칠이 소요되고, 현장에서 찾아낸 미세증거물 역시 분석과 조사에 아주 오랜 시간이 소요된다. 그에 비해 현장 주변에 있는 CCTV나 블랙박스를 확인하는 것은 시간도 절약되고 용의자를 찾기도 편하다. 하지만 우리가 주지해야 할 것은 CCTV나 블랙박스는 결국 범인이 현장 근처에 있었다는 걸 입증할 뿐이라는 사실이다. 범죄가 벌어진 바로 그 현장에 범인이 있었다는 것, 그리고 그가 범죄를 저지른 범인이라는 것을 증명하는 것은 지문, DNA와 더불어 다양한 미세증거 같은 실질적인 증거들이다. 아울러 현장 조사에서 나온 미세증거물은 범인의 범행을 입증하는 것 외에 용의자들 중 범인이 아닌 사람들을 배제하기 위해서도 반드시 필요하다. 또한 자백을 거부한 채 버티는 범인을 압박하는 수단으로 작용하기도 한다.

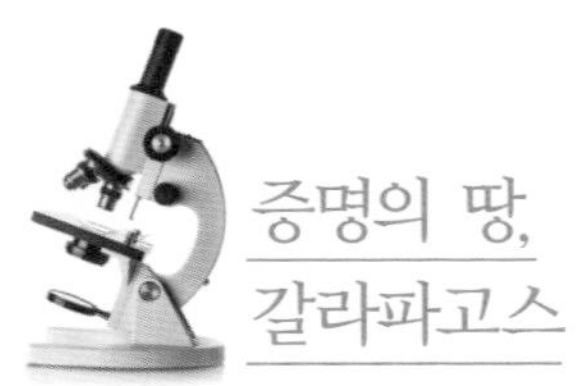

증명의 땅, 갈라파고스

영국의 생물학자 찰스 다윈은 1859년, 《종의 기원》이라는 책을 발표한다. 이 책을 통해 다윈은 생물이 신에 의해 창조되었다는 기존의 통설을 반박하며 모든 생물은 진화를 거듭하면서 현재의 모습을 갖췄다고 주장했다. 찰스 다윈은 자신의 주장을 입증하기 위해 갈라파고스*로 갔다. 오랫동안 외부와 단절된 채 고립되어 있던 갈라파고스는 다윈에게 '증명의 땅'이었기 때문이다.

다시 범죄수사 얘기로 넘어가서, 범죄현장은 독특한 흔적이 남아 있는 일종의 갈라파고스다. 범죄 사실을 증명할 수 있는 증거들이 남겨지고 감춰진, 그야말로 '증명의 장소'인 것이다. 셜록 홈스는 레스트레이드 경감에 대해 가끔 칭찬하고 인정하면서도 그가 매우 형편없는 예단에 쉽게 빠지는 인물이라는 것을 잘 알고 있다. 그 이유는 그의

* 남아메리카 동태평양에 있는 에콰도르령(領) 제도로 '살아 있는 자연사 박물관'이라 불리고 19개의 섬으로 이루어져 있다. 아메리카 대륙으로부터 1,000km 떨어져 있으며, 찰스 다윈의 진화론에 영향을 준 섬으로 유명하다.

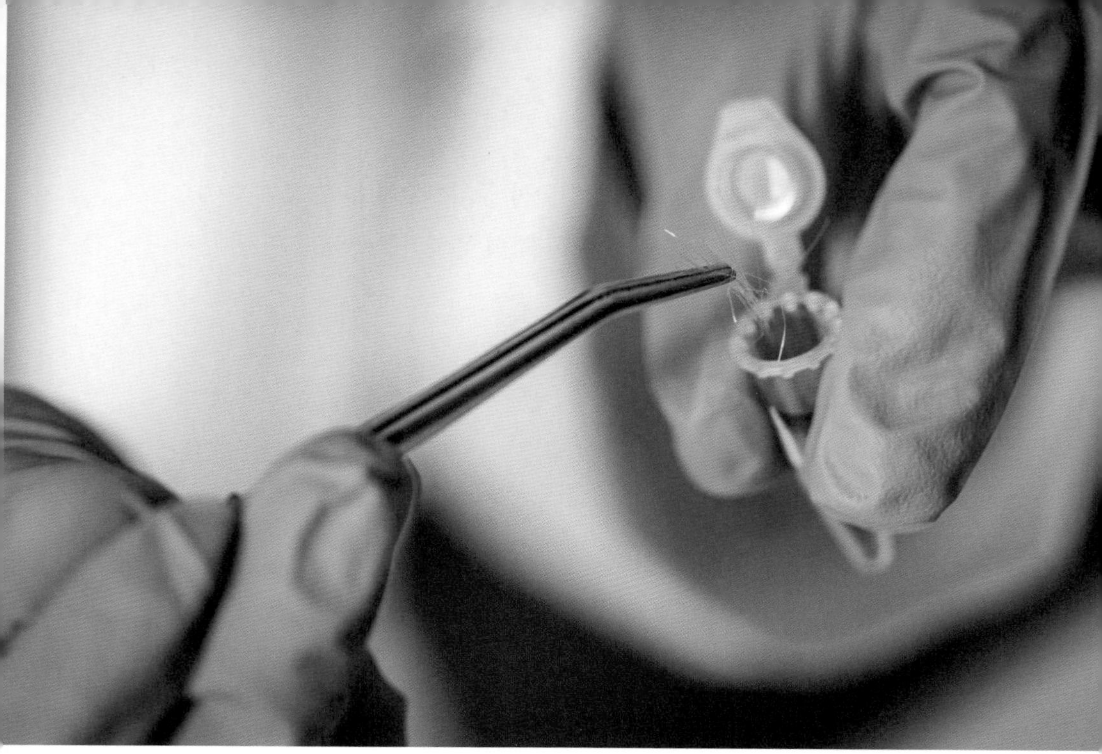

추리가 증명의 단계에 다다르지 않은 상태에서도 입 밖으로 표현되는 것을 수시로 발견할 수 있었기 때문이다. 셜록 홈스는 늘 범죄현장이라는 갈라파고스에서 증거를 찾았다. 《보스콤 계곡 미스터리》에서 바닥에 엎드린 채 돋보기를 들이대고 샅샅이 살피는 모습에는 쉽게 눈에 띄지 않는 증거를 찾아내기 위한 셜록 홈스의 열정이 잘 묘사되어 있다. 그의 상징이 된 돋보기는 로카르의 다락방에 있는 현미경과 같은 역할을 했을 것이다. 범죄현장은 수많은 단서들이 존재하는 곳이다. 완전범죄를 꿈꾸는 범죄자들을 향해 로카르는 그의 책에서 이렇게 말했다.

"범인이 걷거나 만지거나 도망가면서 무의식중에 남긴 모든 물체는 말 없는 증인이다. … 증인이 없다고 하여 없어지는 증거도 아니다. 이는 실제로 존재하는 증거이다."

범인은 자신이 현장에 남겨놓은 모든 증거를 없애버리고 싶어 한다. 하지만 어떤 증거들은 범인도 미처 모르는 사이에 남게 된다. 범인들이 미세증거를 두려워해야 하는 이유도 여기에 있다. 따라서 수사관은 어떻게든 현장의 오염 및 훼손을 막고 미세증거를 찾아내 수집해야 한다. 하지만 범죄현장은 경찰, 구급요원, 신고자, 목격자, 가족 등 많은 사람들에 의해 훼손될 가능성이 높은 공간이다. 현장 보존과 감식의 중요성이 간과되던 과거의 범죄현장에서는 외부인들이 돌아다니거나, 부주의한 수사관과 기자들에 의해 현장이 훼손되는 일이 비일비재하게 벌어지곤 했다.

요즘 범죄현장은 다중적인 방법으로 통제된다. 일단 어떤 일이 있어도 훼손을 막아야 하는 절대 보존구역(핵심구역)을 설정해 과학수사 요원 외에는 결코 들어가지 못하도록 한다. 그 구역 밖의 제한구역에는 경찰 고위간부들이 수사 지휘를 할 수 있는 지휘소를 설치해놓는다. 지휘소의 설치는 고위간부들의 현장 방문을 가급적 제한하면서도 필요한 정보를 제공할 수 있도록 하는 목적에서 설치한다. 지휘소가 있는 제한구역 밖으로 또 다른 제한구역을 두고 그곳에는 기자들이 상주할 수 있는 미디어센터를 둔다. 경찰 고위간부만큼이나 현장에 드나들 가능성이 높은 존재이기 때문에 사전에 접근을 차단하는 한편, 사건에 대해 궁금해 하는 언론의 알 권리를 보장해 줄 수 있다. 각 구역의 출입은 경찰들이 철저하게 제한한다. 실무자가 아닌 수사기관 고위급 간부의 빈번한 현장 방문은 범죄 해결에 도움을 주기보다는 오히려 미세증거 수집에 방해가 되거나 문제를 일으킨다.

연쇄살인마 강호순을 체포하는 데 결정적인 역할을 한 것도 그가 인멸을 시도하기 전에 수사관들이 확보한 증거물이었다. 강호순은 흔적을 남기지 않기 위해 시신을 암매장하고, 피해자의 손톱 부위를 미리 잘라낼 정도로 치밀했다. 경찰의 수사망이 좁혀오자 자신이 타고 다니던 승용차와 SUV를 불에 태워 증거 인멸을 시도했다. 경찰에 체포된 후에도 그는 결코 자신의 범행을 인정하지 않았다. 하지만 경찰은 그가 불태운 차에 남아 있던 작업복을 찾아냈고 국과수에서 검사한 결과, 희생된 여성들과 연관된 미세증거들을 확보하는 데 성공했다. 완강히 버티던 강호순도 현장에서 찾아낸 과학적 미세증거 앞에서만큼은 고개를 떨구고 범죄를 시인해야만 했다.

미세증거의 종류와 수집 방법

범죄현장에서 발견되는 미세증거의 대표주자는 '섬유'이다. 섬유는 가벼운 접촉만으로도 옮겨질 수 있고 물리적 접촉이 없어도 정전기에 의해 옮겨 붙기도 한다. 섬유의 경우에는 아주 적은 양으로도 감정이 가능하기 때문에 비교적 효율성이 뛰어난 증거물에 속한다. 또한 섬유는 염색 등의 특정한 가공과정을 여러 번 거치는 만큼 이런 다양한 요소를 고려하면 변별력 높은 훌륭한 증거가 된다. 다만 섬유 증거는 개인을 특정할 수 없기 때문에 유전자나 지문과 같이 한 인물을 범인으로 지목해주지는 못한다.

섬유 증거를 수집하는 방법은 다양하다. 가장 많이 사용되는 것은 '테이프 리프팅'이다. 범인의 옷에서 떨어진 섬유가 있을 것으로 생각되는 부분을 깨끗한 테이프로 떠내는 것이다. 피해자의 손톱에서 섬유를 채취할 때는 손톱을 직접 잘라 수집하기도 한다. 섬유가 눈에 잘 보이고 비교적 큰 경우에는 손이나 핀셋을 사용하기도 한다.

섬유 증거를 검사하는 방법 중에서 가장 기본적이면서도 중요한 것

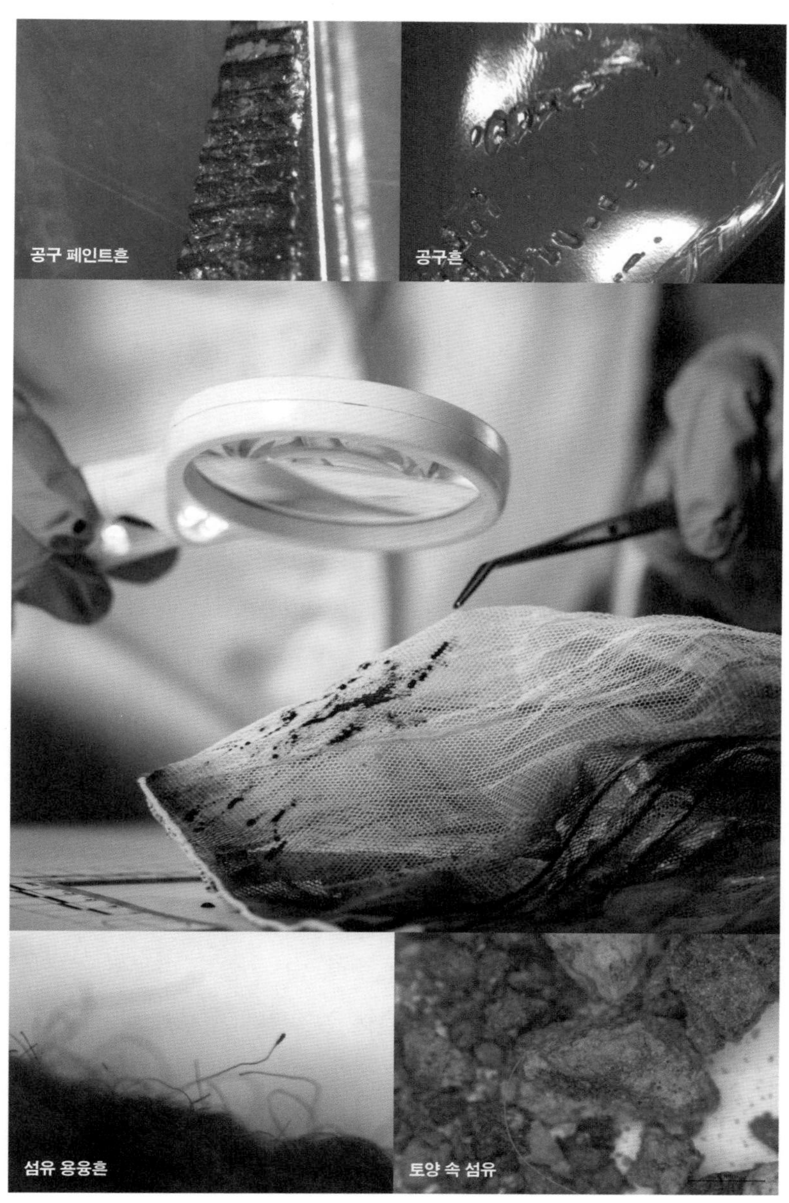
공구 페인트흔
공구흔
섬유 용융흔
토양 속 섬유

은 바로 현미경이다. 고배율 현미경 검사를 통해 섬유의 색상, 형태를 관찰한 후 대조 섬유와 상이하다면 일단 배제한다. 색상과 형태가 같아 보이더라도 동일한 섬유가 아닌 경우가 많은 만큼 사건과 연관된 섬유라고 섣불리 단정해서는 안 된다. 섬유의 투명도를 결정하는 광택 소재의 함유량도 현미경으로 관찰할 수 있는데 이것은 섬유의 동일성을 판단하는 데 사용할 수 있다. 현미경 검사 다음으로 진행하는 것은 섬유에 대한 화학적 검사다. 적외선 분광 광도계, 가시선 분광 광도계, 크로마토그래피, 전자주사현미경 등의 장비를 사용해 섬유의 동일성 여부를 판정할 수 있다.

우리는 페인트로 둘러싸인 채 살고 있다. 우리가 타는 차도 페인트로 덮여 있고, 우리의 사방을 막아주는 벽도 페인트로 칠해져 있다. 우리 주변의 물건 대부분이 페인트로 이루어져 있다고 해도 과언이 아니다. 따라서 섬유만큼은 아니지만 접촉 충격이 발생한 곳에서 빠짐없이 나오는 증거물이 바로 페인트다. 물론 동일한 페인트가 많이 사용되기 때문에 구분점이 거의 없을 것 같지만 도색 과정을 살펴보면 이야기는 달라진다.

페인트 도색 작업에는 다양한 절차가 있다. 이 단계마다 다른 성분의 물질들을 입혀주는데 그 층들의 두께, 순서, 종류, 반복의 정도 등에 의해서 각 페인트 조각의 특징들이 결정된다. 동시에 이런 특징들이 용의자를 범인으로 지목할 수 있게끔 만든다. 또한 각각의 페인트도 화학적 검사를 통해 개별적인 특성을 알아낼 수 있으며 혼합된 페인트의 경우에도 혼합비가 완전히 동일한 경우는 드물기 때문에 확률적으로 매우 강한 증거로 사용할 수 있다.

페인트는 칼로 긁어내는 방법, 종이를 밀어 넣어 떠내는 방법, 핀셋 사용, 테이프 리프팅 등 섬유와 마찬가지로 다양한 방법을 통해 수집할 수 있다. 이렇게 수집된 페인트는 현미경 검사와 화학적 분석방법 등의 성분검사를 통해 동일성 여부를 판정할 수 있게 된다. 섬유와 페인트 외에도 유리와 토양, 인화성 물질이 미세증거 분야에서 활용되고 있다. 미세증거의 특성에 따라 거기에 맞는 수집 방법과 분석 방법을 사용함으로써 군집특성을 가진 미세증거를 개별화하는 과정을 거쳐야 한다.

법과학은 하루가 다르게 발전하고 있다. 어제의 법과학은 고스란히 어제의 법과학으로 기억될 만큼 빠른 속도로 진화하고 있는 것이다. 하지만 아직도 법과학자들 및 현장 수사관들이 100년 전의 법과학, 에드몽 로카르의 법과학을 기억하고, 배우고, 활용해야 할 이유가 있다. 로카르도 말했고, 커크도 말했던 현장에서 '존재하지 않을 수 없는 증거', 바꿔 말해서 '언제나 존재하는 증거' 그것이 바로 미세증거이다. 그 증거가 범행의 진실을, 그리고 범인을 밝혀줄 수 있는지 없는지는 오롯이 사람의 몫이다.

컨테이너 밀실의 미스터리

살인은 컨테이너 박스 안에서 벌어졌다. 당시 컨테이너 안에는 절친한 친구 사이인 A와 B, C가 술을 마시는 중이었다. 그날은 C의 생일이었고, 세 사람은 술집에서 만나 술을 마신 후 2차 대신 자리를 옮겨 컨테이너 안에서 술을 마시는 중이었다. B와 C는 몸을 가누지 못할 정도로 만취한 상태였고, A만 그나마 덜 취한 상태였다. 컨테이너 박스 안에는 소 새김칼이 몇 자루 있었다. 소 새김칼은 소머리나 육회를 다듬을 때 쓰는 칼로 회칼보다 훨씬 날카롭다. 사건 발생 시기는 한겨울이었고, 컨테이너 바깥에는 밤새 내린 눈이 잔뜩 쌓여 있어 컨테이너는 완벽한 밀실 상태였다. 그 안에서 C가 목덜미 부근에 칼에 찔린 채 사망하는 사건이 벌어졌고, 이를 목격한 A가 경찰에 신고하면서 사건이 알려졌다.

발생 초기 경찰은 B가 범인일 거라고 확신했다. 목격자 A의 진술은 간단했다. B가 술을 마시다가 갑자기 화를 내면서 옆에 있던 칼을 집어 들고 C를 찔렀다는 것이다. 칼에 찔린 C는 피를 뿜으면서 쓰러졌고,

당황한 자신이 곧장 경찰에 신고했다는 것이다. 칼을 휘둘렀다는 B는 만취상태여서 제대로 진술을 하지 못했다. A의 증언이 워낙 확고했기 때문에 단순한 우발적 살인사건으로 여겼던 이 컨테이너 살인사건은 몇 가지의 특이점 때문에 조사가 진행될수록 미궁에 빠졌다.

일단 피해자 C가 추위를 피하기 위해 상의를 다섯 벌이나 껴입었다는 점이다. 제일 겉에는 두툼한 오리털 파카를 입었는데 파카의 안쪽에는 피가 묻었지만 바깥쪽에는 별다른 흔적이 없었다. 따라서 A의 진술처럼 밖으로 피가 뿜어져 나오지는 않은 상황이었다. 오히려 특이한

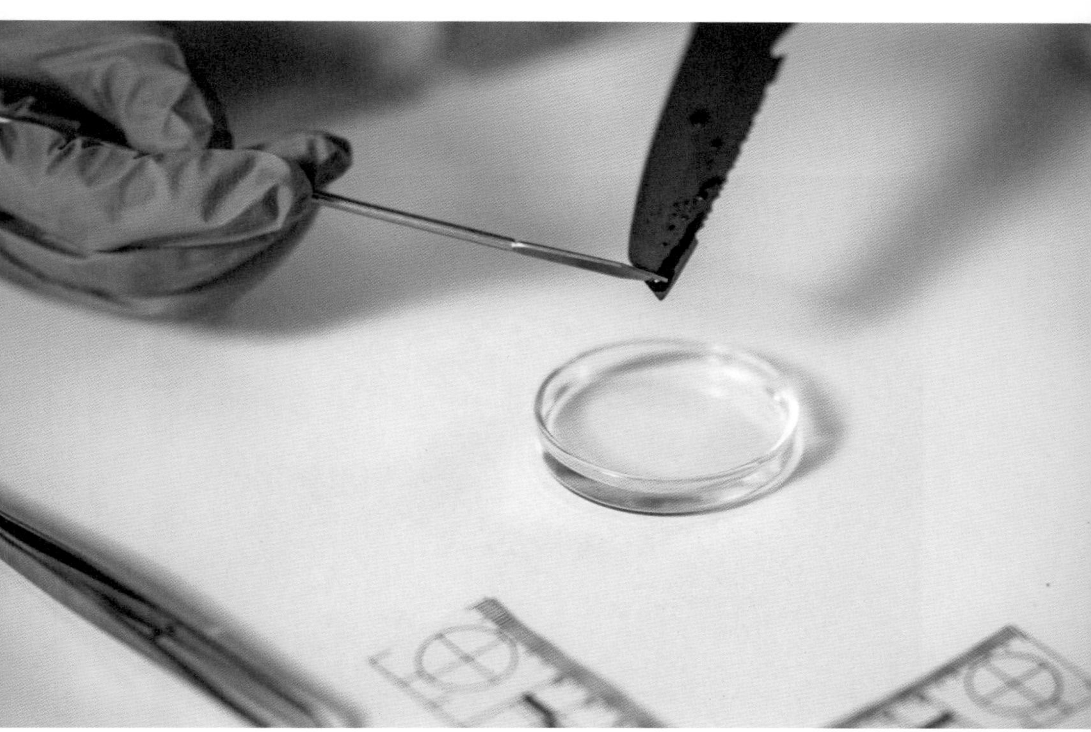

점은 피해자 C의 목에서 흘러내린 피가 그의 하복부와 종아리 부분에 집중적으로 배어 있었다는 점이다. 그것은 C가 칼에 찔린 이후에도 오랫동안 양반다리를 하고 앉아 술을 마셨다는 것을 의미한다. 그것을 뒷받침하는 또 다른 증거가 바로 C의 손에 남아 있었다. 그의 손에는 작은 흰색 조각들이 잔뜩 묻어 있었는데 바로 피로 범벅이 된 휴지조각이었다. 그것이 피해자의 손에 들려 있었다는 것은 A의 진술과는 다르게 피해자가 공격을 받은 후에도 의식이 남아 있었고, 스스로 휴지를 사용해 지혈을 할 수 있는 상태였다는 점을 말해준다. 결국 피해자 C가 만취한 상태로 칼에 찔린 이후에도 적절한 응급조치를 취하지 않은 채 술을 마시던 중 옷 안쪽을 타고 흘러내린 피가 바지를 적시면서 인지를 하게 된 것이고 이미 늦은 시점에 지혈을 시작한 것으

로 볼 수 있다.

현장의 미세증거들은 목격자 A가 거짓말을 하고 있다고 증언해 주었다. 유일한 증인이었던 그의 증언은 현장에 대한 유일한 목격자 진술로 사용됐을 것이다. 하지만 그는 그 증언 이외에도 수사망으로부터 벗어나기 위해 여러 가지 거짓말을 했던 것으로 보인다. 이후 그는 조사가 반복되면서 C가 공격 받는 순간 소변을 보러 갔었기 때문에 사건을 목격하지 못했다며 진술을 번복했다. 하지만 눈이 많이 내렸던 그날 밤, 그가 소변을 봤다는 자리에는 아무런 흔적도 찾을 수 없었다. 그의 이런 행동으로 인해 목격자 A를 범인으로 보는 시각도 많았다. 하지만 거짓말을 하는 모든 사람이 범인인 것은 아니다. 범죄가 발생하면 각자 입장에 따라 부인하거나 때로 거짓말을 하는 사람들도 종종 있기 때문이다. 이 사건에서는 미세증거 분석으로 인해 자신도 모르게 살인범이 될뻔한 사람이 누명으로부터 벗어날 수 있었다. 결국 모든 사건은 과학적 증거만이 진실을 말해준다는 사실을 보여준 것이다.

CHAPTER 7

범죄자를 쫓는 사냥꾼 형사

"그렉슨은 런던 경찰국에서 그나마 똑똑한 인물입니다."

내 친구가 한 마디 던졌다.

"그렉슨과 레스트레이드는 형편없는 집단에서 눈에 띄는

인재들입니다. 둘 다 민첩하고 의욕이 넘치지만

틀에 박힌 사고를 벗어나지 못 합니다. 직업여성들처럼 질투심이 많습니다.

만약 이 사건에 두 사람이 모두 개입한다면

흥미로운 일들이 많이 벌어질 겁니다."

-《주홍색 연구》 중에서 -

A Study in Scarlet, 1887. 11

인도에서 군의관으로 근무하다 부상을 입고 전역한 존 왓슨은 돈이 부족해지자 머물고 있던 호텔에서 나와 적당한 숙소를 구한다. 그러던 중 우연히 만난 지인으로부터 괴짜인 셜록 홈스와 함께 하숙을 이용할 것을 권유받는다. 홈스를 만나본 왓슨은 그의 비범함에 흥미를 느끼고 함께 하숙을 하기로 결정한다. 셜록 홈스는 다양한 분야의 과학 지식을 가지고 있으며, 종종 정체를 알 수 없는 실험을 하기도 한다. 그는 자신의 정체를 묻는 왓슨에게 자신은 경찰들에게 범죄에 관한 자문을 해주는 탐정이라고 대답한다. 그리고 때마침 도착한 토비아스 그렉슨

경감의 사건 의뢰 편지를 보며 왓슨에게 동행을 권유한다.

로리스턴 가든에 위치한 범죄현장에 도착한 셜록 홈스와 왓슨은 낡은 집 안에서 시신을 발견한다. 특별해 보이는 증거가 없었음에도 셜록 홈스는 집 안에 남아 있는 핏자국을 통해 죽은 사람이 독살되었음을 눈치 챈다. 아울러 시신에서 발견된 반지가 사건의 중요한 단서가 되리라고 짐작한다. 죽은 사람은 미국의 클리블랜드에서 온 이노크 J. 드리버라는 남자로 조셉 스텐거슨이라는 사람과 함께 여행 중이라는 사실을 확인한다. 그렉슨과 레스트레이드는 현장의 벽에 피로 쓴 글씨를 발견하고는 그것이 죽은 사람이 마지막에 남긴 흔적이라고 확신한다. 하지만 범죄현장을 꼼꼼하게 살펴본 셜록 홈스는 그와는 다른 결론을 내린다. 범인의 키와 신고 있던 신발, 피우고 있는 담배의 종류까지 추리해낸 셜록 홈스는 신문에 잃어버린 반지를 찾아가라는 광고를 내고 범인을 유인해보지만 결국 범인을 찾아내는 데는 실패한다.

그 사이, 그렉슨 경감은 죽은 이노크 J. 드리버가 여행 중 머물던 하숙집 주인의 딸을 강제로 납치하려고 했고 그걸 보고 분노에 찬 하숙집 주인의 아들 아서 사르팡티에가 드리버를 쫓아간 일이 있었다는 것을 알게 됐다. 그 일로 원한을 품은 사르팡티에가 드리버를 죽인 것이 사건의 전말이라고 확신한다. 하지만 살해된 이노크 J. 드리버와 함께 여행을 왔던 조셉 스텐거슨까지 머물던 호텔에서 시신으로 발견되고 만다. 사건은 다시 미궁에 빠지게 되고 셜록 홈스는 범죄를 해결하기 위해 거리의 소년들로 구성된 베이커 가의 특공대를 소집하는데…….

무능한 런던 경찰의 상징, 레스트레이드

셜록 홈스의 소설에 등장하는 경찰들에게서는 런던 경시청 소속이라는 점 외에 몇 가지 공통점을 발견할 수 있다. 대부분 범인을 제대로 잡지 못하면서도 허세를 부린다거나 셜록 홈스의 추리를 무시하기 바쁘다는 것이다. 하지만 셜록 홈스 역시 레스트레이드 경감으로 대표되는 런던 경찰을 무시하는 장면이 자주 등장한다. 이런 셜록 홈스의 모습에는 아마 코난 도일을 비롯한 당시 영국인들의 경찰을 바라보는 시선이 그대로 담겨 있다고 볼 수 있다.

코난 도일의 작품 속에서 마주치는 고압적이고 무능한 경찰의 이미지는 '런던 바비London Bobby'라는 애칭으로 불리면서 영국 국민들의 사랑을 받는 현대의 영국 경찰의 모습을 떠올리면 쉽게 와 닿지 않는다. 레스트레이드 경감을 제외하고도 그레고리나 그렉슨 경감, 마틴과 맥도날드 경감 등 셜록 홈스 시리즈에는 다수의 수사관들이 등장하는데 그들에 대한 평가는 대부분 비슷하다. 셜록 홈스가 경찰들에 대해 언급한 평가 중 그나마 긍정적인 것이 '그들은 상상력이 부족해'라고 말하는 정도이니 일반적인 평가가 어떤 정도인지는 충분히 짐작된다.

소설 속 경찰들 중에서 가장 비중 있게 등장하는 레스트레이드 경감은 시간이 지날수록 유능한 면도 보이고, 범인을 현장에서 검거할 때는 셜록 홈스조차 믿을 수 있다고 인정하는 인물이다. 그 점은 코난 도일의 첫 장편《주홍색 연구》에서 극명하게 드러나는데, 범인을 체포하는 과정에서 셜록 홈스와 왓슨이 애를 먹을 때 레스트레이드가 단번에 제압하는 모습을 보여준다. 이후에도 사건이 마무리되고 범인을 체포하거나 찾으러 가야 할 때 홈스가 가장 먼저 호출하는 것이 레스트레이드 경감이었다. 사건에 대한 추리는 셜록 홈스가 한다고 해도 체포는 공권력인 경찰이 주도해야 한다는 점을 감안한 설정일 수도 있다.

비록 셜록 홈스라는 주인공을 부각시키기 위해 상대적으로 경찰의 무능함을 강조한 것을 감안한다 하더라도 이 시기의 영국 경찰, 특히 런던의 수사관들에 대한 세간의 평은 지극히 부정적이었다. 경찰이라는 조직 자체가 생겨난 지 얼마 되지 않은 시점이었고, 잭 더 리퍼 사건 같은 중요한 살인사건들을 제대로 해결하지 못한 탓에 시민들의 신뢰를 얻지 못했던 것이다. 물론 다소 아쉬운 점이 있다고는 해도 국가가 범죄자들을 잡아들이기 위한 별도의 조직을 갖추었다는 점은 높이 평가할 만하다. 특히 단순히 범죄를 예방하거나 현행범을 체포하는 것에서 한발 더 나아가 수사를 통해 사건의 진실을 밝히고, 도주한 범죄자를 잡아들이는 일은 사회가 복잡해지는 것만큼 경찰력 또한 고도화되고 있다는 사실을 의미한다.

도둑 사냥꾼과 헨리 필딩

근대 경찰과 수사관의 출발은 영국이라는 것이 일반적인 정설이다. 물론 치안 유지는 국가가 존재하는 중요한 이유였던 만큼 관련 업무를 주관하는 조직은 늘 있어왔다. 가장 멀리는 기원 전 수천 년 이전의 수메르 문명부터 존재했으며, 로마 제국 또한 군대와는 별도로 치안 유지를 목적으로 하는 조직을 갖췄었다는 기록이 남아 있다. 하지만 이런 조직들은 치안 유지뿐만 아니라 우편배달이나 세금 징수 같은 일반 업무도 함께 수행했다. 따라서 오늘날처럼 치안 유지 임무만을 전문적으로 담당하는 경찰 조직과는 거리가 있었다.

근대적인 경찰 조직은 18세기 영국에서부터 시작되었다. 산업혁명으로 인해 도시의 인구가 늘어나고 범죄가 급증하자 정부로서는 이 문제에 대한 대책이 필요했던 것이다. 제도적으로 경찰이 자리 잡기 이전에 경찰 역할을 했던 것은 '도둑 사냥꾼Thief takers'이라고 불리는 사람들이었다. 물론 전문적인 도둑 사냥꾼의 등장 이전에도 영국인들은 자체적인 해결책을 내놓기 위해 다양한 방법을 시도했었다. 가장 흔한

산업혁명 이후 도시화된 런던

방식은 '고함지르기Hue and cry'였다. 범죄를 당하거나 목격했을 때 소리를 치면 주변에서 도와주는 방식이었다. 다소 우스워 보이기는 해도 엄연히 법에 정해진 의무사항으로서 만약 이를 외면하게 되면 처벌을 받았다. 잭 더 리퍼 사건의 마지막 희생자였던 메리 제인 켈리가 살해당했을 당시에도 "살인이에요!"라는 외침이 들렸다는 증언이 있었다. 하지만 안타깝게도 그녀가 살해당한 화이트채플 지역은 런던에서도 손꼽히는 우범지역이다 보니 그녀의 외침에 아무도 신경 쓰지 않았다. 그 밖에도 몇 개의 집들을 묶어 범죄자를 감시하거나 체포하는 일을 하기도 했다. 조선시대에도 '오가작통법伍家作統法'이라고 해서 다섯 가구를 묶어 서로 감시하고 범죄를 신고하는 임무를 맡긴 적이 있다. '오가작통법'은 만약 임무를 소홀히 하면 연대 책임을 물어 처벌했다는 점에서 영국의 그것과 유사한 점이 있다.

다시 '도둑 사냥꾼' 이야기로 돌아가 보자. '현상금 사냥꾼'이라는 호칭이 더 어울릴 것 같은 이들은 범죄자를 체포하거나 도둑맞은 물건을 찾아오면 현상금을 주겠다는 포고문을 확인한 후에야 움직였다. 범죄자를 체포하고 도난품을 원상 복귀시켰다는 점에서 도둑 사냥꾼은 경찰과 유사한 일을 했다고 볼 수도 있다. 하지만 관리를 받는 상설 조직이 아니었던 만큼 불확실성이 컸고 또한 이들은 현상금에 의해서만 움직였기 때문에 보상금이 적은 사건의 경우 아예 해결을 할 수 없다는 점이 문제였다. 무엇보다 가장 큰 문제는 이들의 활동으로는 수사와 체포보다 중요한 '범죄 예방'이 불가능했다는 점이다. 도둑 사냥꾼들 자체를 결코 신뢰할 수 없다는 점도 문제였다. 대개 전직 용병이나 군인, 혹은 범죄자 출신인 이들은 시민의 안전보호, 사회질서 유지에 대한 사명감이 아닌 현상금 자체가 목적이었기 때문이다. 심한 경우 도둑 사냥꾼들끼리 서로 짜고 물건을 훔친 다음 그것을 돌려주면서 현상금을 받는 일이 생기기기도 했다.

조너선 와일드

이런 대표적인 사례가 바로 조너선 와일드Jonathan Wild다. 그는 경찰력이 부족한 당시의 상황을 이용해 민간 경비업체를 운영해 큰 성공을 거둔 사람이다. 그가 운영하는 조직은 도둑을 체포하거나 도난 물품을 되찾아 준

다음 현상금을 받는 일을 수행했다. 조너선 와일드가 운영하는 조직은 못 잡는 도둑이 없었고 성공율이 높았기 때문에 시민들은 그의 업체에 전적으로 의지했다. 하지만 놀랍게도 그가 체포한 도둑들의 배후 또한 조너선 와일드였다. 그는 부하들을 시켜 값비싼 귀중품을 훔치게 한 다음 현상금을 받고 물건을 돌려주는 방식으로 돈을 벌었다. 게다가 가끔 말을 안 듣는 부하들을 체포해 도둑이라는 누명을 씌우기까지 했다. 조너선 와일드의 범죄는 갈수록 진화해 체포된 부하들을 탈옥시킨 이후 다시 범죄를 저지르게 함으로써 현상금을 끌어올리는 방식까지 썼다. 이런 비열한 범죄 행각은 조직원이 탈옥을 추진하다 꼬리가 밟힐 때까지 계속되었고, 결국 그는 경찰에 체포돼 교수형에 처해졌다. 조너선 와일드의 등장과 몰락은 도둑 사냥꾼들의 존재가 얼마나 위험한 것인지를 새삼 깨닫게 하는 계기가 되었다.

조너선 와일드의 사례에서 힌트를 얻고 해결책을 제시한 것이 바로 영국의 소설가 헨리 필딩Henry Fielding이다. 근대 영국소설의 아버지로 꼽히는 그가 쓴 《위대한 인물 조너선 와일드의 생애The Life and Death of Jonathan Wild, the Great, 1743년》는 바로 현상금 사냥꾼 조너선 와일드를 풍자한 내용이었다. 소설가에서 법조인으로 변신한 그는 조너선 와일드 같은 사례가 다시 등장하는 것을 막기 위해서는 전

헨리 필딩

보우 가 치안대의 '예방적 급습'을 그린 그림

문적인 치안 유지 조직이 필요하다는 점을 역설하고 직접 실천에 옮겼다. 1744년 치안판사에 임명된 헨리 필딩은 '보우 가 치안대Bow Street Runners'라는 조직을 만들었다. 이들은 조직적인 훈련을 받은 후 치안 유지 임무에 투입되었으며, 범죄 예방 및 해결을 위해 활동했다.

도둑 사냥꾼의 폐해를 막기 위해 만들어진 조직이지만 초기에는 그들과 유사한 방식을 이용하기도 했다. 당시에는 현대식 과학수사가 불가능했기 때문에 정보원을 이용하거나 혹은 현장에 남겨진 증거들을 통해 범인을 찾는 것이 주된 수사 방법이었다. 그 중에서도 가장 자주 사용되던 방법이 바로 정보원 혹은 그들의 정보를 이용해 탐문하거나 수사하는 것이었다. 셜록 홈스 역시 '베이커 가 특공대Baker Street Irregulars'라는 명칭의 주로 부랑아들로 구성된 정보조직을 보유하고 있었다. 과학수사가 발달한 오늘날에도 정보원을 이용하는 수사 방식은 가장 효율적이고 효과가 좋은 것으로 정평이 나 있다. 물론 수사 과정에 정보원을 사용하는 것은 불법과 합법의 경계를 넘나들어야 한다는 문제점이 있다. 예컨대 영화에 등장하는 것처럼 마약 수사를 위해 마약 판매원을 체포하지 않고 정보원으로 활용하게 된다면 현행법을 위반하는 일이 될 수밖에 없기 때문이다.

헨리 필딩이 조직한 '보우 가 치안대'는 범죄수사에서 한발 더 나아가 '예방적 급습Proactive Raids'을 실행했다. 이는 범죄에 관한 첩보를 입수한 후 미리 잠복하고 있다가 용의자가 범죄를 저지르는 순간 현장에서 체포하는 것이다. 이미 벌어진 범죄를 뒤쫓는 기존의 수사와는 사뭇 다른 방식이었다. 범인을 체포하고 현상금을 받는 데 주력하는 것이 아니라 범죄를 예방하거나 현장을 급습하는 데 무게감을 둔 이런 방식은 범죄 불안감에 시달리던 시민들의 뜨거운 환영을 받았다. 헨리 필딩은 또한 신문에 광고를 실어 범죄 피해자들이 직접 용의자들의 얼굴을 확인해줄 것을 요청하기도 했다. 그의 이런 노력은 동생이었던 존 필딩John Fielding으로 이어졌다. 존 필딩은 19세에 실명을 했지만 판사가 되었고 부패 근절과 경찰력 수립에 많은 노력을 기울인 인물이었다. 또한 그는 영국 최초로 '범죄기록보관소Criminal Records Department'의 기초를 세웠으며, 수배 중인 범죄자들의 사진과 보우 가 치안대의 활약을 담은 신문 《폴리스 가제트Police Gazette》를 발행하기도 했다.

이런 일련의 과정을 통해 근대 경찰에 필요한 수사의 과정과 관련 정보의 관리, 범죄 예방에 필요한 사항, 정보원들의 첩보를 체계적으로 분류하고 사용하는 방식 등에 대한 노하우가 축적되었다. 그리고 이런

POLICE  GAZETTE;

OR, HUE AND CRY.

Published by Authority.

No. 371.] SATURDAY, AUGUST 6, 1831.

Containing the Substance of all Informations received in Cases of Felonies, and Misdemeanors of an aggravated nature, and against Receivers of Stolen Goods, reputed Thieves and Offenders escaped from Custody, with the time, the place, and every particular circumstance marking the Offence. The Names of Persons charged, who are known but not in Custody, and of those who are not known, their Appearance, Dress, and every other mark of identity that can be described. The Names of Accomplices and Accessories, with every other particular which may lead to their Apprehension. The Names of all Persons brought before the Magistrates, charged with any of the Offences mentioned, and whether committed for Trial, Re-examination, or how otherwise disposed of. Also a Description of Property that has been Stolen, and particularly of Stolen Horses, with as much particularity as can be given, with every circumstance that may be useful for the purpose of Tracing and Recovering it.

As no charge is made for the insertion of Articles relating to Stolen Property in the Police Gazette and Hue and Cry, all Letters addressed to the Editor upon that subject, are requested to be post-paid.

FORGERY.

A Young Man of the name of ROBERT BYERS, about five feet ten inches in height, of dark complexion, genteelly dressed, lately in the employ of Mr. Watson, of Bow-street Covent-garden, Whalebone Cutter, obtained on the 9th ult., the sum of Twenty Pounds, from Mr. Frost, of No. 10, Tavistock-street, Tottenham-court-road, with a Forged Checque, drawn on Messrs. Barclay and Co., under pretence of obtaining Change for the same for his Employer.

ROBBERY FROM THE PERSON.

On Monday night, the 25th ultimo, about twelve o'clock, Ebenezer Radford, of Montague Terrace, Peckham Lane,

Moore's Works, with the name 'Wm. Hawes, 7. Adelphi Terrace,' written inside; some Music Strings; and about fourteen Pounds in Cash.—The Desk and Cash-box were apparently broken open with a small crow-bar.

On Saturday night, the 30th ultimo, or early the following morning, the Parish Church of Elstoo, near Bedford, was broken and entered, and the following property Stolen therefrom, viz.—An Iron Chest, containing the Register Books of Baptisms, Marriages, and Burials, in the said parish, from the beginning of the year 1813 to the present time; the Sacramental Plate, consisting of a Silver Cup and Cover, with an inscription on the side of the cup 'Elveston Com. Bedd. 1639'; and one Silver Paten or Plate, having a coat of arms engraved in the centre.—Whoever will give such information to the Churchwardens of the parish as may lead to the conviction of the offender or offenders, shall receive Five Pounds Reward.

HORSE AND CATTLE STEALING.

On Sunday night, the 31st ultimo, a Dark Brown Horse was Stolen from Widley Park, the property of Mr. Gamlett, of Portsmouth. He is a sightly good-looking animal, aged

Stolen, on Friday night, the 29th ultimo, or early on the following morning, from the Stable of Mr. R. Hitchcock, of Smallden Farm, in the parish of Wendover, in the county of Bucks, a Rusty Black Cart Horse, five years old, about fifteen hands and a half high, two white heels behind, small fullness on the near hock from a kick, and long black mane and tail. Also, a winker Halter, a Collar, and a pair of Hames.—Any person giving information to Mr. R. Hitchcock, or to W. Cross, chief constable, Aylesbury, that may lead to conviction of the offender or offenders, shall, on his or their conviction, receive Ten Pounds Reward, from the said R. Hitchcock.

Stolen, or Strayed, on the night of the 3rd ultimo, or early the following morning, from a Field at East Ayton, near Scarborough, a Bay Mare, four years old, about fifteen hands high, a little white on her hind feet, and a scar on her far fore foot upon the heel, occasioned by an overreach in galloping. —Also, about the same time, from Low Deepdale, a light-coloured Bay Horse, rising five years old, about fifteen hands high, bald-faced, and has a white hind leg, is strong boned, and rather slack backed.—It is strongly suspected the above property is stolen, as an elderly-looking broad-set Man, about five feet six inches high, dressed in dark clothes, accompanied by a young Man, similarly dressed, have been seen lurking about the neighbourhood for some

보우 가 치안대의 활약을 담은 신문《폴리스 가제트》

노하우들은 고스란히 내무장관 로버트 필Robert Peel에 전해져 런던 경찰의 창설로 이어졌다. 이때 국가의 공권력 내부로 흡수된 도둑 사냥꾼들은 형사가 되었고, 개인적인 영역에 남게 된 존재는 탐정의 길을 걷게 된다.

수사관의 시작, 영국 경찰

앞서 간략히 언급했던 것처럼 19세기에 접어들면서 영국의 치안 문제, 특히 수도 런던의 치안은 크게 위협받기 시작했다. 급격한 산업화에 따른 도시화로 인해 다른 지역으로부터 몰려든 수많은 주민들이 거주하게 됨에 따라 범죄 발생률이 크게 증가한 것이다. 현대식 사회보장체계라는 것이 존재하지 않았고, 위험과 혹사가 다반사인 공장 일에 비해 턱없이 부족한 임금 등의 문제는 적지 않은 사람들을 빈민층으로 전락시켰다. 그리고 이 계층의 사람들은 범죄의 유혹에 쉽게 노출될 수밖에 없었다. 또한 당시 범죄가 급격히 늘어난 데에는 범죄를 저질러도 제대로 된 치안 시스템이 없던 탓에 쉽게 체포되지 않았다는 점도 작용했다. 전통적인 '고함지르기' 같은 방법은 잭 더 리퍼의 사례에서 잘 드러났듯이 이웃에 무관심하거나 범죄가 빈번한 지역에서는 제대로 된 효과를 거둘 수 없었다. 몇 가구를 묶어 연대 책임을 통해 질서 유지를 시도했던 방식 또한 이주가 빈번하고 익명성이 높아지던 당시 사회에서는 한계가 명확했다. 런던 시는 급한 대로 야경대를 조직했지만 그들 또한 가난한 시민의 신분인데다 전문적인 훈련을 받지 못했기 때문에 범죄에는 속수무책일 수밖에 없었다.

결국 1829년에 이르러 런던 경찰국이 정식으로 설립되었다. 그리고 10년 후인 1839년, 자신의 임무를 다한 보우 가 치안대는 해산되었지만 그들의 임무는 런던 경찰국의 수사부로 이어졌다. 사실 경찰조직을 창설하기까지는 많은 난관과 어려움이 있었다. 무엇보다 경찰 조직이 국왕의 권력을 업고 횡포를 부리거나 기득권 세력을 보호하는 역할만 할 것이라는 경계심과 두려움이 사회적으로 팽배했기 때문이다.

이런 시민들의 두려움이 전혀 근거가 없는 것은 아니었다. 바다 건너 프랑스 경찰이 치안 유지 대신 정보원들을 통해 반정부 활동을 탄압하는 일에 앞장서는 것을 이미 목격했기 때문이다. 내무부 장관이었던 로버트 필은 경찰에 대한 우려를 불식시키기 위해 런던 시민은 지원할 수 없게 하거나 경찰은 정당에 가입할 수 없게 하는 등 경찰의 청렴과 중립성 유지에 많은 노력을 기울였다. 초대 경찰국장인 찰스 로완Charles Rowan과 그 뒤를 이은 리처드 메인Richard Mayne은 각각 20년 넘는 기간 동안 경찰국장으로 재직하면서 런던 경찰국의 기틀을 세우는 데 많은 성과를 이끌어냈다. 아울러 두 사람은 보우 가 치안대의 사례처럼 범죄의 예방에도 다양한 노력을 기울였다.

이들의 뒤를 이은 것은 에드문드 핸더슨Edmund Handerson 중령이었다. 그는 취임 이후 수사관들의 숫자를 대폭 늘리는 한편, 부서별 수사관 제도를 도입했다. 이 조치로 인해 오늘날처럼 강력계, 여성·청소년계와 같이 범죄 유형별로 전담 수사관을 두고 범죄에 대응하게 된 것이다. 하지만 이런 노력에도 불구하고 경찰을 향한 따가운 시선은

19세기 런던 경찰의 모습

20세기 런던 경찰의 범인 체포 현장

에드문드 핸더슨

좀처럼 나아지지 않았다. 특히 잭 더 리퍼 사건을 해결하지 못하면서 이런 비난은 극에 달했다. 코난 도일의 소설 속에 등장하는 레스트레이드 경감에 대한 셜록 홈스의 평가는 당시의 시대적 상황과 맞물려 있다. 그야말로 오랜 시간에 걸쳐 꾸준히 제도를 정비하고, 경찰 본연의 임무에 대한 많은 노력과 경험을 쌓으면서 비로소 경찰에 대한 인식이 개선된 것은 현대 경찰에도 많은 것을 시사해준다.

영국 경찰의 아버지 로버트 필

로버트 필은 영국 현대 보수당 창립자 중 한 명인 정치인이며 근대 영국 경찰의 아버지로 여겨진다. 그는 총리와 내무부 장관을 각각 두 번씩 역임했던 유일한 인물이기도 하다. 부유한 가정에서 태어난 로버트 필은 20세 초반이라는 비교적 이른 나이에 정계에 입문하였다. 그가 내무부 장관이 되면서 가장 중점적으로 추진했던 것은 경찰 조직의 재편이었다. 실제로 그는 '스코틀랜드 야드Scotland Yard(영국 런던경찰국의 별칭)'를 중심으로 한 근대 런던 경찰을 창설한 인물이다. 런던의 경찰이 '런던 바비'라는 애칭을 갖게 된 것도 런던 경찰의 창시자였던 로버트 필의 애칭이 바로 '바비Bobby'였기 때문이다.

경찰은 창설 초기에는 큰 성공을 거두지 못했지만 차츰 런던의 치안이 확립되어 가면서 로버트 필의 공로는 더욱 높이 평가됐고 그는 런던 경찰을 모델로 전국 도시에 경찰을 창설할 것을 의무화하였다. 1829년에 그는 영국 경찰이 국민들로부터의 인정과 지지를 얻도록 하기 위해 9개 조항의 '경찰 원칙Peelian Principles'을 만들어 공표하였는데 이는 경찰이 지켜야 할 윤리에 관한 내용을 규정하고 있다. 국가와 국민을 보호하며 그들로부터 존경받는 경찰을 만들기 위한 로버트 필의 노력은 "경찰이 곧 대중이며 대중이 곧 경찰이다The police are the public and the public are the police."라는 그의 말을 통해 잘 드러난다.

로버트 필

수사관 그리고 탐정

'수사관'과 '탐정'은 공통점이 많다. 두 역할 모두 '디텍티브Detective'라는 명칭을 공유하고 있는데 사복 차림으로 활동하며, 변장과 미행 등의 기법을 이용해 범죄를 수사하고 범죄자를 찾아내는 일을 한다. 하지만 바로 이 지점에서 두 역할 사이의 중요한 구분점이 존재한다. 바로 범죄자를 체포할 수 있는지 없는지에 대한 여부 말이다. 세상의 모든 범죄자가 두려워하는 셜록 홈스라고 해도 직접 범인의 손목에 수갑을 채우거나 체포할 수는 없었다. 그래서 그는 부득이하게 불독 같은 레스트레이드 경감에게 의뢰하거나 범인을 설득해 자수를 하도록 했다.

사실 수사관과 탐정은 같은 뿌리인 도둑 사냥꾼에서 시작되었다고 볼 수 있다. 하지만 1829년 영국에서 경찰 조직이 만들어졌을 때 제복을 입은 쪽은 수사관이 되었고, 그렇지 않은 쪽은 탐정이 되었다. 초기에는 탐정의 위상이 좀 더 우위에 있었다. 런던 경찰이 잭 더 리퍼 사건에 관해 아무런 단서도 찾지 못하고, 체포는커녕 용의자조차 특정하지 못하는 사이에 한 일간지에서 고용한 탐정이 경찰보다 더 정확하게 사건을 추적해 증인들까지 찾아냈던 것이다. 이 일을 계기로 런던 경찰은 시민들의 분노를 자아내며 거대한 비난에 휩싸이게 된다.

이런 시대적 분위기는 코난 도일이 집필한 셜록 홈스 시리즈에 등장하는 경찰들이 무능하고 고집스러운 모습으로 묘사되는 데 큰 영향을 미쳤다. 하지만 20세기에 들어서면서 경찰들의 실력이 개선됨에 따라 이런 인식은 차츰 사라져갔고 사립탐정은 영국보다 미국에서 더 크게 각광을 받게 되었다. 국토가 넓은 미국은 공권력이 미치지 못하는 지역이 많았기 때문인데, 그런 곳에서는 어김없이 의뢰인의 청탁을 받은 사립탐정들이 활동했다.

지금도 운영 중인 '핑커튼 탐정 사무소Pinkerton National Detective Agency'를 설립한 앨런 핑커튼Allan Pinkerton은 그야말로 현실 속의 셜록 홈스라고 할 수 있다. 두 사람의 차이점은 셜록 홈스가 베이커 가의 하숙집에서 지내면서 동료로 왓슨 한 사람만 두고 한 사건에 집중하는 것에 만족했다면 핑커튼은 대규모 탐정 사무소를 차리고 수많은 사건들을 해결했다는 데 있다. 우연찮게도 핑커튼 역시 셜록 홈스와 마찬가지로 영국인이었다. 미국으로 이주해온 그는 시카고에서 나무통을 제작하는 사업을 하던 중 우연한 기회에 동전 위조 조직을 소탕하는 데 큰 기여를 한다. 그 후 그는 능력을 인정받아 케인 카운티의 부보안관으로 채용되었다. 착실하게 경력을 쌓던 그는 경찰관을 그만두고 탐정 사무소를 차리는데 그것이 오늘날까지 존재하는 그 유명한 핑커튼 탐정 사무소다. 그는 탐정 사무소의 명성을 유지하기 위해 모든 사건에

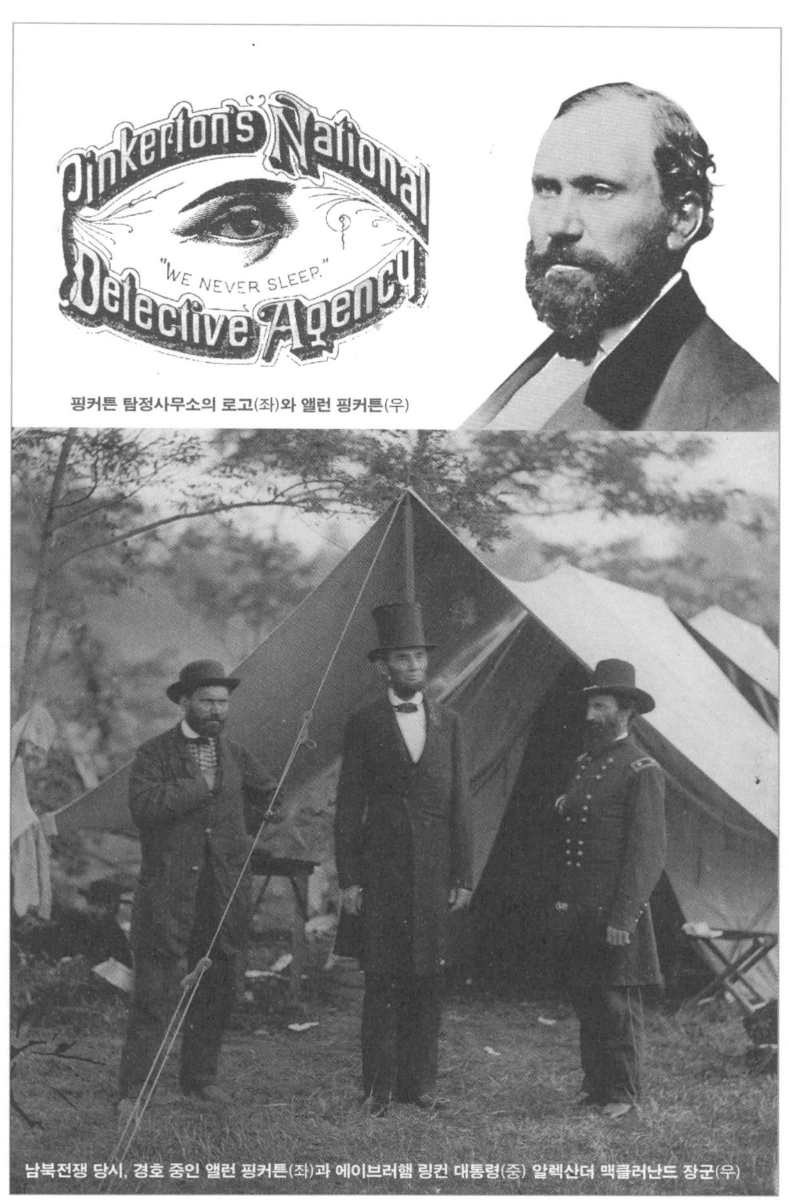

핑커튼 탐정사무소의 로고(좌)와 앨런 핑커튼(우)

남북전쟁 당시, 경호 중인 앨런 핑커튼(좌)과 에이브러햄 링컨 대통령(중) 알렉산더 맥클러넌드 장군(우)

최선을 다했으며, 대통령 경호부터 범죄조직에 위장 잠입해 소탕하는 일까지 그야말로 다양한 임무를 수행했다.

한편 앨런 핑커튼은 셜록 홈스의 장편《공포의 계곡The Valley of Fear, 1914년 발표》에 핑커튼 탐정 사무소 소속 탐정으로 등장하기도 한다. 그는 악명 높은 스카우러 갱단에 위장 잠입해 범죄의 증거들을 수집하고 범죄조직을 일망타진하는 데 큰 공을 세운다. 핑커튼은 늘 탐정으로 활동하기 위해서는 변장에 능숙해야 한다고 생각했으며, 단순히 외모만 바꾸는 게 아니라 신분을 숨기고 범죄자로 위장해 조직에 잠입하는 일도 적극 감행했다. 일설에는《공포의 계곡》에 등장하는 스카우러 갱단 에피소드는 코난 도일이 핑커튼으로부터 직접 듣고 썼다고도 전해진다.

형사의 탄생

오늘날 우리가 '형사刑事'라고 일컫는 사복 경찰은 언제 탄생한 것일까? 경찰이 제복을 입게 된 것은 범죄 예방에 무게감을 두기 위해서다. 제복을 입은 경찰이 순찰을 돌면 일반적으로 도둑들은 범죄를 포기하기 때문이다. 그런데 범죄 예방에는 효과를 나타내는 제복이 은밀히 진행돼야 할 수사에는 오히려 큰 제약이 되었다. 이런 문제점을 해결하기 위해 런던 경찰관들 중 일부는 쉽게 눈에 띄는 제복을 벗어던지고 장사꾼이나 선원, 심지어 여자로 변장한 채 범죄자를 추적했다. 런던 경찰국에서 수사부서가 만들어진 것은 1842년이었고, 범죄수사부서가 만들어진 것은 한참 뒤인 1870년대의 일이다. 이런 과정을 거쳐서 생겨난 형사들은 사복 차림 또는 변장을 하고 범죄자들을 추적하는 일을 했다.

셜록 홈스 역시 변장의 달인이었다. 《빈사의 탐정The Adventure of the Dying Detective, 1913년 발표》에서 셜록 홈스는 범인을 속이기 위해 3일 동안 굶고, 이마에 바세린을 바르는 등 당장이라도 죽을 듯한 환자로 위장하는 장면이 나온다. 《보헤미아 왕국 스캔들A Scandal in Bohemia, 1891년 발표》에서 셜록 홈스는 황실 오페라단 소속 프리마돈나가 소유한 사진을 찾기 위해 마부로 변장한 채 그녀의 집에 잠입하기도 했다. 변장을 하기 위해서는 외모뿐만 아니라 옷차림이나 말투, 표정 등 모든 것을 그에 걸맞게 바꿔야 했다. 아마 이런 변장과 위장에 관한 노하우는 보우 가 치안대와 도둑 사냥꾼들로부터 전수받은 것들이 상당수 될 것이다. 이런 식의 위장은 범죄자들을 방심시키고, 눈에 띄지 않게 수사를 할 수 있다는 장점이 되었다. 사실 셜록 홈스와 영국 시민들로부터 늘 무능하고 독선적이라는 비난을 받아야 했던 런던 경찰이 그런 인식을 뒤집을 수 있었던 결정적 계기도 변장과 깊은 연관이 있다.

미국 출신으로 런던에서 의사 생활을 하던 홀리 하비 크리픈Hawley Harvey Crippen은 아내 코라와의 불화가 심했다. 그의 아내는 낭비벽에 대놓고 다른 남자까지 만나고 다녔고 크리픈 또한 자신의 비서와 연애를 하면서 가정불화의 시름을 달래곤 했다. 그러던 1910년 1월, 크리픈 부부는 다른 부부를 초대해 즐겁게 저녁식사를 나눴다. 그리고 그날 이후 크리픈의 아내 코라의 모습을 본 사람은 아무도 없었다. 그녀의 안부를 궁금해 하는 주변 사람들에게 크리픈은 아내가 개인적인 일로 미국에 갔다가 급성폐렴에 걸려 세상을 떠났다고 말했다. 교통과 통신이 발달하지 못했던 당시로서는 신빙성이 있는 이야기였기 때문에 사람들은 그의 말을 사실로 받아들였다.

문제는 그 후에 터졌다. 아내를 잃었다는 크리픈이 슬퍼하기는커녕 죽은 아내의 옷과 액세서리를 걸친 내연녀와 함께 보란 듯이 돌아다녔

홀리 하비 크리픈(좌)과 그의 부인 코라(우)

홀리 하비 크리픈의 재판 장면

던 것이다. 사람들의 신고를 받은 런던 경찰국의 월터 듀Walter Dew 경감이 결국 조사에 나섰다. 조사 과정에서 크리픈은 사실은 아내가 내연남과 도망을 갔고 그 사실이 알려지는 것이 너무 창피해 사람들에게 거짓말을 했다고 털어놨다. 어느 정도 납득할만한 이유인데다가 집 안에서 별다른 흔적이 나오지 않았기 때문에 듀 경감은 크리픈의 주장을 그대로 믿었다. 하지만 며칠 후, 미심쩍은 점을 다시 묻고자 크리픈을 찾아갔을 때 그는 이미 종적을 감춘 후였다. 다시 집을 샅샅이 수색한 듀 경감은 감춰진 시신의 일부를 발견해냈다. 비록 일부이긴 했지만 검시관은 몸에 남은 흔적을 통해 발견된 시신이 크리픈 부인의 것이라고 확신했다.

런던 경찰은 즉시 추적에 나섰지만 크리픈의 행방은 묘연했다. 이 때, 크리픈은 내연녀와 함께 캐나다 행 여객선에 몸을 실은 상태였다. 혹시나 추적을 받을까봐 그는 가발을 쓰고 변장을 해 내연녀와 부녀지간으로 행세를 했다. 하지만 여객선 선장은 두 사람의 어설픈 변장과 행동을 눈여겨봤다. 그는 신문에 난 크리픈의 사진과 남자의 모습이 비슷하다는 것을 눈치 채고는 배에 탑재된 무선장비를 통해 런던 경찰국에 신고했다. 신고를 받은 듀 경감은 여객선보다 빠른 쾌속선을 타고 캐나다로 먼저 건너갔다. 여객선이 항구에 도착하자 수로 안내인으로 신분을 속이고 배에 오른 듀 경감은 크리픈에게 다가가 수갑을 채웠다. 런던으로 이송된 크리픈은 결국 아내를 살해한 혐의로 재판을 받고 사형에 처해졌다. 크리픈 사건 수사와 같은 일련의 과정을 꾸준히 거치면서 런던 경찰은 권위와 위상을 얻기 시작했고, 오늘날에는 큰 존경을 받는 존재가 되었다.

행정경찰과 수사경찰의 차이

우리나라의 경찰은 크게 행정경찰과 수사경찰로 나뉜다. 행정경찰은 치안 서비스를 제공하며 범죄를 예방하는 임무를 맡는다. 또한 순찰과 교통안전을 책임지고, 불법 성매매 등을 단속하기도 하는데 제복을 입기 때문에 '제복 경찰'이라고 불린다. 반면 수사경찰은 사복 착용을 원칙으로 하며 범죄가 일어난 사후에 범죄자를 검거하는 등 법을 집행하는 임무를 맡는다. 영화나 드라마에서 형사라고 호칭되는 경찰들은 모두 수사경찰이라고 볼 수 있다. 경찰 내에서는 수사부서에 근무하면 계급에 상관없이 모두 '형사'라고 불린다.

행정경찰과 수사경찰은 제복의 착용 유무로도 나뉘지만 범죄수사를 하느냐 안 하느냐에 따라서도 구분된다. 외국에서는 수사경찰관이 계급이 더 높은 경우가 있지만 우리나라는 행정경찰과 수사경찰이 동급이다. 따라서 수사 드라마나 영화에서 형사가 제복 경찰을 하대하거나 명령을 내리는 것으로 종종 묘사되는 것은 사실 잘못된 일이다. 최근에는 형사들이 젊어지는 추세이기 때문에 수사경찰이 행정경찰에 비해 계급이 더 낮은 경우도 많다. 반면, 미국이나 유럽의 경우 사복을 입은 수사경찰이 되기 위해서는 경찰관이 된 후 일정기간을 근무하고 난 뒤 별도의 시험을 통과해야 하기 때문에 계급에서 차이가 날 수 있다.

형사들은 여러 부서로 나뉘는데 과거에는 조사계로 불렸던 '경제팀'은 주로 금전과 관련된 고소 사건을 처리한다. '지능팀'은 특별법과 관련된 고소 사건 및 인지 사건(피해자가 경찰서로 찾아와 신고한 사건이 아니라 형사가 탐문을 통해 알아낸 사건)을 수사한다. '사이버팀'은 글자 그대로

해킹, 개인정보침해, 통신, 게임사기, 스팸 등의 사이버 범죄를 수사한다. '수사지원팀'은 직접 수사를 하는 대신 예산 집행과 영장발부, 압수물 관리 등의 행정적인 업무를 처리한다. 유치장을 관리하는 '유치관리팀'도 존재하는데 이들은 업무 특성상 제복을 입기 때문에 형사라고 불리지는 않는다. '과학수사팀'은 모두 수사과 소속이며 수사과장의 지시를 받는다. 과학수사팀은 당초 경찰서 형사과 소속으로 운영되다 최근 경찰서 몇 개를 묶어 하나의 관할로 하는 광역과학수사체제에 맞춰 지방청 과학수사계 소속으로 운영되고 있다.

우리가 영화나 드라마, 뉴스 등 미디어를 통해 접하게 되는 형사들은 대개 형사과, 그 중에서도 강력팀 소속인 경우가 대부분이며 이들은 강력사건으로 분류되는 사건들을 조사하고 범인을 체포하는 일을 맡는다. 이들은 대개 인지 사건, 즉 고소고발 형식으로 들어오는 사건이 아니라 직접 발로 뛰면서 탐문과 조사를 통해 사건을 확인하고 수사한다. 경찰서로 접수된 강력 사건은 지역 수사팀이 담당한다.

밤을 지새우는 형사들

우리나라의 형사들은 대개 경찰관들 중에서 차출된다. 우선 경찰이 되면 주로 파출소와 지구대로 배치된다. 그렇게 배치하는 이유는 여러 가지가 있겠지만 최일선 부서에서 경험을 쌓게 하기 위함이 주된 이유이다. 매년 부서를 옮기는 인사발령이 있는데 그때 개인의 희망이나 부서의 추천에 의해 형사과에 진입할 수 있다. 간혹 선배 형사가 파출소나 지구대에 있는 후배 경찰관을 눈여겨보다가 추천하는 경우도 있다. 팀장급들은 일정 계급 이상의 베테랑 형사들 중에서 지정한다.

대한민국의 치안 유지 능력은 세계적으로 탁월함을 인정받고 있다. O.J 심슨 사건 등 대형 사건들을 해결한 미국의 대표적인 법과학자 헨리 리Henry Lee 박사는 대한민국 형사들의 헌신적인 자세와 노력을 언급한 바 있다. 경찰에 대한 신뢰도와 기대치가 상대적으로 낮은 일반인들의 입장에서는 납득하기 어려울 수도 있겠지만 헨리 리 박사는 미국 형사들과 대한민국 형사들의 차이점을 다음과 같이 간단하게 설명했다. "미국 형사들은 퇴근 시간이 되면 사건 파일을 서랍에 넣어두고

법과학자 헨리 리

퇴근하지만 대한민국 형사들에게는 사건을 사무적으로 대하지 않고 끈질기게 매달리는 무엇인가가 있는 것 같다." 물론 상대적으로 국토 면적이 적고, 삼면이 바다로 둘러싸여 있는 등 외부적인 차이점도 있겠지만 대한민국의 범인 검거 능력이 미국에 비해 압도적으로 높을 수밖에 없는 것은 무엇보다 이런 헌신적인 형사들의 노력이 있기 때문일 것이다.

CHAPTER 8

지옥을 빠져나온 악마들
살인동기

"내 기억이 정확하다면 그 편지에는

A, B, C에게 오렌지 씨앗을 발송했다고 적혀 있었네.

아마도 그들에게 경고를 했던 모양이야.

그 후에는 A와 B를 제거했고, C를 찾아간다는 내용이 적혀 있었네.

아마 C도 그들의 손아귀를 벗어나지 못했을 걸세."

-《다섯 개의 오렌지 씨앗》 중에서 -

The Five Orange Pips, 1891. 11

쌀쌀한 바람이 불던 9월의 어느 날, 베이커 가에 위치한 셜록 홈스의 하숙집으로 존 오펜쇼라는 젊은 청년이 찾아온다. 그는 몇 년 전 의문의 죽음을 맞이한 큰아버지 엘리아스 때문에 셜록 홈스를 찾아 왔다면서 사연을 털어놓는다. 젊은 시절 미국으로 건너간 엘리아스는 플로리다에서 농장을 운영하던 중 남북전쟁이 터지자 남군 장교로 입대해 전쟁을 치렀다. 하지만 남북전쟁에서 남군이 패하자 농장을 정리하고 영국으로 돌아온다. 그리고 존 오펜쇼와 함께 은둔 생활을 이어가던 어느 날, 인도에서 편지가 한 통 배달되어 온다. 봉투 안에는 다섯 개의 오렌지 씨앗이 들어 있었다. 존 오펜쇼는 웃어넘겼지만 큰아버지 엘리아스는 큰 충격을 받는다. "KKK!"라고 외친 엘리아스는 얼마 후, 변호사를 불러 유언장을 남긴다. 존 오펜쇼와 그의 아버지에게 모든 재산을 넘기되 만약 견딜 수 없게 되면 적에게 넘겨주라는 뜻 모를 얘기를 한다. 그리고 얼마 후, 계속 공포에 시달려온 엘리아스는 정원의 연못에 얼굴을 묻은 채 시신으로 발견된다. 그의 죽음은 자살이라는 판결이 내려졌고 그가 남긴 모든 재산은 존 오펜쇼의 아버지 조지프에게 상속된다.

그러던 어느 날, 엘리아스의 유산을 정리하던 조지프에게도 다섯 개의 오렌지 씨앗이 든 편지봉투가 날아든다. 존 오펜쇼는 아버지 조지프도 큰아버지인 엘리아스처럼 두려움에 떠는 것을 본다. 그리고 며칠이 지나지 않아, 친구 집을 방문했던 조지프가 절벽에서 떨어져 숨을 거둔다. 이번에도 조지프의 죽음은 사고사로 판결이 내려지고 존 오펜쇼는 큰아버지와 아버지의 재산을 물려받는다. 그렇게 2년 8개월이 지나 편지에 대해 까맣게 잊어버릴 즈음, 존 오펜쇼 앞으로 다섯 개의 오렌지 씨앗이 든 편지가 도착한다. 걱정과 두려움에 빠진 존 오펜쇼는 주변의 소개를 받아 셜록 홈스를 찾아온 것이다. 자초지종을 들은 셜록 홈스는 존 오펜쇼가 너무 늦게 찾아온 것을 우려하면서 그에게 몸조심하라고 당부한 뒤 왓슨과 함께 KKK단에 대해 조사한다. 그리고 그 단체와 관련된 문제로 오펜쇼 집안이 표적이 되었다는 사실을 확인한다. 하지만 조사 과정에서 뜻밖의 비보가 날아든다. 열차를 타고 집으로 돌아가려던 존 오펜쇼가 물에 빠진 시신으로 발견되었다는 소식이었다. 당혹감에 빠진 셜록 홈스는 서둘러 범인을 찾아 나서는데…….

셜록 홈스와 연쇄살인

'완전범죄'라는 단어를 지워버릴 만큼 완벽한 수사 능력을 자랑하는 셜록 홈스가 해결에 실패하는 몇 안 되는 사건 중 하나가 바로 《다섯 개의 오렌지 씨앗The Five Orange Pips, 1891년 발표》이다. 사실 사건을 해결할 틈이 없었다는 말이 정확하겠지만 이 작품에서 셜록 홈스는 방관자의 위치에서 크게 벗어나지 못한다. 그것은 아마 의뢰인 존 오펜쇼가 너무 늦게 찾아온 것도 있지만 관련자들이 연쇄적으로 죽어나가면서 증언을 들을 수 없었던 것이 결정적인 이유였다. 셜록 홈스 시리즈에서 사건 수사 중에 사람들이 죽는 경우는 많지 않다. 가장 많은 사람의 죽음이 등장하는 것은 《글로리아 스콧 호The Adventure of the Gloria Scott, 1893년 발표》 사건이다. 하지만 이것은 이미 사건 30년 전에 배가 폭발하면서 사람들이 사망했던 것으로 셜록 홈스가 맡은 사건과는 직접적인 연관이 없다. 그것을 제외하고 《다섯 개의 오렌지 씨앗》은 코난 도일이 쓴 시리즈 중에서 유독 많은 희생자를 만들어낸 작품이다. 이 작품에 등장하는 연이은 죽음은 전형적인 '연쇄살인'이다.

'연쇄살인'은 한 사람이 냉각기를 둔 채 여러 사람을 죽이는 것을 의미한다. 연쇄살인을 저지르는 데는 다양한 이유가 존재하지만 관련자들을 죽여 범죄를 은폐하려는 것도 포함되어 있다.《다섯 개의 오렌지 씨앗》에 등장하는 살인 역시 관련자들을 잇달아 살해한 연쇄살인에 해당된다. 이 작품에는 미국의 악명 높은 백인우월주의자 집단인 'KKK단*'이 등장한다. 자신의 소설을 통해 종종 미국이나 외국에서 건너온 범죄집단 또는 범죄자를 묘사해온 코난 도일은 KKK단에 대해 상세하게 설명했다. 이것은 신세계에 대한 코난 도일의 개인적인 궁금증과 더불어 당시 영국인들이 겪어야 했던 낯선 이웃에 대한 두려움이 어느 정도 투영된 것으로 보인다.

주로 사연이 있는 사건들을 다뤄 온 셜록 홈스는 소설이 집필된 것과 비슷한 시기에 일어난 '잭 더 리퍼 사건'은 다루지 않았는데 코난 도일이 공식적으로 그 이유를 밝히지는 않았지만 짐작해보자면 일단 범인이 잡히지 않았기 때문이라는 점을 가장 먼저 꼽을 수 있다. 만약 용의자들 중 한 명을 범인으로 설정했다가 다른 진범이 나타날 경우 셜록 홈스의 명성에 상처가 될 것이 분명했기 때문이다. 물론 사람들은 다양한 형식의 작품을 통해 잭 더 리퍼 사건과 셜록 홈스를 연결시키고자 했다. 크리스토퍼 플러머Christopher Plummer와 제임스 메이슨James Mason이 각각 셜록 홈스와 왓슨 역을 맡은 〈포고령 살인Murder By Decree〉이라는 제목의 영화가 대표적이다. 1979년에 제작된 이 영화는

---

* KKK단은 '쿠 클럭스 클랜Ku Klux Klan'의 약칭으로 남북전쟁 이후 남부 백인들에 의해 조직된 급진적 형태의 백인우월주의 비밀결사이다. 철저한 위계질서를 지키며, 준(準)종교적 의식을 올리고, 얼굴을 흰 두건으로 가린 이 비밀결사는 유색인종이나 그들을 옹호하는 사람들에 대한 위협과 테러를 자행했다.

DUTY

KLEAGLE'S CREDENTIALS

IMPERIAL PALACE

INVISIBLE EMPIRE

Knights of the Ku Klux Klan

TO THE LOVERS OF LAW AND ORDER, PEACE AND JUSTICE, AND TO ALL TO WHOM OF RIGHT IT MAY CONCERN, GREETING:

KLEAGLE OF THE INVISIBLE EMPIRE, KNIGHTS OF THE KU KLUX KLAN,

Commission

HE IS AUTHORIZED

HE IS NOT AUTHORIZED

By Imperial Authority.

KKK단의 회원 자격증(위)과 의식을 치르는 모습(아래)

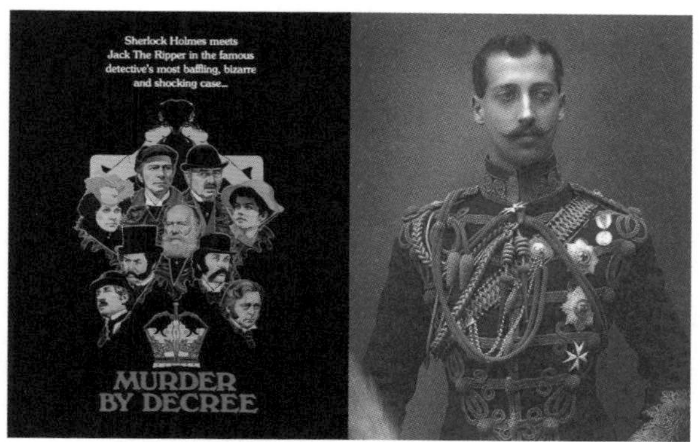

영화 〈포고령 살인〉의 포스터(좌)**와 앨버트 빅터 왕자**(우)

잭 더 리퍼 사건을 둘러싼 음모론 중 하나인 잭 더 리퍼와 왕실과의 연루설*을 토대로 했다. 영화에서는 결국 사건이 해결되었지만 왕실의 명예를 위해 사건의 진실을 공개하지 않는 것으로 마무리된다.

물론 실제로 코난 도일은 잭 더 리퍼 사건에 관심을 보이고 조사를 진행하기도 했다. 그는 잭 더 리퍼가 신문사로 보낸 편지의 글귀가 어색하다는 점을 지적하며 잭 더 리퍼의 정체는 영국인이 아니라 미국이나 호주에서 건너온 사람일 것이라고 추정했다. 아울러 경찰의 눈을 피하기 위해 여장을 했을지도 모른다고 주장하기도 했다. 하지만 끝내 잭 더 리퍼는 체포되지 않았고, 그의 정체는 영원히 미궁 속으로 사라지고 말았다.

---

* 빅토리아 여왕의 손자인 앨버트 빅터 왕자가 잭 더 리퍼라는 주장이 있었다. 하지만 런던에서 살인이 벌어지는 동안 빅터 왕자는 런던에 있지 않았고, 그 주장에는 근거가 없었기 때문에 음모론으로 그쳤다.

최초의 연쇄살인범

미국 연방수사국인 FBI는 냉각기를 가진 채 세 명 이상의 사람을 살해한 범죄를 '연쇄살인범', '시리얼 킬러Serial killer'로 규정하고 있다. 연쇄살인은 인간이 저지르는 여러 유형의 범죄 중에서도 최악의 변종으로 꼽힌다. 일반적인 살인사건의 경우 탐욕이나 증오 같은 분명한 목적들이 포함되어 있다. 따라서 사건이 발생하면 조기에 경찰들의 주목을 받게 된다. 범인이 트릭과 알리바이를 만들어 용케 경찰들의 눈을 벗어난다고 해도 살인사건 해결을 취미로 삼는 셜록 홈스 같은 명탐정의 손아귀를 벗어나기는 쉽지 않다.

하지만 연쇄살인사건의 경우는 아무리 셜록 홈스라 해도 좀처럼 해결하기 어렵다. 충동적인 범죄에 비해 치밀한 준비를 거쳐 실행하는 연쇄살인은 일단 다수의 희생자가 발생해야 존재가 밝혀지는 만큼 장기화되거나 뒤늦게 대처가 이뤄지는 경우가 많기 때문이다. 또 연쇄살인사건임에도 초기에는 개별 사건으로 판단되는 경우가 많은 것도 사실이다.

엘리자베스 바토리 부인

공식 기록상 최초의 연쇄살인범은 1888년, 런던을 공포에 떨게 만들었던 잭 더 리퍼로 알려져 있다. 하지만 그 이전에도 연쇄살인범은 존재했을 것이다. 다만 그것을 수사할 수사기관이나 보도할 언론이 없었기 때문에 알려지지 않은 것뿐이다. 잭 더 리퍼 이전까지 가장 유명했던 연쇄살인범은 아마 엘리자베스 바토리 부인Elizabeth Bathory일 것이다. 물론 그녀와 관련된 이야기는 논란의 여지가 있다는 사실을 미리 밝혀둔다.

그녀는 1560년 헝가리의 트란실바니아 지역의 명문가인 바토리 집안에서 태어났다. 젊은 시절부터 미녀로 명성을 떨친 그녀는 15세에 페렌츠 백작과 결혼한다. 무인武人이었던 페렌츠 백작은 헝가리군의 총사령관 자리에까지 오르며 오스만 투르크와의 전쟁에 자주 출정했고, 엘리자베스 바토리는 그때마다 남편이 떠난 성을 지키는 안주인 역할을 맡아야 했다.

그러던 1604년 전투에서 남편이 전사하자 그녀는 본격적인 살인 행각을 벌인다. 그녀의 살인은 늙는 것에 대한 두려움에서부터 시작됐다. 하루가 다르게 주름살이 생기는 걸 걱정하던 그녀는 우연한 사건을 계기로 처녀의 피가 자신의 노화를 막아줄 것이라는 믿음을 가지게 된다. 그때부터 바토리 부인은 자신의 영지에 있는 젊은 처녀들을 납치해 살해한 후 그 피로 목욕을 했다. 그렇게 수백 명의 여성들이 살해되던 중 간신히 탈출한 여성에 의해 그녀가 저질러온 범죄가 세상에 공개되었다. 엘리자베스 바토리는 결국 군대에 의해 체포된다. 당시 귀족이라는 이유로 사형은 면했지만 그녀는 죽을 때까지 햇빛이 들지 않는 독방에 갇혀 지내야만 했다. 바토리 부인의 일기에 의하면 그녀에게 살해된 피해자의 수는 600명에 달하는 것으로 추정된다.

범죄를 부르는 환경

1990년대 대한민국을 떠들썩하게 만들었던 지존파 사건*의 범인들은 경찰에 체포된 이후 자신들은 가진 자들에 대한 증오 때문에 살인을 저질렀으며 오로지 부자들만 범행 대상으로 삼았다고 증언했다. 하지만 정작 그들에 의해 살해된 피해자들은 결코 가진 자들이 아니었다. 부자에게 접근하기 위해 정보를 수집하고, 자금을 모으고, 결속을 다지기 위한 행동은 있었지만 결국 피해자들은 대부분 중산층이거나 그들과 마찬가지로 그저 평범한 사람들이었다.

사실 재력이 있는 경우엔 연쇄살인을 비롯한 범죄에 쉽게 노출되지 않는다. 보안시설에 충분히 투자할 수 있을 뿐만 아니라 안전한 거주공간에서 생활하기 때문에 범죄자가 접근할 수 있는 기회가 많지 않기 때문이다. 살인의 희생자들은 상대적으로 소득이 적은 취약계층에

---

* 지존파 사건은 두목 김기환을 필두로 지존파 일당 7명이 1993년 7월부터 1994년 9월까지 5명을 연쇄적으로 살해한 사건이다. 이들은 부유층에 대한 증오를 행동으로 나타내자며 조직을 결성했다. 그러나 이들에 의해 희생된 피해자들은 모두 평범한 서민들이었다.

지존파 조직원들의 체포 직후의 모습

서 자주 발생하게 된다. 그런 측면에서 연쇄살인은 범행의 동기나 목적이라는 범죄심리학적인 측면뿐만 아니라 범죄가 발생할 수밖에 없는 사회생태학적인 관점에서도 바라봐야 한다.

살인자는 어느 시대에나 존재해 왔고 또 존재할 것이다. 한정된 재화를 분배해야 하는 사회적 계약을 저버리고 혼자 독점하기 위해 살인도 불사하는 인간의 본성과 탐욕 때문이다. 거기에 사회가 발전하고 변화하면서 급격히 생겨난 환경적 요인들도 살인의 토양을 제공해줬다. 범죄생태학적인 관점에서 보면 '화성 연쇄살인사건'의 경우 새로운 해석이 가능하다. 사건이 벌어졌던 1980년대의 화성은 도농복합지라고는 해도 공장들이 드문드문 들어섰을 뿐 사실상 농촌이었다. 당시 주거지들은 대개 버스정류장이 있는 도로에서 멀리 떨어진 곳에 위치했기 때문에 귀가하기 위해서는 인적이 드물고 어두운 논밭 사이의 길을 한참 걸어가야만 했다. 인구밀도가 낮고, 시신을 은닉할만한 지형이 많은 지역적 특성도 연쇄살인 시도를 이끄는 역할을 했다고 판단된다. 마지막으로 DNA 같은 증거가 제대로 수집되지 못하면서 유력한 용의자를 기소하지 못한 점도 있다. 과학기술이 한참 발전하던 시기였지만 정작 범죄현장에서는 이를 충분히 따라가지 못한 것이다.

만약 그 시기의 화성 지역이 도시화가 진행되고 거주인구가 많아 도로나 조명 등의 환경이 충분히 갖춰져 있었다면 화성연쇄살인 같은 비극은 벌어지지 않았을지도 모른다. 아울러 현재의 수준처럼 현장감식과 DNA 분석이 적절하게 실시되었다면 범인은 반드시 잡혔을 것이다. 실제로 화성에서는 본격적으로 도시화가 진행된 90년대 초반 이후에는 더 이상 유사한 살인사건이 벌어지지 않은 점을 주목해야 한다.

연쇄살인이 벌어지는 또 하나의 요인은 바로 피해자의 신분을 들 수 있다. 잭 더 리퍼 사건의 피해자는 남자들과의 접촉이 잦았던 매춘부였다. 우리나라의 대표적인 연쇄살인마인 강호순과 유영철이 노린 희생자 역시 예외가 있긴 했지만 주로 노래방 도우미와 출장 마사지사였다. 이들은 법의 사각지대에 있기 때문에 피해를 입어도 신고가 쉽지 않았고, 실종이 되었어도 경찰이나 주변에서 크게 관심을 가지지 않는다는 공통점을 지녔다. 초기 피해자들에 대한 신고가 접수되었을 때 경찰은 살인 등의 범죄 가능성보다는 포주로부터의 도피 정도로 받아들였을 수도 있다. 만약 피해자들의 신분과 직업이 확실하거나 안정된 부류의 사람들이었다면 초기에 범죄 쪽으로 무게감을 두고 조사에 착

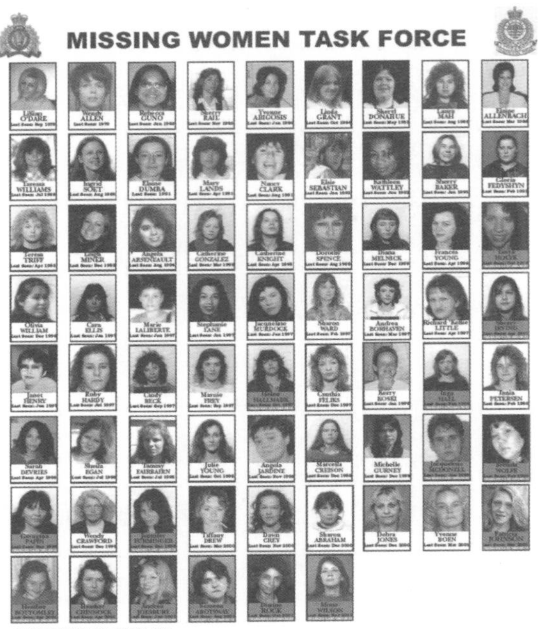

픽튼의 희생자들을 포함한 벤쿠버에서 실종된 여성 명단(위)과 로버트 픽튼(아래)

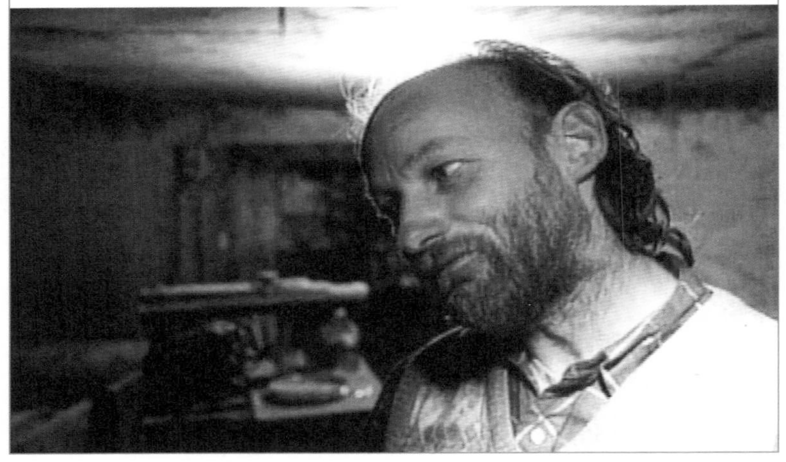

수했을 것이다.

'픽튼 사건'이라고 알려진 캐나다의 돼지 농장 연쇄살인사건도 이와 유사한 사례다. 2002년 캐나다 벤쿠버 경찰에 의해 돼지 농장의 주인인 로버트 윌리엄 픽튼Robert William Pickton이 두 명의 여성을 살해한 일급 살인 혐의로 체포되었다. 그런데 그의 농장을 수색하던 경찰은 그곳에서 수십 명에 해당되는 여성의 DNA와 신체 일부를 발견했다. 캐나다 역사상 최악의 연쇄살인마인 픽튼은 20년에 걸쳐 매춘부들을 유인해 살인한 후에 시신을 돼지 먹이로 줌으로써 흔적을 지워 왔던 것이다. 그 오랜 기간에 걸쳐 수십 명에 달하는(방대한 인원과 장비가 동원된 조사에도 불구하고 범죄의 실상이 아직 완전히 밝혀지지 않았음) 여성들이 희생된 다음에야 범인이 검거된 이유는 단 하나다. 죽은 여성들 대부분이 매춘부였기 때문이다. 거리를 누비던 그녀들이 갑자기 사라져도 아무도 이상하게 생각하지 않았다. 경찰은 여성들이 실종되거나 사라진 것이 아니라 스스로 가출을 했거나 소식을 끊고 다른 지역으로 옮겨갔을 것이라고만 생각한 것이다. 그들이 겪은 범죄들 간의 연쇄성을 알지 못했기 때문에 많은 사람들이 희생되었다. 죽은 여성들과 마지막으로 접촉한 남성에 대해서만 제때, 제대로 조사했더라도 그토록 많은 희생자가 발생하지는 않았을 것이다.

이렇듯 범죄가 발생하기 쉬운 환경에서 범죄가 일어나는 것은 필연적인 일이다. 그런 문제를 외면한 채 단순히 범인의 개인적인 성향과 성장 배경에서만 이유를 찾는 것은 범죄의 재발을 막는 데 아무런 도움이 되지 않는다. 범죄자는 본능적으로 범죄를 저지르기 쉬운 시간대와 장소를 선택한다. 아울러 범죄 대상자를 선택할 때에도 자신이 손쉽게 제압할 수 있는지 여부를 감안한다. 이런 이유 때문에 어린 시절 부모에 의해 학대를 받았거나 성인이 되어 여성으로부터 멸시를 당해 생긴 내면의 증오가 범죄의 원인이라는 범인의 주장 또는 전문가들의 의견에 흔쾌히 동의하기 어렵다. 불우한 가정환경 때문에 가진 자들을 향해 분노를 드러냈던 범죄자들의 경우도 마찬가지다. 이런 경험을 가진 사람들 중 대부분은 사회의 구성원으로서 법을 준수하며 선량한 삶을 살아가고 있다. 때문에 이 같은 주장은 자신의 불만을 사회가 용인할 수 없는 수준으로 표출하며 범죄의 원인을 다른 사람에게 돌리고자 하는 범죄자들의 '기만'이 아닐까. 유사한 범죄자들이 생겨나지 않도록 사회를 발전시키는 것도 중요한 과제겠지만 무엇보다 이들이 범죄를 저지르지 못하도록 사회 안전망을 확립하는 것이 더욱 중요하다. 범죄를 통해 자신의 '사회적 불만의 표출'이 성공할 것이라는 기대를 하지 못하도록 사회 구성원 모두가 노력해야 한다. 아울러 범죄에 쉽게 노출될 수 있는 약자들에 대한 대중의 관심도 함께 끌어올려야 할 것이다.

연쇄살인, 연속살인 그리고 다중살인

타고난 범죄자, 가혹한 살인범은 오래 전부터 우리 사회에 존재해왔다. 하지만 수사관 등 범죄 전문가들은 '연쇄살인'을 가장 위험한 범죄 유형으로 보고 있다. 여러 피해자를 만들어내는 범죄이기도 하지만 연쇄살인범을 주목해야 하는 이유는 그들이 살인 행각을 저지르는 데 있어 냉각기Cooling off Period를 가지기 때문이다. 연쇄살인범들은 대개 살인을 수행하고 냉각기를 거치는 과정에서 자신이 살인을 저지른 과정을 복기하며 단점을 보완한다. 그래서 냉각기 이후에는 한층 더 신중하고 치밀하게 살인을 저지른다. 따라서 연쇄살인은 초기에 검거하지 못하면 시간이 지날수록 검거하기가 더욱 어려워지는 것이다.

연쇄살인에는 여러 유형이 있으며, 시대가 변할수록 그 방식도 변하고 있다. 냉각기를 가지면서 진화한 대표적인 사례가 바로 3명의 미성년자를 살해하고 한 건의 살인미수를 저지른 '고창의 연쇄살인마' 김해선이다. 김해선의 첫 번째 살인은 다소 충동적이고 허술하게 벌어졌다. 하지만 희생자를 제압하는 과정에서 상대가 숨을 거두자 그는 냉각기를 가지며 자신의 실수를 보완한다. 첫 번째 범죄 이후 자신이 용의선상에 오르지 않자 그는 대담하게 두 번째 살인에 나서게 된다. 두 번째 범죄에서 그는 범행에 사용할 노끈과 칼을 미리 준비하고, 귀가하던 남매 중 남동생을 먼저 살해함으로써 목격자를 남기지 않으려 했다. 그는 여고생인 피해자를 나무에 묶어 꼼짝 못하게 만든 상태에서 자신의 성적 욕구를 채웠다. 이후 그는 칼로 피해자의 몸을 난자해 살해했고, 시신의 일부를 잘라내기도 했다. 그는 결국 수사팀의 조사에 의해 시신 발견 다음날 검거되었다. 만약 첫 번째 범죄 당시 초동대응을 통해 검거했더라면 김해선은 냉각기를 가진 후 두 번째와 세 번째 희생자를 만들어내지 못했을 것이다.

연쇄살인의 가장 전형적인 유형을 드러낸 범죄자는 바로 미국 역사상 최악의 연쇄살인범이자 강간범인 테드 번디Theodore Robert Bundy다. 정확한 희생자의 숫자는 끝내 밝혀지지 않았지만 테드 번디는 30명 이상을 살해했다고 자백했고, 그를 조사했던 FBI의 로버트 레슬러Robert K. Ressler는 피해자가 100명이 넘을 것이라고 분석했다. 테드 번디는 완전범죄를 추구했다. 한쪽 팔에 가짜 깁스를 한 그는 주차장에 짐을 놔둔 채 적당한 희생자인 여성을 골라 도움을 요청했다. 기꺼이 도움을 자청한 상대방을 만나면 같이 차를 타고 자신의 집으로 데리고 가서 살인을 저질렀다. 테드 번디에 의해 살해된 희생자들의 시신에서는 아무런 흔적이 나오지 않았고, 주기적으로 거주지를 옮겨 다니면서 살인을 저지른 탓에 좀처럼 꼬리가 잡히지 않았다. 이러한 연유로 경찰과 FBI는 그를 용의선상에 올려두었음에도 쉽사리 체포하지 못했고,

테드 번디의 희생자들(위)과 **테드 번디**(아래)

그 사이에 잔인한 살인 행각은 계속 이어졌다.

결국 수사기관의 치밀한 수사 끝에 법정에 서게 된 테드 번디는 법학을 전공한 자신의 실력을 이용해 스스로를 변호하는 여유을 보여주기까지 했다. '연쇄살인의 귀공자'라는 호칭을 얻기도 한 그는 연쇄살인범이라는 신분과는 역설적으로 여성들에게 인기를 끌었고 결국 자신을 추종하던 여인과 옥중 결혼식을 올리기도 했다. 잔인한 본성과 냉철한 외면을 지닌 그의 모습은 영화 〈양들의 침묵〉에 등장하는 한니발 렉터 박사의 롤 모델이 되기도 했다.

냉각기를 가지면서 세 명 이상을 살해한 범죄를 '연쇄살인'이라고 분류한 반면, '연속살인'은 냉각기를 거치지 않은 채 두 명 이상의 피해자를 살해하는 범죄를 뜻한다. 한국에서 발생한 대표적인 연속살인은 1982년 경상남도 의령군에서 벌어진 '우순경 사건'이다. 청와대 경비단에서 근무한 바도 있는 우범곤은 평소 술주정이 심하고 난폭하다는 이유로 의령군으로 발령받게 되었다. 그곳에서도 그는 난폭한 행동을 멈추지 않았지만 작은 시골에서 그를 말리거나 통제할 수 있는 사람은 없었다. 그러던 어느 날, 동거녀와 사소한 말다툼을 하다가 격분한 우범곤은 동거녀를 폭행하고 경찰서로 와서 예비군 무기고에 있던 소총과 수류탄을 챙겼다. 경찰서를 나온 그는 길거리를 지나는 행인을 시작으로 마을을 다니면서 닥치는 대로 총을 쏘아 사람들을 학살했다. 그 과정에서 우체국을 습격하고 전화교환수를 사살해 외부와의 연락을 차단하는 치밀함을 보이기까지 했다. 당시 경찰서장을 비롯한 경찰관들 상당수가 무단으로 근무지를 이탈한 상태였고, 우범곤이 경찰

복장을 한 채 돌아다녔기 때문에 누구도 의심을 하지 않았다. 결국 마을과 거리를 장시간 돌아다니며 62명을 살해한 우범곤 순경은 경찰에 포위되자 수류탄을 터뜨려 스스로 목숨을 끊었다.

불특정 다수를 향한 이런 연속살인은 이웃나라인 일본에서도 벌어졌는데 1938년 도이 무츠오가 엽총과 일본도로 자신의 할머니를 비롯한 30명을 죽이고 스스로 목숨을 끊은 사건이 대표적이다. 1921년에는 조선에서 일본으로 건너가 노동자로 일하던 이판능이 집주인과의 사소한 말다툼에 분노해 흉기를 들고 거리로 나가 17명을 무참하게 죽인 사건도 연속살인의 대표적인 사례로 꼽힌다.

연쇄살인이 한 명씩 여러 명을 죽이는 방식이라면 '다중살인' 혹은 '대량살인'은 한 장소에서 여러 명을 한꺼번에 죽이는 방식이다. 최근에는 현대 사회가 주는 극도의 스트레스에 견디지 못한 충동적인 다중살인이 늘어나는 추세를 보이고 있다. 특히 총기 소유가 자유로운 미국에서는 여러 자루의 총기로 무장한 채 불특정 다수에게 사격을 해 엄청난 사상자를 내는 일도 빈번하게 발생한다. 최근에는 플로리다 주의 한 고등학교에서 퇴학 경력이 있는 19세 남성이 총기 난사를 해 17명의 사망자와 다수의 사상자를 발생시켰다. 불과 몇 달 지나지 않아 텍사스 주의 교회에서 25명을 사망케 한 총기 난사 사건 이후 유사한 사건이 발생해 미국 전역은 충격에 빠지기도 했다.

살인 수사와 프로파일링

범죄와 관련한 장르는 이제 일반인에게도 익숙해졌다. 사건이 일어날 때마다 뉴스나 다큐멘터리 프로그램에 범죄 또는 수사 전문가들이 어김없이 등장하기 때문이다. 그들은 대중이 궁금해 하는 것이 무엇인지를 잘 알고 있으며 그 답을 넌지시, 매우 드물게는 확신을 갖고 전달한다. 한 전문가가 다음과 같은 말을 했다고 가정해보자. “범행 후 시신을 땅에 묻었다는 것은 피해자를 경원시하는 범인의 마음이 드러난 것이므로 면식범에 의한 범죄일 가능성이 높다.” 우리는 수사를 할 때마다 추리를 하게 된다. 여기서 말하는 추리는 우리가 살아가면서 얻은 경험에 의해 생겨난 일정한 규칙과 논리를 바탕으로 한 사고의 방향이다. 남의 물건을 훔쳤다면 그 물건을 손에 들고 다니기보다는 어딘가에 숨기는 것이 경험과 논리에 부합한다는 것은 누구나 다 아는 사실이다. 사람을 죽이면 시신이라는 결정적 증거가 남는다. 어떤 범죄의 범인이든 자신이 남긴 범행의 증거가 영원히 사라져주기를 바라는 마음은 한결같을 것이다. 살인의 가장 확실한 증거인 시신을 땅에 묻는 일, 그것이 과연 시신을 경원시하는 마음을 드러낸 것일까? 시신이 땅에 매장된 사건은 대부분 수사의 초점을 면식범 소행에 맞춰야만 하는 것일까? 그들의 주장이 합리적이라면 반대로 용의자 중 면식범이 아닌 사람들은 범인 후보에서 제외하는 것이 수사상 도움이 될까?

알려진 대로 강호순 사건의 피해자들은 모두 야산이나 언덕 비탈에 매장되었다. 유영철 사건의 출장 마사지 여성 피해자들도 모두 토막난 시신으로 서울 시내 야산에서 발견되었다. 그렇다면 강호순과 유영철은 이 피해자들을 경원시할 정도의 감정을 갖고 있는 관계였을까? 아니다. 두 살인자는 단지 손쉬운 살인을 위해 희생자들을 골랐을 뿐이고, 대부분 만난 지 몇 시간 후 살해당했다. 물론 사건을 수사함에 있어 전문가들의 의견과 판단은 중요하다. 하지만 아이러니하게도 사건을 분석하는 그들이 저지르는 오류를 발견하는 일은 어렵지 않다.

다시 강조하지만 모든 주장에는 근거가 있어야 한다. 테이프로 얼굴이 가려진 시신, 비닐봉투로 머리를 감싼 시신, 땅에 묻힌 시신, 강에 버려진 시신 등을 보고 사건의 범인이 면식범일 것이라고 주장하려면 근거가 있어야 한다. 10건 중 한두 건에 해당하는 사례를 근거로 주장하는 것만으로는 부족하다. 자주 느끼는 것이지만 매체에 등장하는 범죄 전문가들의 주장은 실제 수사현장에서 알 수 있는 것들과 거리가 멀 때가 많다. 조금 다른 얘기가 될 수 있지만, 유병언의 시신이 짧은 시일 안에 그렇게 빠르게 부패한 것에 대해 일부 학자와 전문가들

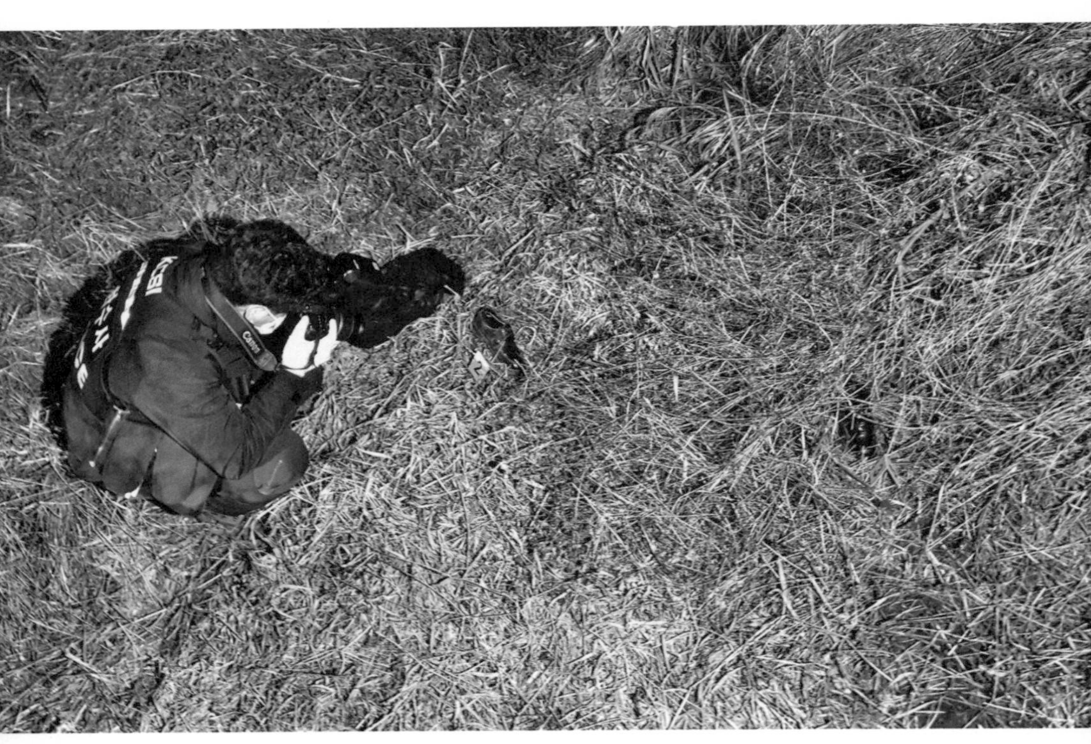

은 가능한 일이 아니라고 했다. 하지만 돼지 사체 실험을 비롯한 다양한 연구 결과는 빠른 시기에도 부패가 발생할 수 있다는 사실을 보여줬다. 그들이 일반인들에게 특별하게 보이는 이유가 언론에 자주 노출되고, 대중들이 궁금해 하는 점들을 얘기해줬기 때문은 아닌지 냉정하게 생각해봐야 한다.

과학은 합리적 의심에서 시작된다. 사실을 바라보는 비판적 사고는 합리적으로 의심하고 올바로 질문하는 데서 시작된다. 하지만 그들의 의심은 한 개인의 생각이 전문가 의견이라는 옷을 입고 대중들 앞에서 있는 것이라는 생각이 든다. 이런 직업들이 생겨나기 전까지 수사는 오롯이 수사관의 일이었다. 그들은 물적 증거를 수집하고 무형의 증거를 찾아내기 위해 탐문하고, 잠복하고, 추적한다. 그리고 수사의 결과물은 증거가 말하는 것과 같은 맥락에 있어야 한다. 때로는 증거도 완벽하지 못할 수 있지만 적절한 방법으로 수집되고 과학적으로 분석된 증거는 근거 없는 의심보다는 확실하다. 전문가라면 자신의 말에 책임을 져야 한다. 셜록 홈스는 확실히 매력적인 캐릭터이고 법과학에 큰 영향을 미친 존재는 맞지만 과학수사라는 관점에서만 본다면 21세기에는 부적합한 인물일지도 모른다. 아울러 범죄 전문가들은 결코 마법사나 셜록 홈스가 아니다. 셜록 홈스처럼 되기를 꿈꾸는 이들이 있다면 이 점을 명심해야 할 것이다.

살인자의 시그니처

살인도구

"누가 앨러다이스의 가게 뒷방을 보았다면 기절초풍했을 걸세.

천정의 갈고리에 매달려 있는 돼지의 몸통에

셔츠 차림의 신사가 작살을 들고 미친 듯이 찔러대는 광경을

보았을 테니까 말이야. 사실 그 신사는 바로 날세.

그런데 아무리 힘을 줘도 작살로 돼지를 단번에 꿰뚫지는 못하겠더군.

하지만 그 사실을 알고 행복했네. 자네도 한번 해보겠나?"

"난 아무리 돈을 많이 준다고 해도 싫네. 그런데 왜 작살로 돼지를 찌른 건가?"

-《블랙 피터》 중에서 -

The Adventure of Black Peter, 1904. 02

1895년 7월, 베이커 가에 있는 셜록 홈스의 하숙집에 스탠리 홉킨스 경위가 찾아온다. 그가 방문한 이유는 최고의 선장으로 명성을 떨치다가 은퇴 후 서섹스 지방에 머물던 피터 케리 선장의 죽음에 대한 단서를 찾기 위해서였다. 그는 유능한 선장이긴 했지만 술에 취하면 부인과 딸에게 무자비한 폭력을 휘두르는 것으로 악명이 높았다. 덕분에 그는 '블랙 피터'라는 별명으로 불렸는데 그것은 피터 선장이 실제로 검은 수염을 기르고 있기도 했지만 두려움의 대상이었기 때문이다. 피터 선장은 자신의 집에서 수백 미터 떨어진 곳에 위치한 '선실'이라고 부르는 오두막에서 지냈다. 워낙 다른 사람의 출입을 엄격하게 금한 곳이라 아무도 들어갈 수 없는 곳이었다.

그러던 어느 날, 피터 선장이 자신이 머물던 오두막에서

참혹한 시신으로 발견된다. 고래잡이용 작살에 몸이 꿰뚫린 채 벽에 매달린 모습으로. 끔찍한 최후를 맞이한 피터 선장 사건을 조사하기 위해 스탠리 홉킨스 경위가 나섰지만 그는 아무런 단서도 찾지 못한다. 경위의 부탁으로 범죄현장을 살펴본 셜록 홈스는 사건 발생 이후 누군가 선실을 뒤졌다는 사실을 알아차린다. 십중팔구 그가 범인일 것이라고 단정한 셜록 홈스와 왓슨, 그리고 스탠리 홉킨스 경위는 현장 부근에 잠복을 한다. 밤이 깊어지자 검은 그림자 하나가 나타나 오두막으로 들어간다. 이를 지켜보던 셜록 홈스 일행은 그 뒤를 따라 들어가 침입자의 정체를 확인한다. 그는 존 호프리 넬리건이라는 청년으로 해외로 도피한 아버지의 실종과 관련된 정보를 얻기 위해 침입한 것이었다. 살인을 목격하기는 했지만 범인은 아니라고 완강하게 버티는 존 호프리 넬리건에게 스탠리 홉킨스 경위는 결정적인 단서를 들이민다. 하지만 셜록 홈스는 작살을 다룰 줄 아는 진범이 따로 있을 것이라고 확신하는데…….

셜록 홈스가 겪은 죽음들

셜록 홈스에게 의뢰가 들어온 사건들 중 상당수는 살인사건이었다. 따라서 극중에서는 다양한 방식의 죽음을 다루고 있는 걸 볼 수 있다. 첫 번째 장편《주홍색 연구A Study in Scarlet, 1887년 발표》에서는 독살과 함께 칼에 의한 살인이 등장한다.《너도밤나무 집The Adventure of the Copper Beeches, 1892년 발표》이나《바스커빌 가문의 사냥개The Hound of the Baskervilles, 1901년 발표》,《얼룩 띠의 비밀The Adventure of the Speckled Band, 1892년 발표》처럼 동물이 흉기로 사용되는 경우도 등장한다.《춤추는 사람 그림The Adventure of the Dancing Men, 1903년 발표》이라는 단편에서는 리볼버 권총이 살인 무기로 사용되었고,《공포의 계곡The Valley of Fear, 1914년 발표》에서는 산탄총으로 인해 피살자의 얼굴이 짓뭉개지기도 한다. 이렇게 다양한 살인 도구가 등장하는 것은 셜록 홈스가 맞이한 사건들이 그만큼 사연이 깊고, 복잡성과 다양성을 지녔다는 사실을 의미한다.

그런데 셜록 홈스에 등장하는 살인 도구를 살펴보면 일정한 패턴을 엿볼 수 있다. 《얼룩 띠의 비밀》이나 《공포의 계곡》처럼 동물이나 총기를 이용한 경우에는 범인이 오랫동안 범행을 준비한 경우이거나 이미 살인을 저질러봤던 자들이다. 칼은 원한이 깊거나 갑작스러운 상황에서 사용되는 경우가 많았다. 독살의 경우는 좀 복잡한데 《네 사람의 서명The Sign of Four, 1890년 발표》처럼 주로 유럽 이외의 지역에서 온 살인자가 범죄에 사용한다는 설정이 눈에 띈다. 셜록 홈스는 살인에 사용된 도구에 무척 많은 관심을 보였는데 이것은 '살인의 도구'를 통해 얻을 수 있는 정보가 많았기 때문이다. 《보스콤 계곡 미스터리The Boscombe Valley Mystery, 1891년 발표》에서처럼 살인 도구의 종류나 발견 장소 등을 다양하게 분석하면 범인을 유추할 수 있다. 당시에는 요즘처럼 지문이나 DNA, 미세증거 등으로 범인을 찾을 수 없던 시절이라 현장에 남겨진 증거들을 최대한 모으는 수밖에 없었고, 그런 맥락에서 살인 도구는 증거를 발견할 수 있는 보물창고나 다름없었다.

《네 사람의 서명》에서는 피살자의 몸에 남은 흔적을 통해 독침이 어느 곳에서 발사되었는지를 알아내 범인의 침입 경로까지 찾아냈다. 이 과정에서 셜록 홈스는 범인의 중요한 신체적 특징을 찾아내기도 했다. 《블랙 피터The Adventure of the Black Peter, 1904년 발표》에서도 셜록 홈스는 범인이 고래잡이용 작살로 살인을 저질렀다는 점에 착안해 현장의 증거들을 종합 분석하는 한편 직접 실험을 진행함으로써 범인을 추적한다. 이런 과정을 통해서 우리가 알 수 있는 것은 살인의 실체를 밝혀내는 데 있어 '살인 도구'는 절대적으로 필요한 증거물이라는 점이다. 아울러 살인 도구는 범인의 또 다른 자아이자 결정적인 흔적이라는 점도 알 수 있다.

연쇄살인범 유영철의 슬레지해머

2004년 7월 15일, 경찰에 체포된 유영철은 마사지 도우미들의 행방을 추궁 당한다. 그가 전화로 호출한 여성들이 계속 사라지자 이를 수상하게 여긴 업주가 경찰에 신고했던 것이다. 처음에는 대수롭지 않은 실종사건으로 여겼던 경찰은 막상 유영철이 자신이 벌인 살인 행각을 털어놓기 시작하자 당황하고 만다. 경찰에 체포된 후 유영철은 자신이 살해한 여성들의 시신이 있는 곳을 알려주겠다며 경찰서를 나서는 척하다 도망을 쳤고, 몇 시간 후에 다시 체포되었다. 그리고 그가 저지른 끔찍한 범죄들이 마침내 세상에 모습을 드러내기 시작했다.

체포 당시 유영철은 자신이 26명을 살해했다고 자백했지만 최종 수사 결과 20명을 살해한 것으로 확인되었다. 일각에서는 그를 부유층만 골라 범행한 의적인 양 사건의 방향을 호도하기도 했지만 그는 그저 돈과 욕구 해소를 위해 자신보다 약한 노인과 여성들을 살해한 연쇄살인범일 뿐이었다. 처음에는 가정집에 침입해 사람들을 살해하고 재물을 훔쳤지만 나중에는 좀 더 손쉬운 방법을 이용했다. 바로 전화로 업소여성들을 불러내는 것이다. 이 여성들의 경우 피해를 입어도 신고하기를 꺼려 하고, 혹시 실종된다고 해도 경찰이나 주변에서 쉽게 관심을 보이지 않는다는 점을 노린 것이다. 그렇게 연쇄살인을 저지르던 그가 결국 업주의 신고로 꼬리를 잡히고 만다. 그의 잔혹한 범죄 행각과 체포 과정은 이후 영화 〈추격자〉의 모티브가 되기도 했다.

사건 당시 그가 사용한 흉기가 무엇인지에 대해 화제가 된 적이 있다. 그는 살인을 저지를 때 대개 희생자들의 뒤통수를 둔기로 내리쳤는데 상처만 봐서는 그가 사용한 도구가 어떤 종류인지 좀처럼 알아내기 어려웠기 때문이다. 유영철의 피해자들 중 둔기로 머리를 가격당한 피해자들에 대한 부검 과정에서 발견된 정형손상은 일정한 각을 가진 괄호 모양이었다. 당시에는 팔각기둥 모양의 둔기 일부분이 찍히면서 남긴 정형손상이라는 것만 확인할 수 있었다. 수사 결과 밝혀진 유영철의 살인 도구는 해머, 정확히는 슬레지해머(속칭 오함마)에 길에서 주은 망치 손잡이를 붙인 것이었다. 자기 나름의 개조를 함으로써 피해자들의 눈에 띄지 않고 손에 잡기 쉬우면서도 타격력을 그대로 유지하도록 만든 것이다. 그는 범행에 둔기만 사용한 것이 아니라 칼도 사용했는데 조사 과정에서는 칼은 피해자가 쉽게 죽지 않아 가급적 쓰지 않았다고 진술했다. 칼은 전문적인 훈련을 받지 않은 경우에는 다루는 것 자체가 쉽지 않고, 상대방의 저항을 부르거나 오히려 본인이 상처를 입을 수 있다는 점을 각인시켜 준 사건이기도 하다.

여성 살인마들의 전용 도구

살인에 독극물을 즐겨 사용했던 김선자는 우리나라의 대표적인 여성 연쇄살인범이다. 코난 도일과 쌍벽을 이루는 영국의 추리소설 작가 '아가사 크리스티Agatha Christie'의 작품에서도 여성 살인범은 주로 독극물을 범행 도구로 사용한다. 한때 약제사로 일했던 아가사 크리스티의 경험이 토대가 된 것도 있지만 현실 속 여성 연쇄살인마들도 주로 독극물을 살인 도구로 활용했다. 완력이 약한 여성의 특성과 더불어 피해자가 사망할 때 현장에 존재하지 않아도 돼 알리바이를 만들기 쉽다는 점도 한 몫 한다. 1988년에 체포된 김선자는 5명을 살해하고 1명에 대한 살인미수 혐의로 결국 1997년에 사형이 집행되었다. 평소 도박과 낭비벽으로 인해 빚이 많았던 그녀는 빚 문제를 손쉽게 해결하기 위해 자신의 아버지를 비롯해 여동생, 사촌 여동생을 잇달아 살해했으며, 그 이전에도 같은 계원이었던 이웃 주민을 청산가리로 살해한 것이 밝혀졌다. 김선자는 주로 청산가리가 든 음료수와 차를 마시도록 하는 방식으로 살인을 저질렀다.

반사회성 성격장애 테스트에서 유영철보다 높은 점수가 나와 화제가 되었던 또 다른 여성 연쇄살인범 엄인숙은 다양한 방식으로 살인과 상해를 저질렀다. 대표적인 것이 피해자에게 수면제를 먹인 후 바늘로 눈을 찔러 실명시키는 방법이다. 그 밖에 염산을 피해자의 눈에 붓기도 했는데 실명을 하게 되면 사망 다음으로 많은 보험금이 나오는 점을 노린 것이다. 엄인숙의 전남편과 재혼한 남편, 그리고 그녀의 어머니와 남동생 또한 동일한 수법에 희생되었다. 엄인숙은 그 외에 방화를 통해 살인을 저지르기도 했다. 그녀는 살인행각의 이유로 딸의 사망 이후 슬픔을 잊으려다 마약에 중독됐으며 그 구매 자금을 마련하기 위해서였다는 변명을 하기도 했다.

1995년에 발생해 아직까지도 미제사건으로 남아 있는 고 김성재 씨의 죽음에 사용된 것은 '졸레틸Zoletil'이라는 약물이다. 해체한 남성 듀오 듀스의 멤버였다 솔로로 복귀하게 된 김성재는 첫 방송에 출연한 다음 날, 숙소인 S호텔 객실에서 시신으로 발견되었다. 그의 오른팔에는 무려 28개의 주사바늘 자국이 남아 있었는데 부검 결과 그의 몸에서는 졸레틸 성분이 검출되었다. 이 약물은 주로 동물 마취제로 사용되는 것으로 김성재의 시신에서는 상당한 양이 검출된 것이다. 그런데 김성재 본인이 자신의 몸에 졸레틸을 28차례나 주사했다는 것은 현실적으로 불가능한 일이었다. 만일 그가 직접 주사를 놓은 것이라면 첫 번째 주사 즉시 의식을 잃어 주사바늘조차 빼지 못했을 것이다. 졸레틸은 극히 소량만으로도 코끼리 같은 대형 동물도 마취시킬 만큼 강력한 성분이기 때문이다.

처음에는 눈에 띄는 외상이 없어 돌연사로 여겼지만 부검 결과 졸레틸 성분이 검출되자 범죄와 관련 있는 것으로 보고 본격적인 수사가 시작되었다. 당시 가장 유력했던 용의자는 김성재에게 심한 집착을 보였던 것으로 알려진 그의 여자친구였다. 그녀는 사건이 벌어지기 며칠 전 동물병원을 찾아 자신이 기르던 개를 안락사 시켜야 한다며 문제의 약품을 구매했다. 그리고 이후 다시 동물병원을 찾아 자신이 약품을 구매해 간 사실을 비밀로 해달라고 부탁했던 사실이 드러났다.

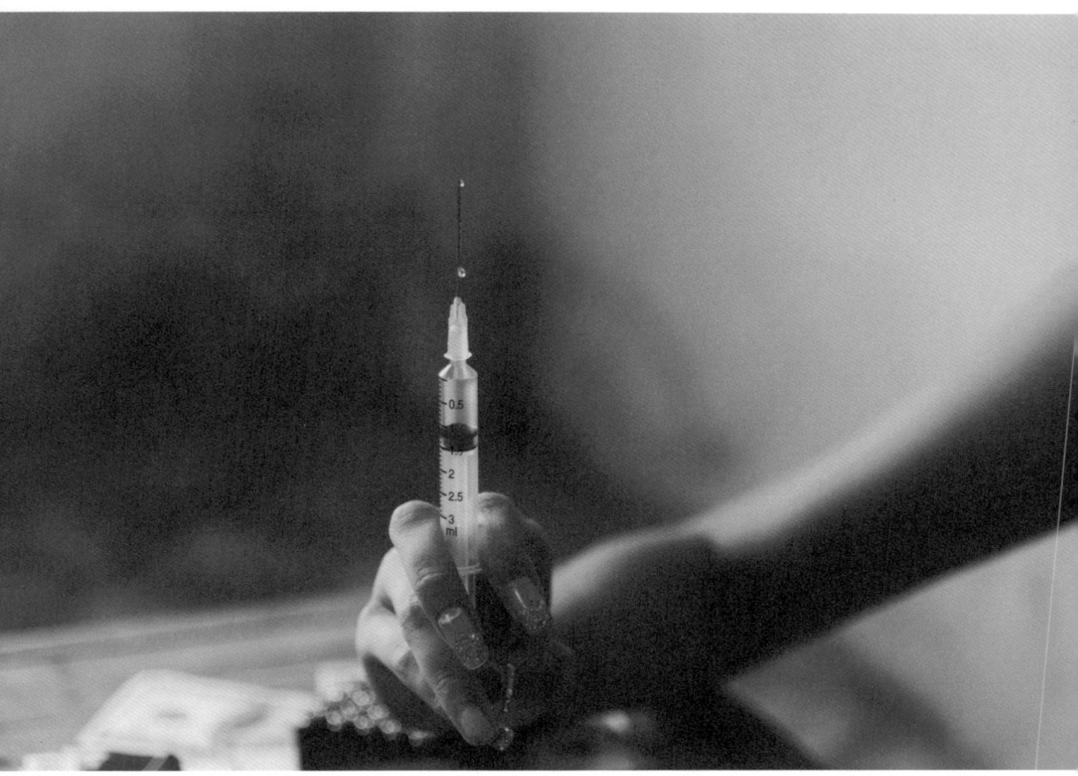

법정에서 이 문제를 추궁 당하자 그녀는 의사고시 낙방 후 자살용으로 약물을 구입했던 것일 뿐 바로 쓰레기통에 버렸다고 증언한다. 하지만 정작 약품을 구입했던 시기는 그녀가 시험을 치르기 이전이었던 것이 수사 과정에서 밝혀졌다. 1심에서는 살인죄가 인정돼 무기징역이 선고되었지만 2심과 3심에서는 증거불충분으로 무죄가 선고되고 말았다. 이 사건은 이후 경찰의 초동수사와 현장보존의 실패 사례로 손꼽히게 되었고, 대표적인 미제 사건으로 남는 결과를 낳았다. 이 사건에서 유력한 용의자였던 고 김성재 씨 여자친구의 변호사로 활동했던 인물은 이후 정치적 사건에 연루되어 세간의 화제가 되기도 했다.

범죄를 밝히기 위한 다양한 실험

셜록 홈스는 앞에서 언급된 피터 선장 살인사건을 해결하기 위한 실험으로 돼지 몸통을 작살로 쑤셔댔다. 현대에도 미국 군의관들은 출혈을 막거나 상처를 봉합하는 수술을 연습하기 위해 돼지 사체를 활용한다. 이런 과정에서 주로 돼지가 실험대상으로 쓰이는 데에는 여러 가지 이유가 있다. 우선 피부조직이 사람과 가장 유사하다는 점도 있지만 포유류 중 신체 구조와 내장의 위치가 사람과 흡사하기 때문이다. 돼지를 사용하는 실험은 법과학 실험실에서도 자주 등장한다. 주로 매장 시체나 시체 부패와 관련된 주제의 연구를 할 때 돼지 사체가 이용된다.

우리나라에서는 쉽게 볼 수 없는 모습이지만 영화나 CSI 등 과학수사 드라마를 보면 과학수사 요원들이 범행에 쓰인 총기류를 젤라틴 블록이나 물이 담긴 수조를 향해 발사하는 장면이 자주 등장한다. 이렇게 젤라틴 블록이나 수조에 시험 발사를 하는 이유는 일체의 손상 없이 탄환을 회수해야 하기 때문이다. 모든 총기류는 총열 내부에 강선과 공이치기에 의해 탄피와 탄두에 미세한 흔적들을 만들어 내는데

이 흔적들은 인체의 지문처럼 총기마다 다르게 나타난다. 따라서 이 특이적인 형태들을 근거로 지문을 대조해 범인을 알아내듯 탄환의 흔적을 총기와 대조함으로써 그 탄환이 발사된 총기를 찾아낼 수 있는 것이다.

범죄현장에서 찾아낸 탄환과 총기류를 확인하는 작업은 범죄에 총기가 거의 등장하지 않는 우리나라에서는 매우 드문 분석과정이다. 반면 인체의 형태, 특히 머리 모양의 플라스틱 조형물 안에 혈액이 든 팩을 집어넣고 망치로 내리치거나 흉기로 찌르는 실험은 빈번하게 진행되고 있다. 이런 실험을 진행하는 것 또한 지문이나 탄환 대조와 마찬가지로 범행과 흉기에 따라 나타나는 혈흔의 특징을 분석하고 그 흔적을 확인하기 위해서다.

부지깽이는 과연 살인도구였을까?

《얼룩 띠의 비밀》 초반부에는 셜록 홈스가 사는 베이커가의 하숙집으로 의뢰인 헬렌 스토너의 의붓아버지 그림스비 로일롯이 쳐들어오는 장면이 나온다. 집을 빠져나간 딸을 미행해 홈스와의 만남을 알아냈던 것이다. 로일롯은 셜록 홈스에게 사건에서 손을 떼라고 요구했지만 홈스가 단호하게 거절하자 거친 욕설과 함께 협박을 가한다. 그리고 자신의 완력을 자랑이라도 하려는 듯 철제 부지깽이를 휘어 보인다. 하지만 로일롯이 돌아간 후 셜록 홈스는 휘어진 부지깽이를 손쉽게 다시 펴버린다. 그는 자신의 힘을 과시하기 위한 목적이 아니라 그저 장작이 잘 타도록 들추거나 안으로 밀어 넣을 막대기가 필요했을 뿐이다. 그런데 이런 부지깽이가 살인 도구로 등장한 경우가 있었는데 미국의 소설가 마이클 피터슨Michael Peterson을 둘러싼 의문의 살인사건들이 바로 그것이다.

2001년 어느 날, 작가인 마이클 피터슨은 자신의 집안 계단에 피를

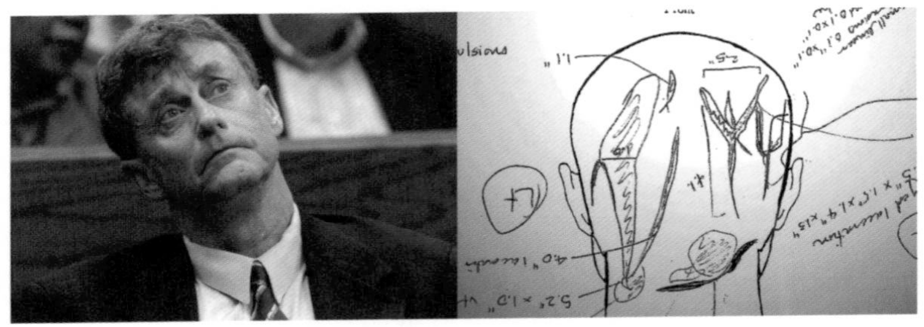

마이클 피터슨(좌)과 피해자의 검시 결과(우)

흘린 채 쓰러져 있는 아내를 발견하고는 바로 911로 신고를 한다. 계단은 무수히 많은 비산혈흔들로 덮여 있었고 그녀의 머리에서는 7~8개의 심각한 손상이 관찰되었다. 당시 피터슨은 술에 취한 아내가 계단에서 실족해 머리를 심하게 다쳐서 사망한 것이라고 주장했지만 경찰은 아내의 머리에 난 상처가 끝부분이 날카롭고 무거운 물체에 의한 것으로 판단하고 최초 발견자인 마이클 피터슨을 범인으로 지목하였다. 이 사건을 고액의 보험금을 노린 피터슨의 범행으로 단정 지은 경찰은 집안에서 그러한 손상을 만들어낼 수 있는 물건들을 찾는 과정에서 부지깽이를 범행 도구로 지목했다. 그런데 이 부지깽이에서 피터슨 아내의 DNA가 발견되었다면 사건은 복잡해지지 않았을지도 모른다. 그러나 부지깽이에서는 일체의 혈흔이나 DNA가 검출되지 않은 것이다. 피해자 머리에 남아 있는 손상이 계단을 구르면서 생겨난 것인지 둔기 공격에 의해서 생겨난 것인지는 확실하지 않았지만 현장의 비산혈흔과 머리의 손상은 수사 방향을 이 사건이 단순한 사고가 아닐 것이라는 쪽으로 움직이게 하였다. 결국 오랜 법정 공방 끝에 마이클 피터슨에게는 유죄가 선고되었다.

그리고 당시 피터슨에게는 입양한 두 딸이 있었는데 이들의 어머니도 1985년에 계단에서 머리에 피를 흘리며 사망한 상태로 발견되었고, 그 사건에서도 살아있던 그녀를 마지막으로 본 이가 바로 마이클 피터슨이라는 점이 알려지면서 무수한 논쟁이 벌어졌다. 마이클 피터슨을 둘러싼 두 여인의 사망 사건은 워낙 유사한 점이 많아 다양한 추측과 주장이 오갔지만 결국 앞선 두 딸의 모친 사망사건은 2001년도의 사건과는 달리 단순 사고사로 처리되었다.

사라진 살인도구

영화 〈도망자〉에는 아내를 살해했다는 누명을 쓴 채 경찰의 추격으로부터 도주하는 한 남자의 이야기가 담겨 있다. 이미 드라마로도 제작된 적이 있던 이 영화는 1954년에 실제로 있었던 '샘 셰퍼드 사건'을 모티브로 한 것이다. 당시 아내의 살인범으로 체포되었던 샘 셰퍼드는 평범한 외과의사였다. 아내 메릴린이 자신의 침대에서 흉기로 얼굴을 수십 차례 가격당해 살해되던 날, 샘은 아내를 살해하고 도주하던 범인을 목격하기까지 했다. 하지만 현장 수사를 담당했던 법과학계의 거물 검시관 새뮤얼 거버Samuel Gerber는 남편인 샘 셰퍼드를 범인으로 지목했다. 결국 샘 셰퍼드는 재심을 통해 무고함이 밝혀지기까지 12년이라는 세월 동안 억울한 옥살이를 해야만 했다.

당시 새뮤얼 거버는 피해자의 얼굴에 난 손상과 베개에 남겨진 혈흔들을 분석해 외과수술용 도구가 흉기로 사용됐다고 주장했으며 이것은 의사였던 샘 셰퍼드에게 결정적으로 불리한 증거로 작용했다. 실제 피해자의 얼굴에는 초승달 모양의 상처가 여러 개 있었는데 이후 버클

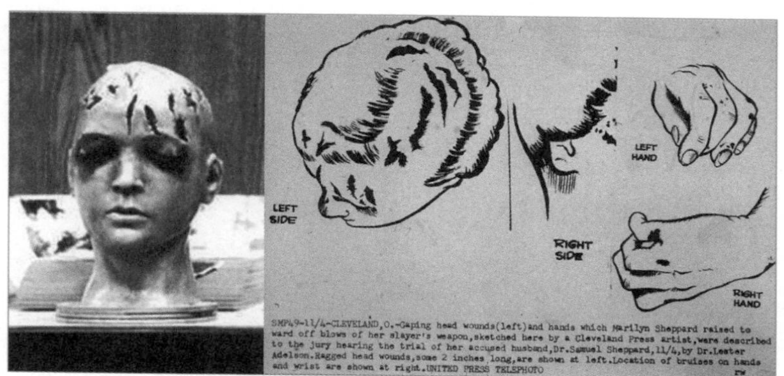

LEFT SIDE
RIGHT SIDE
LEFT HAND
RIGHT HAND
SMP49-11/4-CLEVELAND,O.-Gaping head wounds(left)and hands which Marilyn Sheppard raised to ward off blows of her slayer's weapon,sketched here by a Cleveland Press artist,were described to the jury hearing the trial of her accused husband,Dr.Samuel Sheppard,11/4,by Dr.Lester Adelson.Ragged head wounds,some 2 inches long,are shown at left.Location of bruises on hands and wrist are shown at right.UNITED PRESS TELEPHOTO

샘 셰퍼드 사건의 피해자 검시 모형

리 대학의 폴 커크 박사는 이 손상은 둥근 형태의 끝을 가진 둔기로 인해 발생한 상처라고 주장한 바 있다. 또한 사건이 발생한 지 1년가량 지난 시점에 사건 현장 인근에서는 한쪽 끝이 찌그러진 원형 플래시 라이트가 발견되기도 했다. 이후 1966년에 진행된 재심 재판에서 폴 커크 박사의 혈흔형태 분석 보고서가 인정됨으로써 샘 셰퍼드의 무죄로 사건은 막을 내렸다. 재심 당시 흉기가 무엇인지 밝혀냈는지에 대한 재판부의 질문에 샘 셰퍼드의 구속에 결정적인 영향을 끼쳤던 검시관 새뮤얼 거버는 자신이 증언했던 흉기를 결국 찾지 못했다는 답변을 할 수밖에 없었다.

CHAPTER 10

소리 없는 살인자 독살

"독살 가능성은 조사했습니까?"

"의사들이 거기에 대해서 살펴봤지만 의심스러운 것을 찾지는 못했답니다."

"그럼 스토너 양은 죽은 동생분의 사망 원인이 뭐라고 생각하십니까?"

"저는 동생이 끔찍한 공포로 인한 심장발작으로 죽었다고 생각해요.

하지만 동생이 무엇을 그렇게 무서워했는지는 잘 모르겠어요."

-《얼룩 띠의 비밀》 중에서 -

SP

The Adventure of the Speckled Band, 1892. 02

1883년 4월, 셜록 홈스와 왓슨이 머무는 베이커 가의 하숙집으로 잔뜩 겁을 먹은 여성이 찾아온다. 자신을 헬렌 스토너라고 소개한 그녀는 최근 자신의 주변에서 벌어지고 있는 이상한 일에 대해 두려움을 느끼고 셜록 홈스를 찾아왔다고 했다. 그녀는 어린 시절 쌍둥이 동생인 줄리아 스토너와 함께 인도에서 생활했다. 그러던 중 아버지인 스토너 장군이 세상을 떠나자 자매의 어머니는 영국으로 돌아와 의사 출신의 그림스비 로일롯과 재혼을 했다. 로일롯 가문은 한때 영국에서 손꼽히던 부자 집안이었지만 현재는 몰락한 상태로 그림스비 로일롯은 젊은 시절 가문을 일으켜 세울 돈을 벌기 위해 인도로 갔다. 하지만 난폭한 성격의 소유자였던 그는 사소한 도난 사건을 이유로 집사를 때려죽인 범죄를 저지르고 감옥에 수감됐었다. 감옥에서 풀려난 로일롯은 영국으로 돌아와 스토너 자매의 어머니와 결혼식을 올렸다. 그리고 얼마 후, 쌍둥이 자매의 어머니가 열차사고로 사망하면서 자매는 의붓아버지인 그림스비 로일롯과 지내야만 했다. 난폭하고 괴팍한 성격의 그는 집시와 동물들에 집착하며 외부인과는 거리를 둔 채 지낸다.

그렇게 세월은 흐르고 어느덧 쌍둥이 자매는 결혼할 나이가 된다. 하지만 2년 전, 결혼식을 앞둔 여동생 줄리아가 한밤중에 갑자기 비명을 지르면서 숨을 거두는 일이 발생한다. 줄리아가 비명을 지르기 전에 헬렌은 휘파람 소리를 들었고, 숨을 거두기 직전 줄리아는 '얼룩 띠'라는 알 수 없는 한 마디를 남긴다. 경찰이 수사에 나섰지만 줄리아의 방은 완벽한 밀실 상태였으며 누구의 침입 흔적도 찾을 수 없었다. 줄리아의 몸에서도 별다른 상처나 범죄의 흔적을 찾지 못한 채 사건은 미제에 빠진다. 그렇게 시간이 흐르고 이번에는 헬렌이 결혼을 앞두게 된다. 침실을 수리하는 바람에 세상을 떠난 동생의 침실에서 지내던 헬렌은 어둠 속에서 들려온 휘파람 소리에 놀라 잠에서 깨어난다. 공포에 질린 그녀는 날이 밝자마자 셜록 홈스를 찾아와 도움을 요청하게 된 것이다.

자초지종을 털어놓은 헬렌이 돌아간 직후, 거구의 사내가 셜록 홈스 앞에 나타난다. 그리고는 자신의 힘을 과시하

듯 부지깽이를 휘어버리며 홈스를 협박했는데 그는 바로 헬렌의 의붓아버지 그림스비 로일롯이었다. 그가 돌아간 후 셜록 홈스는 왓슨에게 무기를 챙기라고 하고는 헬렌의 집으로 향한다. 줄리아가 사망한 장소이자 지금은 헬렌이 침실로 쓰고 있는 방을 조사한 홈스는 침대가 바닥에 고정되어 있고, 환기구와 연결된 초인종 끈이 고장 난 상태라는 것을 확인한다. 이어서 그림스비 로일롯의 방을 조사한 셜록 홈스는 굳게 닫힌 금고와 채찍을 눈여겨본다. 밤이 깊어지자 홈스는 왓슨과 함께 헬렌의 침실로 숨어든다. 숨죽여 기다리는 가운데 어둠 속에서는 다시 휘파람 소리가 울려 퍼지는데…….

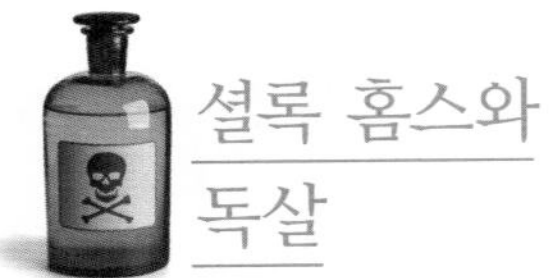

셜록 홈스와 독살

코난 도일이 쓴 추리소설에 '독살毒殺'이 등장하는 비중은 그다지 높지 않았다. 하지만 최초의 장편인 《주홍색 연구》에서 첫 번째 희생자는 독살 당한 시신으로 발견되었고, 두 번째 장편인 《네 사람의 서명》에서도 첫 번째 희생자를 살해하는 데 사용된 도구는 독침이었다. 《금테 코안경The Adventure of the Golden Pince-Nez, 1904년 발표》에서는 범인이 독약을 마시고 자살을 하는 결말이 나오고, 《은퇴한 물감제조업자The Adventure of the Retired Colourman, 1926년 발표》에서도 범인이 셜록 홈스에 의해 자신의 범죄가 들통나자 독약을 마시고 자살을 기도한다. 코난 도일의 작품 중 독을 가장 잘 다룬 것으로 알려진 작품은 바로 《얼룩 띠의 비밀》이다. 독극물을 직접 사용한 것은 아니지만 독을 지닌 동물을 이용한 설정은 당시로서는 무척 새로운 시도였다. 그래서인지 《얼룩 띠의 비밀》은 작가 코난 도일 자신은 물론 셜로키언들의 사랑을 듬뿍 받는 단편으로 꼽힌다.

앞서 언급한 작품들을 토대로 판단할 때, 의사이기도 한 코난 도일은 독에 대한 기초지식을 가지고 있었던 것으로 보인다. 그러나 정작 작품 속에서 독이 범죄 수단으로 사용되는 비중이 낮은 것은 아마도 트릭과 스토리를 중시하는 코난 도일의 스타일상 독살은 그다지 선호하는 살인 방식이 아니었기 때문인 것으로 보인다. 아울러 독살의 경우 시신의 상태를 묘사하기 어렵고, 용의자를 추적하는 데 적지 않은 시간이 걸리기 때문에 단편을 선호하던 코난 도일의 현실적인 입장에서는 다루기 쉽지 않았을 것으로 추정된다. 그럼에도 그가 남긴 여러 단편 중 가장 사랑 받는 것이 바로 독을 이용한 작품이라는 점은 아이러니하면서도 무척 흥미롭다.

실제 범죄에 있어 독살은 알리바이를 주장하기에 가장 유리하며 밀실도 드나들 수 있다는 장점을 지니고 있다. 스마트폰과 인터넷, CCTV가 존재하는 지금은 중요도가 떨어졌지만 셜록 홈스가 활동하던 시대에는 이런 트릭과 알리바이들은 탐정과 범죄자가 맞서 싸우는 가장 치열한 지점이었다. 범인 입장에서 독살은 자신이 범인으로 지목되지 않을 수 있는 알리바이를 제공해줄 수 있다. 또한 범행 상대가 완력이 세거나 주의력이 깊을 경우 접근 자체가 어려운 문제점도 해결할 수 있으며, 상대방을 직접 마주치지 않고도 죽일 수 있기 때문이다. 아울러, 사람이 드나들 수 없는 밀실 너머의 희생자를 죽일 수 있다는 것만으로도 '독살'은 제법 효율적인 살해방식일 수밖에 없다.

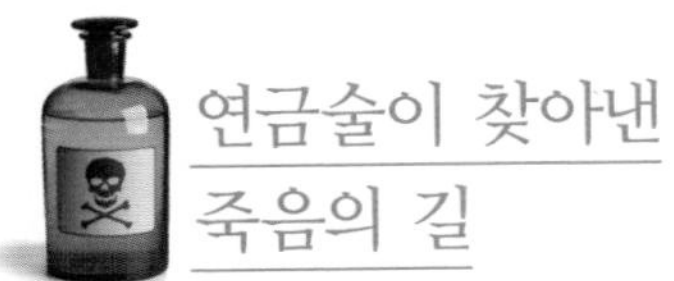

연금술이 찾아낸 죽음의 길

중세 시대의 연금술사들은 황금을 만들어내기 위해 무수한 노력을 기울였다. 결국 황금은 만들지 못했지만 그들의 다양한 시도와 실험 덕분에 화학 분야는 큰 발전을 이루게 된다. 그리고 이 과정에서 화학 물질이 인간의 몸에 끼치는 영향을 알게 된 연금술사들이 등장했다. 화약 무기가 발달하기 이전까지 사람을 죽이기 위해서는 칼로 찌르거나 목을 조르는 등 완력을 동반한 방법이 필요했다. 만약 범인의 완력이 모자라거나 상대방이 예상 밖의 저항을 할 경우, 또는 목격자가 생기는 경우 살인 시도는 실패로 돌아가게 된다. 오히려 반격을 받아 체포되거나 본인의 목숨이 위험에 처하는 일이 발생할 수도 있었다.

하지만 상대방에게 독극물을 먹이는 방법은 이런 문제점들을 해결해줬다. 약한 여성의 입장에서 강한 남성을 상대로 쉽게 사용할 수 있고, 상대방의 죽음을 직접 목격하거나 살해 과정에서 온몸으로 느껴야 하는 죄책감에서 벗어날 수도 있었다. 또한 살인 현장에 존재하지 않아도 되기 때문에 용의자 리스트에 오르지 않을 수 있다는 장점도 있었다. 무엇보다 주변에 호위 병력들이 많아 접근하기 힘든 권력자 등을 상대로 한 독살 시도는 감시망을 뚫을 수 있는 방법이었다. 하지만 무엇보다 '독살'이 지니고 있는 강력한 장점은 바로 사인을 감출 수 있다는 점이다. 칼 같은 흉기를 사용했다면 아무리 감추려고 해도 타살이라는 점이 명백해질 수밖에 없다. 하지만 독살의 경우 희생자의 몸에 별다른 상처가 남지 않기 때문에 사인이 불분명해진다. 자연스럽게 살인 행위를 감출 수 있고, 누군가의 의심을 피할 수 있다는 점이 부각된 것이다. 따라서 독살은 권력가들의 생명을 목표로 할 때 사용되는 경우가 많았다.

중세 유럽에서 독살에 주로 사용된 독극물은 '독살계의 우두머리'라고도 불리는 '비소砒素, Arsenic'다. 일설에는 13세기, 독일의 한 연금술사가 발견했다고 전해지는데 사실 이미 오래 전부터 존재한 것으로 알려졌다. 최근 중국에서는 청나라 광쉬 황제의 사망 원인이 비소 중독에 의한 독살임이 중국 정부의 5년에 걸친 연구 끝에 밝혀지기도 했다. 죽음에 얽힌 의문을 푸는 데 100년의 시간이 걸린 것이다. 주로 벽이나 문을 칠하는 안료로 사용되는 물질인 비소는 중세에는 물론 근대에 이를 때까지 시신에서 검출할 수 있는 방법이 없었기 때문에 살인도구로 자주 애용되었다. 앞서 얘기한대로 죽음에 대한 사인이 명확히 밝혀지지 않으면 살인이라는 의심의 덫을 피할 수 있었기 때문이다. 비교적 쉽게 구할 수 있고 사인을 완벽히 감출 수 있는 비소는 동서양을 막론하고 정적 혹은 반대파 권력가를 암살하는 데 자주 이용되었다. 비소를 애용한 대표적인 인물은 로마 교황 중 가장 타락한 인물로 알려진 알렉산드르 6세와 그의 아들 체사레 보르자였다. 특히

체사레 보르자

체사레 보르자는 끼고 있던 반지 안에 늘 비소 가루를 넣고 다니다가 포도주 안에 슬쩍 넣어 상대방을 독살한다는 의심을 받았다. 동양에서도 비소는 '비상砒霜'이라는 이름으로 불리며 종종 독살의 도구로 사용되었는데 그 대표적인 희생자가 바로 수호지의 주인공 중 한 사람인 송강宋江이다. 그는 간신배들이 비상을 타서 보낸 술을 마시고 숨을 거두고 만다.

결국 연금술을 통해 황금을 찾겠다는 인간의 욕망이 '독극물'이라는 죽음으로 향하는 새로운 길을 만든 셈이다.

독살의 동반자들

1988년, 우리나라 최초의 여성 연쇄살인마로 지칭되는 김선자가 희생자들에게 사용한 것은 '청산가리青酸加里'였다. 백색의 가루로 '시안화칼륨Potassium cyanide'이라고 불리는 이 독극물은 주로 도금을 할 때 사용되는 물질로 체내에 유입되면 미토콘드리아를 사라지게 하며 산소를 빼앗아간다. 이렇게 되면 결국 체내의 산소가 급격히 부족해지면서 사망에 이르게 되는 것이다. 이 특성 때문에 일반적인 독살과는 달리 청산가리로 인해 사망한 시신에서는 혈색 또는 입술의 색이 변하는 증상이 발생하지 않는다. 청산가리로 독살된 경우 일반인이 육안으로 봐서는 사인을 파악할 수 없으며, 종종 의사도 확인하지 못하는 경우가 있다. 연쇄살인범 김선자는 희생자들에게 청산가리를 섞은 음료수를 마시도록 하는 방식으로 살인을 저질렀다.

이보다 몇 년 앞선 1983년, 한 병원에서는 청산가리가 든 우유를 마신 환자가 사망하는 사건이 일어났다. 조사 결과 보험금을 노린 자작극으로 함께 사건을 모의한 아내가 체포되었다. 그 한 해 전에는 사

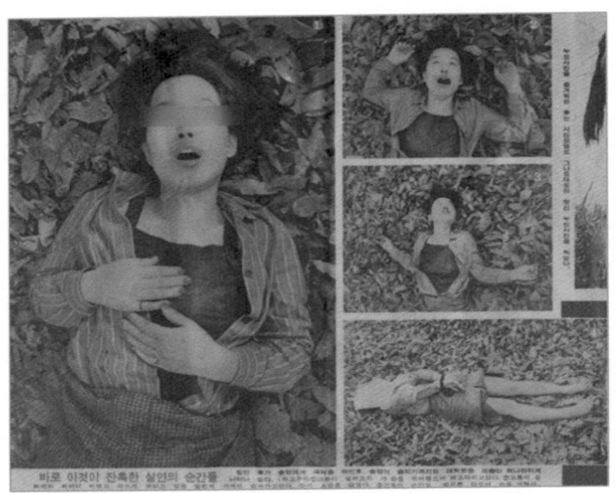

청산가리를 먹고 죽어가는 모델을 찍은 실제 사진

진 촬영을 취미로 하는 한 남자가 모델 역할을 하던 여성에게 감기약이라며 약병을 건넸다. 그 안에는 청산가리가 들어 있었고 약을 먹은 여성이 고통에 몸부림치며 죽어가는 순간을 사진으로 남겼다가 체포되었다. 당시 그는 극적인 장면을 찍고 싶었던 것뿐이라고 항변했지만 범죄의 잔혹성으로 인해 1986년 사형이 집행되었다.

청산가리가 독살에 자주 사용되는 것은 비교적 쉽게 구할 수 있다는 점도 작용한다. 청산가리에 의해 사망하게 될 경우 체내의 혈액은 밝은 적색으로 변한다. 일반적인 사람의 혈액이 어두운 빛을 띠는 적색인 점을 감안하면 눈에 띄는 부분이다. 또한 시반이 검게 드러나지 않고 붉게 나타나고, 손톱의 색깔이 선홍색으로 변하기 때문에 이런 증세를 찾아낸다면 사인이 청산가리에 의한 것임을 밝혀낼 수 있다.

농촌에서 흔히 구할 수 있는 농약들 또한 엄청난 독성을 지니고 있어 독살에 종종 이용되곤 한다. 2011년 포천에서 벌어졌던 농약 연쇄 살인사건이 대표적이다. 이 사건의 범인인 노 여인은 맹독성 제초제인 '그라목손'을 음료수에 타서 전 남편과 남편, 시어머니를 살해했으며 자신의 딸까지도 중독시켜 보험금을 타냈다. 범인이 여성이고, 자신의 가족을 범죄 대상으로 삼았으며, 보험금을 노린 연쇄살인이라는 측면에서 볼 때 2005년도의 엄인숙 사건과 유사하다.

2015년 상주의 마을회관에서는 전날 마시고 남은 사이다를 나눠 마신 7명의 할머니가 모두 중태에 빠지는 일이 벌어졌다. 그 중 2명은 결국 사망했는데 이들이 마시고 남은 사이다 병에서는 '메소밀'이라는 명칭의 맹독성 농약이 검출되었다. 독살에 초점을 맞춘 경찰의 조사 결과 사이다에 농약을 탄 용의자로 지목된 것은 같은 마을에 사는 할머니였다.

앞서 열거한 사례처럼 독극물은 여성이나 노약자가 사용하기 쉬운 살인도구다. 현장에 없어도 되고, 힘으로 상대방을 제압하지 않아도 되는 만큼 주로 보험금을 수령할 목적의 범죄나 불특정 다수를 노릴 때 주로 사용된다. 따라서 하나의 사건을 집요하게 파헤쳐 트릭과 알리바이를 부수고 범인에게 자백을 받아내야 했던 셜록 홈스에게 독극물은 그다지 매력적인 살인 수단이 아니었을 것이다. 어쩌면 기사騎士를 자처했던 셜록 홈스에게 독살은 비겁하고 잔인한 방식으로 비춰졌을 수도 있겠다.

지난 2017년 2월 13일, 말레이시아 쿠알라룸푸르 국제공항에서 김정일의 장남인 김정남이 갑자기 고통을 호소하다 사망하는 사건이 발생했다. 그는 오랫동안 외국에 체류하며 이복동생인 김정은에게 권력이 승계되는 것을 비판하는 발언을 해 주목의 대상이었다. 사건 일주일 전에 말레이시아에 입국했던 그는 마카오로 돌아가기 위해 출국 수속을 밟는 중이었다. 그런데 김정남이 갑자기 공항직원들에게 고통을 호소했고, 급히 의무실로 후송되었다. 하지만 잠시 후 그는 의식을 잃은 채 곧바로 사망하고 만다.

끔찍한 사건의 전모는 경찰이 공개한 CCTV를 통해 밝혀졌다. 자동발권기로 비행기 표를 구매 중이던 김정남에게 두 여성이 다가가 그의 얼굴에 어떤 액체를 바르고 달아나는 장면이 고스란히 촬영된 것이다. 긴급 체포된 두 여성은 인도네시아와 베트남 출신으로 밝혀졌다. 김정남이라는 인물이 지닌 무게감과 살인이 벌어진 장소가 수많은 사람들이 오가는 국제공항이었다는 점이 큰 충격을 주었다. 하지만 더욱 충격적인 것은 그의 독살에 이용된 독극물이 바로 신경작용제 'VX' 였

김정남 사건 관련 외신 기사들

다는 점이다. 사망한 김정남의 눈과 얼굴 부위에서 검출된 VX는 원래 영국에서 살충제로 개발된 물질로 사린가스 독성의 100배에 달할 만큼 맹독성을 지녔다. VX는 한 방울만 피부에 흡수되어도 사망에 이를 수 있을 정도로 굉장히 위험한 독극물이다. VX는 쉽게 기화하거나 증발하지 않기 때문에 주로 액체 상태로 사용되는 것으로 알려져 있다. 두 여성은 한 남성으로부터 재미난 영상을 찍기 위해 도와달라는 제안을 받았고 자신들은 이 일이 장난인 줄로만 알았다고 증언했다. 하지만 사건 직후 이들이 곧바로 화장실로 가 손에 묻은 액체를 씻어냈던 것을 보면 자신들의 행동이 어떤 의미를 갖고 있는지 알고 있었던 것으로 보인다.

1995년 일본 열도를 공포로 몰아넣었던 '옴 진리교 독가스 테러 사건'에 사용된 '사린Sarin'은 제2차 세계대전 당시 독일이 개발한 화학무기이다. 사린은 인체의 중추신경계를 손상시키며 그 독성은 청산가리의 500배에 달하는 것으로 알려져 있다. 이라크의 독재자 후세인은 자신에게 저항하는 쿠르드 족 대상의 공격 무기로 사용하기도 했다. 사린이 사용된 것으로 가장 잘 알려진 사례는 앞서 언급한 '옴 진리교 독가스 테러 사건'이다. 1995년 3월 20일의 이른 시간, 출근하는 사람들로 가득한 도쿄 지하철에서 동시 다발적으로 살포된 사린가스로 인해 역무원과 승객 등 13명이 사망하고 수천 명이 중독된 사건이 벌어진다. 듣도 보도 못한 충격적인 이 사건으로 인해 일본 열도는 공포에 휩싸였고, 사린가스가 크게 주목을 받는다.

사건을 저지른 범인들은 일본의 신흥 종교집단 '옴 진리교'의 신도들로서 교주인 아사하라 쇼코의 지시를 받고 범행을 저질렀다. 아사하라 쇼코는 수년 간 저지른 범죄로 인해 자신을 향한 경찰의 수사망이 좁혀오자 시선을 돌리기 위해 사린가스를 이용한 범죄를 저지른 것이다. 다섯 명의 옴 진리교 신자들이 사린가스가 든 비닐봉지를 감춘 채 지하철에 탑승했다가 우산의 뾰쪽한 끝 부분으로 봉지를 찔러 가스를 방출했다. 흘러나온 사린가스는 삽시간에 지하철 안으로 퍼졌고, 수많은 사람들이 구토를 하며 의식을 잃었다. 그나마 범인 자신들이 탈출할 시간을 벌기 위해 사린가스의 농도를 낮춰놨기 때문에 사망자가 적게 발생했다.

이뿐만이 아니라 옴 진리교는 이미 한 해 전 나가노 현의 마츠모토 시에서도 트럭을 이용해 사린가스를 살포한 적이 있었다. 당시 마츠모토 시의 주민들과 재판을 벌이고 있던 옴 진리교는 패소할 것을 우려해 판사를 살해할 목적으로 테러를 저지른 것이다. 이 사건으로 인해 8명이 사망하고 200여 명이 가스에 중독되어 병원에 입원하는 일이 벌어졌다. 이 사건은 다음 해 벌어진 도쿄 지하철 사린가스 살포를 위한 예비 연습이었다는 얘기도 있다.

옴 진리교 독가스 테러 사건과 관련한 기사

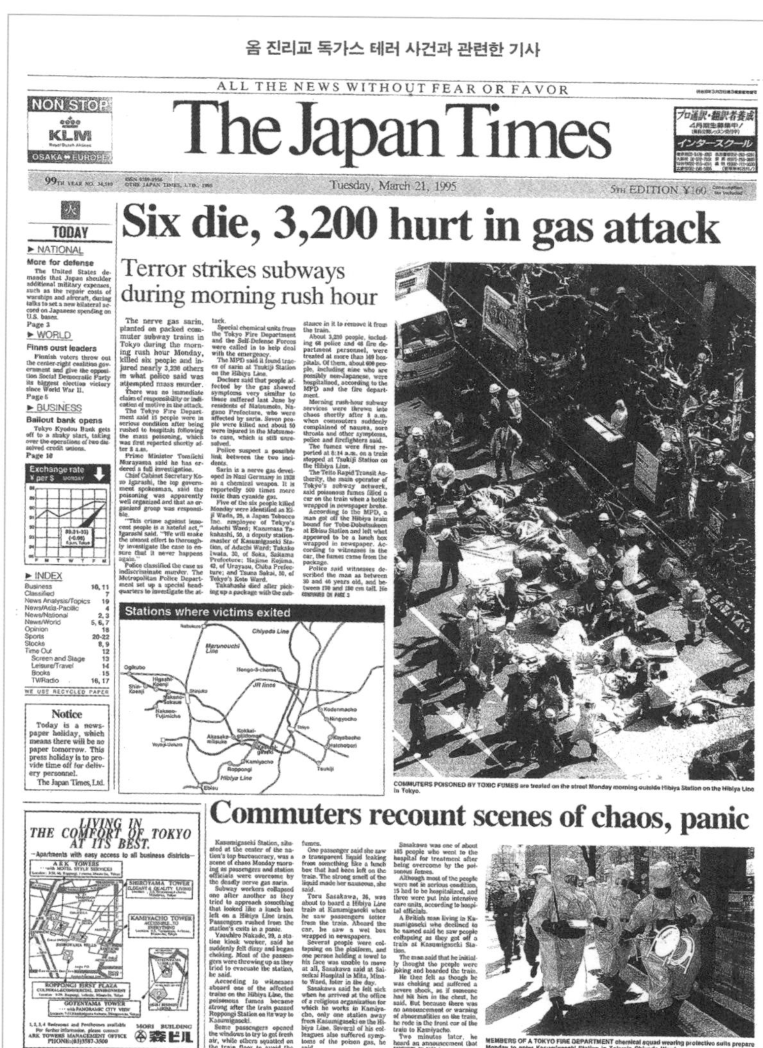

ALL THE NEWS WITHOUT FEAR OR FAVOR

The Japan Times

99TH YEAR NO. 34,589 — Tuesday, March 21, 1995 — 5TH EDITION ¥160

Six die, 3,200 hurt in gas attack

Terror strikes subways during morning rush hour

The nerve gas sarin, planted on packed commuter subway trains in Tokyo during the morning rush hour Monday, killed six people and injured nearly 3,230 others in what police said was attempted mass murder.

There was no immediate claim of responsibility or indication of motive in the attack.

The Tokyo Fire Department said 15 people were in serious condition after being rushed to hospitals following the mass poisoning, which was first reported shortly after 8 a.m.

Prime Minister Tomiichi Murayama said he has ordered a full investigation.

Chief Cabinet Secretary Kozo Igarashi, the top government spokesman, said the poisoning was apparently well organized and that an organized group was responsible.

"This crime against innocent people is a hateful act," Igarashi said. "We will make the utmost effort to thoroughly investigate the case to ensure that it never happens again."

Police classified the case as indiscriminate murder. The Metropolitan Police Department set up a special headquarters to investigate the attack.

Special chemical units from the Tokyo Fire Department and the Self-Defense Forces were called in to help deal with the emergency.

The MPD said it found traces of sarin at Tsukiji Station on the Hibiya Line.

Doctors said that people affected by the gas showed symptoms very similar to those suffered last June by residents of Matsumoto, Nagano Prefecture, who were affected by sarin. Seven people were killed and about 50 were injured in the Matsumoto case, which is still unresolved.

Police suspect a possible link between the two incidents.

Sarin is a nerve gas developed in Nazi Germany in 1938 as a chemical weapon. It is reportedly 500 times more toxic than cyanide gas.

Five of the six people killed Monday were identified as Eiji Wada, 29, a Japan Tobacco Inc. employee of Tokyo's Adachi Ward; Kazumasa Takahashi, 50, a deputy stationmaster of Kasumigaseki Station, of Adachi Ward; Takako Iwata, 30, of Soka, Saitama Prefecture; Hajime Kojima, 42, of Urayasu, Chiba Prefecture; and Tsuna Sakai, 50, of Tokyo's Koto Ward.

Takahashi died after picking up a package with the substance in it to remove it from the train.

About 3,230 people, including 68 police and 48 fire department personnel, were treated at more than 160 hospitals. Of them, about 600 people, including nine who are possibly non-Japanese, were hospitalized, according to the MPD and the fire department.

Morning rush-hour subway services were thrown into chaos shortly after 8 a.m. when commuters suddenly complained of nausea, sore throats and other symptoms, police and firefighters said.

The fumes were first reported at 8:14 a.m. on a train stopped at Tsukiji Station on the Hibiya Line.

The Teito Rapid Transit Authority, the main operator of Tokyo's subway network, said poisonous fumes filled a car on the train when a bottle wrapped in newspaper broke.

According to the MPD, a man got off the Hibiya train bound for Tobu-Dobutsukoen at Ebisu Station and left what appeared to be a lunch box wrapped in newspaper. According to witnesses in the car, the fumes came from the package.

Police said witnesses described the man as between 30 and 40 years old, and between 170 and 180 cm tall. He

CONTINUED ON PAGE 3

Stations where victims exited

COMMUTERS POISONED BY TOXIC FUMES are treated on the street Monday morning outside Hibiya Station on the Hibiya Line in Tokyo.

TODAY

Exchange rate ¥ per $ MONDAY

▶ INDEX

WE USE RECYCLED PAPER

Notice

Today is a newspaper holiday, which means there will be no paper tomorrow. This press holiday is to provide time off for delivery personnel.

The Japan Times, Ltd.

Commuters recount scenes of chaos, panic

Kasumigaseki Station, situated at the center of the nation's top bureaucracy, was a scene of chaos Monday morning as passengers and station officials were overcome by the deadly nerve gas sarin.

Subway workers collapsed one after another as they tried to approach something that looked like a lunch box left on a Hibiya Line train. Passengers rushed from the station's exits in a panic.

Yasuhiro Nakade, 29, a station kiosk worker, said he suddenly felt dizzy and began choking. Most of the passengers were throwing up as they tried to evacuate the station, he said.

According to witnesses aboard one of the affected trains on the Hibiya Line, the poisonous fumes became strong after the train passed Roppongi Station on its way to Kasumigaseki.

Some passengers opened the windows to try to get fresh air, while others squatted on the train floor to avoid the fumes.

One passenger said she saw a transparent liquid leaking from something like a lunch box that had been left on the train. The strong smell of the liquid made her nauseous, she said.

Toru Sasakawa, 26, was about to board a Hibiya Line train at Kasumigaseki when he saw passengers totter from the train. Aboard the car, he saw a wet box wrapped in newspapers.

Several people were collapsing on the platform, and one person holding a towel to his face was unable to move at all, Sasakawa said at Saiseikai Hospital in Mita, Minato Ward, later in the day.

Sasakawa said he felt sick when he arrived at the office of a religious organization for which he works in Kamiyacho, only one station away from Kasumigaseki on the Hibiya Line. Several of his colleagues also suffered symptoms of the poison gas, he said.

Sasakawa was one of about 185 people who went to the hospital for treatment after being overcome by the poisonous fumes.

Although most of the people were not in serious condition, 15 had to be hospitalized, and three were put into intensive care units, according to hospital officials.

A British man living in Kasumigaseki who declined to be named said he saw people collapsing as they got off a train at Kasumigaseki Station.

The man said that he initially thought the people were joking and boarded the train.

He then felt as though he was choking and suffered a severe shock, as if someone had hit him in the chest, he said. But because there was no announcement or warning of abnormalities on the train, he rode in the front car of the train to Kamiyacho.

Two minutes later, he heard an announcement that

CONTINUED ON PAGE 2

MEMBERS OF A TOKYO FIRE DEPARTMENT chemical squad wearing protective suits prepare Monday to enter Kasumigaseki Station in Tokyo's Chiyoda Ward.

독약의 흔적을 쫓다

약물을 검출하는 화학적 방식 개발의 이전까지는 독살의 흔적을 찾아낼 수 있는 방법이 육안으로 보거나 냄새를 맡는 것밖에 없었다. 부검이 시작된 후에는 인체에 남은 흔적, 내부의 혈액 상태를 관찰해 판단하기도 했다. 하지만 이런 방식들로는 독살의 정황만 판단할 수 있을 뿐 정확히 어떤 독약이 사용되었는지는 알 수 없었다. 최근에는 시신이나 장기, 혈액 등에서 의심되는 약물이 검출되면 화학분석을 통해 약물의 종류를 밝혀낸다. 분리분석 방식인 크로마토그래피(적절한 정지상과 이동상을 사용하여 시료들이 섞여 있는 혼합물을 이동속도 차이를 이용하여 분리하는 방법) 분석법을 이용해 극소량의 약물도 검출해낼 수 있다.

분석기를 사용해 어떤 물질인지를 밝혀내는 것은 지문의 주인을 찾는 과정과 비슷하다. 각 물질들은 최종 결과물에서 일정한 패턴을 보여주는데 그 패턴을 통해 물질의 정체를 판정하는 것이다. 사람의 지문이나 필적처럼 특정 약물의 특성 또한 자신만의 고유함을 지녔기 때문이다. 특성들을 추출해내는 것은 기계가 하지만 패턴을 분석해 판정을 내리거나 해석을 하는 것은 역시 사람의 몫이다. 이런 특성을 드러내는 곡선, 피크Peak들은 미세한 차이를 보일 수 있기 때문에 두 대조군이 동일하다는 판정을 내리기 위해서는 몇 가지 기준점을 삼는다. 지문에서 융선이 몇 개 이상 들어맞을 경우에만 동일 지문이라고 판단하는 것처럼 말이다.

시신을 부검한 이후 부검 감정서를 작성할 때는 독살에 관한 부분도 함께 조사하도록 되어 있다. 시신의 혈액과 소변, 위장의 내용물, 심지어는 모발에 대한 화학검사를 실시하고 혈중알코올농도까지 확인한다. 이후에도 심혈(심장 속 혈액)을 비롯한 혈액의 색깔을 확인해보고 장기와 외표, 다시 말해 신체기관과 피부를 관찰한다. 아울러 신체에 침흔, 즉 주사바늘 자국이 있는지도 면밀히 살펴본다.

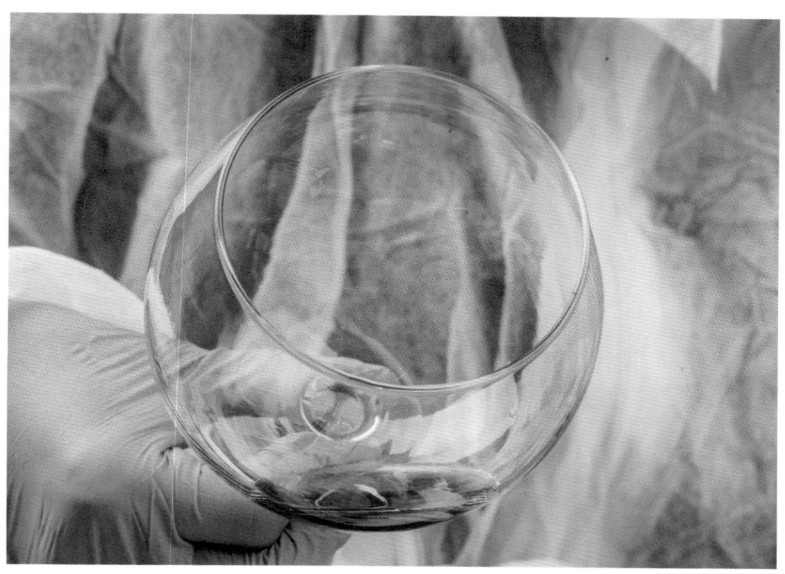

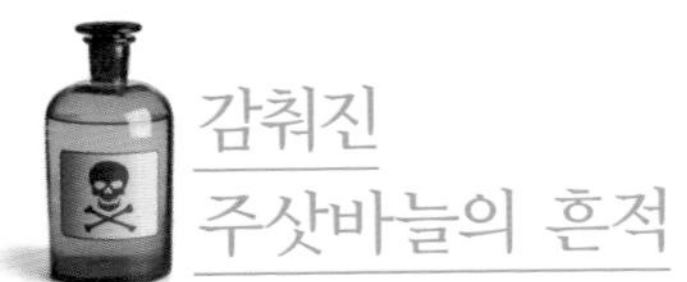

감춰진 주삿바늘의 흔적

2006년, 미국 네바다 주의 정치인 캐시 오거스틴Kathy Augustine이 사망하는 일이 발생한다. 간호사였던 그녀의 남편이 숨진 오거스틴을 가장 먼저 발견했으며 911에 신고함과 동시에 심폐소생술을 시행했다고 경찰 조사에서 진술했다. 병원으로 옮겨진 오거스틴의 의식은 돌아오지 않았고 며칠 후, 결국 사망하고 말았다. 그녀의 남편은 오거스틴이 최근 무리한 선거운동 등으로 몸이 쇠약해졌고, 그로 인해 심장에 무리가 온 것이라고 주장하였다. 하지만 부검 결과 그녀의 심장에서는 그 어떤 사인의 흔적도 발견되지 않았다. 그렇다고 해서 아무것도 건지지 못한 부검은 아니었다. 부검의는 그녀의 왼쪽 둔부에서 의심스런 자국을 발견했는데 그것은 주삿바늘 자국일 가능성이 매우 높았다. 그리고 수사관들은 그녀의 집을 수색해 골격근이완제로 사용되는 '숙시닐콜린Succinylcholine' 약병을 발견할 수 있었다. 이 약물은 호흡에 사용되는 근육을 무력하게 만들어 질식을 초래할 수 있다. 오거스틴의 남편은 이 약물에 쉽게 접근할 수 있었고 사건에 관한 약독물학적 검사에서 숙시닐콜린에 대한 검사는 일반적으로 이루어지지 않는다는 점까지도 잘 알고 있었기 때문에 아내를 살해하는 범죄에 이 약물을 사용한 것으로 밝혀졌다. 미국에서 최소 60명의 어린이를 살해해 '죽음의 천사'라고 불린 전직 간호사 지닌 존스Genene Jones도 범죄에 이 숙시닐콜린을 사용했다.

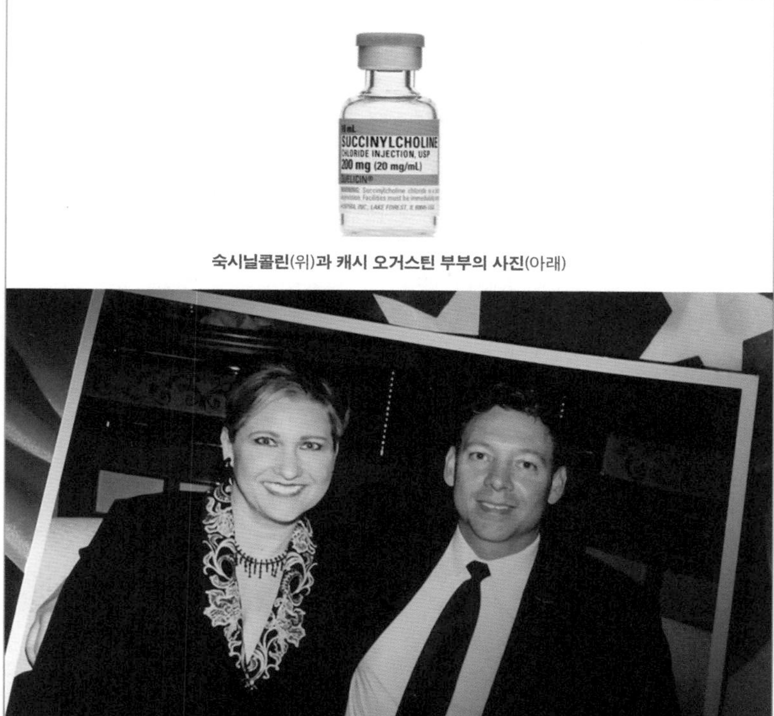

숙시닐콜린(위)과 캐시 오거스틴 부부의 사진(아래)

Arthur Conan Doyle

(1859. 5.22 - 1930. 7. 7)

EPILOGUE

셜록 홈스의 아버지 코난 도일

아서 코난 도일Arthur Conan Doyle은 1859년 5월 22일 찰스 도일과 메리 폴리 도일의 세 번째 아이이자 장남으로 태어났다. 아버지는 관청의 서기였고 어머니는 그가 머물던 하숙집 딸이었다. 코난 도일은 아버지로 인해 무척 불행한 어린 시절을 보내야 했다. 할아버지인 존 도일과 형제들은 모두 화가로 뛰어난 재능을 발휘했던 반면, 찰스 도일은 그렇지 못했다. 재능 부족에 대한 좌절 때문인지 술독에 빠져 지내던 그는 정신질환까지 앓게 되면서 코난 도일의 아버지 자리는 늘 빈자리였다. 그러던 코난 도일은 아홉 살 때 '호더'라는 예수회 계통의 기숙학교에 들어간다. 그곳에서 몇 년 간 지낸 후 '스토니허스트'라고 불리는 상급학교에 진학한다. 하지만 자유분방한 성격의 코난 도일은 엄격한 학교생활에 쉽게 적응하지 못했다. 공부와 담을 쌓은 그는 운동에 푹 빠져 지냈는데 반항적인 행동 때문인지 교사로부터 무수한

체벌을 당했다. 하지만 코난 도일은 이 시기에 자신이 지닌 재능을 확인할 수 있었다. 바로 자신이 들려주는 이야기를 아이들이 몹시 재미있어 한다는 점이었다. 어머니를 통해 얻게 된 책을 읽는 습관과 이야기를 재미있게 들려주는 천부적인 재능이 결합한 것이다.

말썽꾸러기이자 이야기꾼이었던 코난 도일의 10대 시절은 두 남자가 교차한다. 한 명은 알코올 중독에 정신질환을 앓다 병원 신세를 지고 있는 아버지 찰스 도일이고, 또 한 명은 브라이언 찰스 월러Bryan Charles Waller였다. 찰스 도일이 정신병원에 입원하면서 가장을 잃게 된 코난 도일의 어머니 메리 폴리 도일은 생계를 위해 주택을 임대해 하숙집을 운영한다. 이때 하숙생으로 들어온 찰스 월러는 그녀의 삶에 막대한 영향을 미친다. 그는 저택까지 소유한 부자였음에도 불구하고 아주 오랫동안 하숙집에 머물며 주택 임대료를 대신 지불해주기도 했다. 심지어 1882년에는 메리 폴리 도일과 그녀의 자식들을 요크셔에 있는 자신의 별장에서 옮겨서 살도록 해주기까지 했다.

이후 그녀는 남편인 찰스 도일과 함께 살지 않았다. 메리 폴리 도일과 브라이언 찰스 월러의 이런 관계는 누가 봐도 이상했다. 자존심 강한 코난 도일이 이런 상황을 어떻게 받아들였는지 알 수 없다. 하지만 훗날 코난 도일이 자신의 자서전에서 집안에 막대한 영향력을 끼친 그의 존재를 한 번도 언급하지 않았다는 점은 많은 이야깃거리를 남기게 된다.

셜록 홈스의 모델과 만나다

조셉 벨

끔찍하기 그지없던 학교를 졸업한 후 코난 도일은 에든버러 의대에 진학한다. 그리고 외과의사인 조셉 벨Joseph Bell교수의 조수로 일을 하게 된다. 코난 도일은 주로 교수를 찾아온 외래환자의 접수를 받는 일을 했는데 이때 대단히 흥미로운 사실과 맞닥뜨린다. 조셉 벨 교수가 자신을 찾아온 환자를 슬쩍 훑어보는 것만으로도 출신지와 직업, 병명 등을 맞췄던 것이다. 예를 들면 검게 그을린 남자 환자가 굽실거리면서도 모자를 벗지 않는 것을 보고는 바베이도스 제도에서 복무하다 제대한 지 얼마 되지 않은 군인이라는 점을 알아차리는 것처럼 말이다. 조셉 벨 교수가 이런 방식을 쓴 이유는 환자에게 존경심을 심어줌으로써 의사의 말을 잘 따르게 하는 한편, 이런 의사에게 치료를 받으면 빨리 나을 거라는 믿음을 심어주기 위해서였다. 이런 벨 교수의 모습은 코난 도일에게 막대한 영향을 끼쳤고 이후 추리소설을 쓰게 되었을 때, 셜록 홈스라는 탐정을 탄생시킬 수 있었다.

대학을 졸업한 코난 도일은 하루 빨리 병원을 개업해 가족들의 생계를 책임지고 싶었다. 하지만 당시 그의 경제적 상황은 너무나 열악했기 때문에 개업을 잠시 미루고 남들이 기피하는 고래잡이배의 선

의가 되어 북극에 갔다 오기도 했다. 다시 영국으로 귀국한 코난 도일은 의대 동창생인 조지 터너빈 버드George Turnavine Budd와 함께 병원을 개업하기로 한다. 돈이 없던 코난 도일로서는 부유한 친구의 동업 제의가 더 없이 반가웠을 것이다. 하지만 괴짜이면서 기분파였던 버드와 코난 도일의 사이는 결코 원만하지 못했다. 결국 몇 달 만에 코난 도일은 그와 결별하고 포츠머스로 가서 병원을 개업한다. 하지만 그의 병원은 찾아오는 환자가 없어 극심한 어려움에 처한다. 아마 이 시기의 코난 도일은 괴로움으로 하루하루를 보내야 했을 것이다. 그렇지만 이 시기가 그에게 불행만 안겨준 것은 아니었다. 코난 도일은 자신의 병원에 입원한 남동생을 보러 왔던 루이스 호킨스Louise Hawkins라는 여인과 만나 결혼을 하고 가정을 꾸린다.

병원은 계속 파리만 날렸지만 천만 다행으로 그에게는 글재주가 있었다. 학창시절부터 틈틈이 글을 써서 원고료를 챙긴 경험이 있던 그가 본격적으로 글을 쓰기로 결심한 것이다. 당시 영국에서는 인쇄술이 발전하면서 책들이 대량으로 제작되고 있었다. 그러면서 대중들을 겨냥한 저가의 소설책들이 쏟아져 나왔다. 코난 도일은 몇 편의 모험소설을 익명으로 발표한 후 자신감을 얻었다. 그리고 마침내 '셜록 홈스Sherlock Holmes'를 주인공으로 하는 작품을 쓰게 된다. 원래 그가 쓰고 싶었던 것은 웅장한 역사소설이었지만 역사소설은 시간이 너무 많이 걸렸기 때문에 일단 돈벌이가 될 글들을 먼저 쓰기로 한 것이다.

전설의 시작

1886년 코난 도일은 천신만고 끝에 집필을 마치고 셜록 홈스가 나오는 첫 번째 소설인 《주홍색 연구A Study in Scarlet》의 원고를 팔아치운다. 《주홍색 연구》에는 아프가니스탄에서 부상을 당하고 돌아온 왓슨이 우연찮게 친구를 통해 베이커 가의 하숙집에 사는 셜록 홈스를 만나는 부분이 나온다. 이 작품을 통해 왓슨의 시점으로 셜록 홈스와 대화를 나누면서 사건이 진행되는 플롯이 처음 등장한다. 《주홍색 연구》는 크리스마스 시즌마다 나오던 잡지 《비튼의 크리스마스 연감Beeton's Christmas Annual》에 수록된다. 첫 소설은 심혈을 기울여서 썼음에도 불구하고 큰 인기를 끌지 못했지만 글쓰기에 대한 자신감을 얻기에는 부족함이 없었다. 첫 장편을 쓴 후 코난 도일은 자신이 원하던 역사소설을 집필한다. 하지만 《주홍색 연구》에 비해 형편없는 원고료를 제안 받고 그만 좌절하고 만다.

원고료를 통해 형편이 좀 나아지자 코난 도일은 다시 의사의 길을 걷기로 한다. 안과가 유망하다는 얘기를 듣게 된 그는 아내와 함께 오스트리아 비엔나로 유학을 떠난다. 하지만 별다른 성과를 거두지 못하고 그는 다시 영국으로 돌아와 대영박물관 근처에 외과 병원을 개업한다. 그러나 앞서 개업한 병원과 마찬가지로 코난 도일의 병원에는 환자들의 발길이 닿지 않았다.

낙담을 한 코난 도일은 다시 펜을 들었다. 이 시기에 쓴 단편 《보헤미아 왕국 스캔들A Scandal in Bohemia, 1891년 발표》은 왕실과 귀족을 등장시킴으로서 사람들의 호기심을 끌기에 충분했다. 코난 도일은 이 작품

《스트랜드 매거진》

을 당시 대중들에게 큰 인기를 끌고 있던 《스트랜드 매거진The Strand Magazine》에 보낸다. 당시 《스트랜드 매거진》에서는 독자들이 계속 잡지를 사 보도록 이끌어 줄 흥미로운 단편소설을 찾던 중이었다. 셜록 홈스와 왓슨 콤비가 등장하는 코난 도일의 단편소설은 매회 사건이 해결되면서 끝을 맺었고, 무엇보다 당시로서는 굉장히 신선하고 흥미로운 스타일의 탐정이 등장했기 때문에 잡지사에서 원하는 방향과 잘 부합했다. 잡지사의 예상대로 셜록 홈스는 큰 인기를 모았다. 애초에 코난 도일은 셜록 홈스가 등장하는 추리소설을 시리즈로 이어갈 생각이 전혀 없었다. 하지만 주머니 사정이 여의치 않았던 그는 돈벌이가 되는 추리소설을 쓸 수밖에 없었다. 애정이 없던 소설을 억지로 써나가야 했기 때문에 소설 속 설정에는 이런저런 구멍이 생겼고, 이는 후세의 '셜로키언Sherlockian'들에게 좋은 먹잇감이 되기도 했다.

《보헤미아 왕국 스캔들》은 전작 《네 사람의 서명The Sign of Four, 1890년 발표》 때 만난 메리 모스턴과 결혼해 하숙집을 나온 왓슨이 셜록 홈스를 찾아가면서 시작된다. 홈스가 왓슨과 얘기를 하는 동안 보헤미아 대공이 보낸 하인이 복면을 쓴 채 나타난다. 하지만 셜록 홈스는 특유의 관찰력으로 그가 바로 대공이라는 것을 알아차린다. 복면을 벗은 대공은 몇 년 전 바르샤바에서 만난 아이린 애들러라는 가수와 함께 찍은 사진을 찾아달라고 의뢰한다. 다른 왕국의 공주와 혼인을 앞두고 있는데 그 사진이 문제를 일으킬지 모른다고 걱정한 것이다. 의뢰를 받아들인 셜록 홈스는 변장과 미행을 통해 아이린 애들러가 감춰둔 사진을 찾아내기 위해 애쓰지만 결국 실패하고 만다. 명탐정이라는 이미지를 구축한 셜록 홈스의 실수라는 재미가 더해지면서 이 작품은 큰 인기를 끌었다.

셜록 홈스 시리즈의 위력을 확인한《스트랜드 매거진》은 코난 도일에게 막대한 원고료를 안겨주면서 다음 작품 집필을 의뢰한다. 원래 6편 정도만 집필하기로 마음먹었던 코난 도일은 목표의 두 배인 12편의 단편을 집필한다. 이때 쓴 단편들은 1892년,《셜록 홈스의 모험The Adventures of Sherlock Holmes》이라는 제목의 단편집으로 출간된다. 중요한 점은 이때 비로소 셜록 홈스의 이미지가 완성되었다는 것이다. 첫 장편인《주홍색 연구》에 실린 삽화는 셜록 홈스의 아버지인 찰스 도일이 그렸는데 여러모로 실패작이라는 평가를 받았다.《보헤미아 왕국 스캔들》부터는 시드니 파젯Sidney Paget이라는 유능한 삽화가가 투입되었고 그는 오늘날까지 이어지는 셜록 홈스의 이미지를 완성시켰다.

셜록 홈스가 선풍적인 인기를 끌면서 코난 도일은 병원 문을 닫아버

시드니 파젯

리고 전업작가의 길을 걷는다. 하지만 얼마 못 가 코난 도일은 셜록 홈스를 죽일 궁리를 한다. 그는 작품을 쓸 때마다 새로운 주제를 선정하고, 범죄 트릭을 완벽하게 구상하는 것이 너무나 힘들었고, 무엇보다 자신이 대중 소설 작가로 이미지가 굳어지는 걸 몹시 두려워했다. 원래 그가 정말 쓰고 싶어 했던 것은 역사소설이었기 때문이다. 어머니인 메리 폴리 도일이 마감과 주제 선정에 힘들어하는 아들을 위해 《너도밤나무 집The Adventure of the Copper Beeches, 1892년 발표*》'의 이야기를 만들어준 것은 당시 코난 도일이 겪은 심리적인 압박감이 어느 정도였는지를 알려준다.

셜록 홈스의 인기 덕분에 경제적인 상황이 나아지나 싶었던 코난 도일에게 뜻하지 않는 비극이 닥친다. 묵묵히 남편을 도와주던 아내 루이스가 피를 토하면서 쓰러진 것이다. 아내의 와병은 의사인 그에게 환자들의 건강을 돌보는 의사면서 정작 자신의 아내를 챙기지 못한 것에 대한 깊은 상실감을 안겨주었다. 아내의 휴양지에 동행하기로 한 코난 도일은 셜록 홈스 시리즈의 막을 내리기로 결심한다. 《마지막 사건The Adventure of the Final Problem, 1893년 발표》이라는 제목의 단편에서 셜록 홈스는 갑작스럽게 등장한 무시무시한 범죄의 제왕 모리어티 교수

* 《셜록 홈스의 모험》에 들어 있는 단편 소설.

와 함께 라이헨바흐 폭포에서 떨어지고 만다. 그 장면은 코난 도일에게 짜릿한 통쾌함을 안겨주었을 것이다. 하지만《스트랜드 매거진》의 경영진은 비명을 지를 수밖에 없었다. 자신들이 사랑하는 명탐정 셜록 홈스를 다시 살려내라는 독자들의 항의가 엄청나게 쏟아졌기 때문이다. 무려 2만 명이 구독을 취소하면서《스트랜드 매거진》의 발등에는 불이 떨어진다. 1894년에《셜록 홈스의 회상록The Memories of Sherlock Holmes》이라는 제목의 단편집을 출간하면서《스트랜드 매거진》은 작가의 사정으로 잠시 휴재되었던 것이라고 변명해야만 했다.

《셜록 홈스의 회상록》에 실린 단편들은 코난 도일이 무척 지쳐 있었다는 사실을 보여준다. 앞선 단편집들보다 플롯이 약했으며 정교한 트릭 대신 우연의 일치로 사건이 해결되는 일들이 반복됐다. 모리어티 교수 역시 급조한 티가 역력해 독자들이 쉽사리 셜록 홈스의 죽음을 받아들지 못하게 만들어버렸다. 성난 독자들은 코난 도일에게 항의와 애원이 담긴 편지를 보냈고, 심지어 영국 여왕과 왕세자도 이 문제를 언급할 정도였다.

그 사이 아버지 찰스 도일이 사망하면서 코난 도일은 심령 현상에 관심을 갖기 시작했다. 죽은 영혼이 영매에게 빙의해 대화를 나눌 수 있다는 믿음을 토대로 만들어진 '교령회'는 당시 사람들에게 큰 인기를 끌었고, 코난 도일도 여기에 빠져들기 시작한다. 그리고 병든 아내와 휴양지를 찾아 다니던 코난 도일은 젊고 쾌활한 진 레키Jean Leckie와 만나게 된다. 하지만 코난 도일은 새로운 사랑을 찾아 떠나지 않고 루이스의 곁을 지키며 자신이 쓰고 싶던 역사소설을 마음껏 쓴다. 그리고 영국이 남아프리카의 네덜란드 이주민을 상대로 전쟁을 벌이자 입대를 자원해 현장으로 떠난다. 보어전쟁은 당대 영국인들의 많은 비판을 받은 전쟁으로 특히 게릴라들에게 시달림을 당하자 보어인들을 수용소에 강제로 감금해 수만 명을 죽게 만드는 만행을 저질렀다. 영국으로 돌아온 코난 도일은 보어 전쟁의 정당성을 지지하는 글을 썼고, 그 공로로 기사 작위를 받았다. 실패한 의사였던 그는 이제 아서 코난 도일 경Sir Arthur Ignatius Conan Doyle이 된 것이다.

아서 코난 도일 경

20세기에 접어들어서도 셜록 홈스의 인기는 사그라들지 않았고 셜록 홈스를 주인공으로 한 연극은 미국과 영국에서 큰 성공을 거두었다. 영국에서 열린 첫 번째 공연 때는 빅토리아 여왕과 에드워드 7세가 직접 극장을 찾아 관람하기도 했다. 결국 코난 도일은 1901년 셜록 홈스가 등장하는 세 번째 장편인 《바스커빌 가문의 사냥개The Hound of the Baskervilles》를 통해 부활을 알렸다. 몇 년 동안 공들여 쓴 역사소설들이 별로 인기를 끌지 못한 반면, 셜록 홈스 시리즈를 다시 쓰면 엄청난 원고료를 주겠다는 제안이 계속해서 들어왔기 때문이다.

다트무어에 위치한 바스커빌 가문의 저주를 둘러싼 의문의 죽음을 파헤치는 이 작품은 앞선 두 장편인 《주홍색 연구》, 《네 사람의 서명 The Sign of Four, 1890년 발표》과는 여러 방면에서 차이점을 보여주고 있다. 앞선 장편들이 범인의 과거를 다루는 데 많은 부분을 할애한 반면, 이 작품은 처음부터 끝까지 사건 해결에만 매달린다. 또한 셜록 홈스를 대신해 먼저 현장에 나가 나름대로 조사를 하면서 독자적으로 움직이는 등 왓슨의 활약이 가장 두드러진 작품이기도 하다. 그 밖에도 황량한 황야의 모습을 실감나게 묘사하거나 의문에 싸인 탈옥수를 중간에 등장시키는 등 이야기에 전반적으로 긴장감을 계속 불어넣었다. 마을 주민들도 저마다의 비밀을 가지고 있거나 뭔가 감추고 있는 것처럼 설정해 끝까지 눈길을 떼지 못하도록 만들었다. 이러한 요소들로 인하여 《바스커빌 가문의 사냥개》는 코난 도일이 쓴 작품 중 가장 완성도가 높고 많은 인기를 얻게 된 작품으로 평가받는다. 이 작품은 셜록 홈스의 죽음 이후 발표되었지만 극중의 시간대는 죽기 이전이라는 묘한 위치를 차지한다. 즉, 셜록 홈스를 완전히 살려내고 싶지는 않았던 코난 도일의 의중이 깊게 드러난 것으로 볼 수도 있다. 한편 기존의 작품들과는 달리 부담감이 없는 상태에서 집필한 것도 이 작품의 완성도를 높이는 데 큰 역할을 한 것으로 보인다.

코난 도일의 인생 행보는 의사나 소설가에서 멈추지 않았다. 정치에 관심을 두게 된 코난 도일은 의원 선거에도 출마하기도 했다. 그는 민

감할 수밖에 없는 아일랜드 독립 문제에도 적극적으로 발언했다. 그뿐만이 아니라 소설이 아닌 현실 속에서도 실제 탐정 역할에 도전했는데 혼혈 출신의 변호사 조지 에달지George Edalji가 기소당한 사건을 조사해 그가 누명을 썼다는 사실을 밝혀냈다. 조지 에달지는 한밤중에 헛간에 침입해 동물들을 칼로 난자했다는 죄목으로 체포된 상황이었다. 코난 도일은 그가 눈이 나빠 안경이 없으면 바깥에 나가지 못한다는 사실을 입증했다. 아울러 증거로 제출된 칼에 묻은 자국이 사실은 피가 아니라 녹이 슨 것이라는 점도 밝혀냈다. 코난 도일의 활약 덕분에 조지 에달지는 무죄로 풀려났다.

그리고 《스트랜드 매거진》의 끈질긴 요청을 받아들여 셜록 홈스를 다시 부활시키기로 한다. 1903년에 라이헨바흐 폭포에서 떨어지며 목숨을 잃은 것으로 알려졌던 셜록 홈스가 다시 등장하는 《빈집의 모험The Adventure of the Empty House》이 수록된 《스트랜드 매거진》이 발매되었을 때 대중의 반응은 가히 폭발적이었다. 하지만 이후 발표된 단편들은 우연의 일치가 너무 자주 일어나거나 범인 혹은 실종되었던 피해자가 나타나 사건을 설명하는 것으로 마무리되는 장면들이 나오면서 전작들에 비해 안 좋은 평가를 연이어 받게 된다. 하지만 그 중에서 《여섯 개의 나폴레옹 상 The Adventure of the Six Napoleons, 1904년 발표》이나 《춤추는 사람 그림 The Adventure of the Dancing Men, 1903년 발표》은 독자들에게 산뜻한 반전과 복선을 안겨준 작품으로 평가받는다. 무엇보다 이 시기에 일어난 그의 삶에서 가장 큰 변화는 1906년 아내 루이스 도일이 사망했다는 것이다.

코난 도일은 아내가 사망한 다음 해인 1907년, 그 동안 만나왔던 진 레키와 재혼한다. 이제는 여유로움 속에서 셜록 홈스 시리즈를 쓰던 그는 1912년, 모험소설인《잃어버린 세계The Lost World》를 발표한다. 역사소설은 아니었지만 처음으로 셜록 홈스 시리즈에서 벗어난 작품으로 큰 성공을 거뒀다는 사실에 코난 도일은 크게 기뻐한다.

그리고 몇 년 후, 자신의 기사 작위와 애국심을 드러낼 만한 사건과 맞닥뜨린다. 1914년 제1차 세계대전이 터진 것이다. 코난 도일은 보어 전쟁에서 그랬던 것처럼 의용군을 조직해 전쟁에 참여했으며 전쟁사를 집필했다. 그의 굳건한 애국심은 재혼한 아내 진 레키의 남동생이 전쟁터에서 전사하고, 루이스와의 사이에서 태어난 장남이 전쟁이 끝난 직후 병으로 사망했을 때에도 결코 흔들리지 않았다. 하지만 가까운 사람들의 잇따른 죽음으로 허무와 상실감에 빠져든 코난 도일은 다시금 심령술에 빠져든다. 그리고 이것은 이후 발표된 셜록 홈스 시리즈에 적지 않은 영향을 끼치게 된다. 비록 셜록 홈스가 심령술에 깊이 빠져들지는 않았지만 분위기 자체가 많이 어두워지고 혈청이라든지 흡혈귀 등 기존에는 다루지 않았던 소재들을 다룬다. 아마 이것은 제1차 세계대전 이후 우울한 사회적인 분위기 때문일지도 모르겠다. 코난 도일은 1927년《셜록 홈스의 사건집The Case-Book of Sherlock Holmes》이라는 단편집을 발표하는 것을 마지막으로 셜록 홈스와 작별을 고한다. 그가 세상을 떠나기 3년 전의 일이다.

불멸의 존재가 되다

코난 도일은 의학을 전공한 의사였으며 셜록 홈스를 철두철미하게 과학적이고 합리적인 인물로 묘사했다. 하지만 정작 자신은 한때 죽은 자의 영혼이 영매를 통해 사람과 접촉한다는 내용의 심령술에 빠져든 것은 묘한 아이러니를 선사한다.

제1차 세계대전으로 수백만 명이 사망하고, 직후에 유행한 스페인 독감으로 전 세계적으로 수천만에 달하는 사람이 사망하게 되자 영매를 통해 죽은 자와 만나고 싶어 하는 사람들이 부쩍 늘었다. 이 틈을 노려 '교령회交靈會, séance'라는 모임이 생겨났다. 대부분의 사람들은 말도 안 된다면서 손사래를 쳤지만 코난 도일의 믿음은 굳건했다. 심지어 절친한 친구이자 유명한 마술사인 해리 후디니Harry Houdini와의 사이가 멀어지는 계기가 되기도 했다. 코난 도일이 소개한 영매가 해리 후디니에게 죽은 어머니를 만나게 해주겠다고 사기를 친 것이 들통 났기 때문이다. 이런 일들로 인해 말년의 코난 도일은 많은 사람들의 마음속에서 사라졌다. 하지만 그는 죽는 날까지 꿋꿋하게 심령 현상을 믿었고, 영매들이 사기꾼이 아니라고 주장했다.

1930년 코난 도일은 사망했지만 그가 창조해낸 불멸의 탐정 셜록 홈스 덕분에 오늘날까지 추리소설의 아버지로서 추앙 받고 있다. 아울러 약품을 통해 혈액의 존재를 구분해내고, 지문 감식과 현장의 미세 증거들을 수집해 범인을 찾아내는 모습들은 당대는 물론 오늘날까지 사건 수사에 큰 영향을 끼쳤다. 실제로 오스트리아의 치안판사인 한스 그로스는 셜록 홈스 시리즈를 통해 영감을 얻어 범죄수사 관련 서적을 집필하기도 했다. 또한 오귀스트 뒤팽Auguste Dupin(에드거 앨런 포의 소설 속에 등장하는 탐정) 이후 본격적으로 탐정이 등장하는 소설을 발표하고 큰 성공을 거둠으로서 추리소설이 자리를 잡게 하는 데도 결정적인 역할을 했다. 그래서 코난 도일을 '추리소설의 아버지'라고 부르는 것이다.

코난 도일은 여러모로 복잡한 인물이었다. 평범하지 않은 어린 시절을 보냈고, 좌절과 실패를 겪은 끝에 성공했지만 결코 그 성공을 반기지 않았다. 소설 속에서는 여성에 대한 혐오감을 쉽게 드러냈지만 첫 번째 아내인 루이스를 헌신적으로 보살폈다. 다른 나라는 물론 영국에서도 비난을 받은 보어전쟁을 옹호한 제국주의자이지만 벨기에가

콩고에서 저지른 잔혹한 통치를 맹비난하기도 했다. 소설 속에서 인도인과 흑인에 대한 차별의식을 공공연하게 드러냈지만 혼혈 변호사인 조지 애달지의 누명을 벗기는 데는 결정적인 역할을 한다. 다른 작가였다면 애지중지했을 셜록 홈스라는 캐릭터를 대수롭지 않게 생각했으며 심지어는 증오하는 듯한 흔적까지도 엿보인다. 결정적으로 말년에 심령술에 빠져 있을 때조차 셜록 홈스는 더 없이 과학적이고 냉철하게 그려냈다. 코난 도일의 삶은 어쩌면 모순으로 가득 차 있을지도 모른다. 하지만 기행이라고 평가받을 만한 일들을 저질렀음에도 불구하고 그가 창조해낸 셜록 홈스는 영원불멸의 존재가 되었으며, 그 곁에는 언제나 코난 도일이 있다. 물론 그가 좋아할지 싫어할지는 모르겠지만 말이다.